Für Cornelia

zur Erinnerung an
die heilige Erstkommunion
am 30. März 2008

Patentante Heidrun
Onkel Michael

Helga Mondschein

Pater Fridolin und seine Rasselbande

Helga Mondschein

Pater Fridolin und seine Rasselbande

Geschichten für aufgeweckte Kinder
und ihre Freunde

benno
VERLAG

Illustrationen von Sr. Christiane Winkler OSB, Kloster Alexanderdorf

Dieses Buch ist eine Gesamtausgabe der Bücher
„Pater Fridolin und seine Rasselbande" und
„Neues von Pater Fridolin und seiner Rasselbande",
beide erschienen im St. Benno-Verlag, Leipzig

Bibliografische Information der Deutschen Bibliothek:
Die Deutsche Bibliothek verzeichnet diese Publikation in der Deutschen Nationalbibliografie; detaillierte bibliografische Daten sind im Internet über http://dnb.ddb.de abrufbar.

ISBN 978-7462-2365-0

Stammerstr. 11, 04159 Leipzig
www.st-benno.de
Umschlaggestaltung: Ulrike Vetter, Leipzig,
mit Zeichnungen von Christiane Winkler OSB
Gesamtherstellung: Kontext, Lemsel (A)

Liebe Kinder!

Wenn ihr dieses Buch lest, lernt ihr vier Kinder kennen, die so alt sind, wie ihr jetzt seid: die rundliche Rita, deren zapplige Schwester Mechthild, den weißblonden Steffen und auch den klugen Uwe, der über so vieles Bescheid weiß. Sie alle sind Erstkommunionkinder. An ihrem großen Festtag hat ihr Pfarrer in der Predigt gesagt: „Von nun an müsst ihr immer besser lernen, als Christen zu leben." Das haben sich die vier fest vorgenommen.
Wie sieht das Leben aus, wenn jemand als Christ lebt? Mancher denkt, das wäre sehr schwierig und anstrengend und vor allem mächtig langweilig. Rita und Mechthild, Steffen und Uwe wissen es besser. Das verdanken sie vor allem einem Ferienaufenthalt in einem Pfarrhaus, wohin sie ihr Onkel Franz eingeladen hat. Dort haben sie alle miteinander als Christen gelebt, ja, und jeder Tag war ein großes Erlebnis. Zwar brach sich Onkel Franz gleich am ersten Tag ein Bein und musste ins Krankenhaus geschafft werden, aber die Kinder bekamen in Pater Fridolin, einem fröhlichen Franziskanermönch, einen guten Ferienfreund. Was sie allein und mit ihm zusammen erlebten, werdet ihr erfahren, wenn ihr die Geschichten lest. Ihr werdet auch noch große und kleine Leute kennen lernen, denen die Ferienkinder begegneten.
Pater Fridolin war es, der gesagt hatte: Wer etwas Schönes erlebt hat, der muss es weitersagen! Rita machte

Ernst damit. Mit Hilfe der anderen schrieb sie nach der Rückkehr alles auf, was sie erlebt hatten.
Noch ein Vorschlag: Wenn euch die Geschichten gefallen, dann gebt doch das Buch auch euren Eltern, Geschwistern, Freunden zu lesen. Sie interessieren sich sicher auch dafür, wie Kinder immer besser lernen, als Christen zu leben. Und die von euren Freunden, die sich gar nicht vorstellen können, wie das Leben eines Christen aussieht, werden es durch Ritas Bericht erfahren können.

Helga Mondschein

KAPITEL 1

Ich will euch was erzählen!

Pater Fridolin hat gesagt: „Wer etwas Schönes erfahren hat, der muss es WEITERSAGEN – WEITERSAGEN – WEITERSAGEN!" Ehrlich, *dreimal* hat er das gesagt. Es war an unserem letzten Ferientag in Kleckerhausen. Steffen und Uwe, Mechthild und ich haben ganz fest dazu genickt. Ich habe gedacht: Wenn ich wieder zu Hause bin, schreibe ich alles auf, was wir hier erlebt haben und was Pater Fridolin erzählt hat. Aufschreiben ist auch eine Art von Weitersagen. Alle Kinder können es lesen, vor allem die Erstkommunionkinder, und vielleicht auch ihre Eltern und andere große Leute …
Und nun fange ich richtig mit dem Erzählen an. Unsere Deutschlehrerin sagt immer: „Kinder, ihr müsst eure Gedanken ordnen!" Ich versuche es.
Zuerst stelle ich uns vor: Wir sind vier Erstkommunionkinder aus einer großen Stadt und wohnen alle in einem riesigen Hochhaus. Außer uns gibt es da keine katholischen Kinder.
Ich heiße Rita. Ich bin 10 Jahre alt und komme bald ins vierte Schuljahr. Und so sehe ich ungefähr aus:

Das bin ich, Rita

Nun wisst ihr, dass ich ziemlich dick bin. Ich kann nichts dafür, denn ich esse schon so wenig wie möglich. Viele spotten über mich; dann tue ich so, als ob es mir nichts ausmacht, aber ich ärgere mich doch. Wenigstens ein bisschen. Mutti meint, später werde ich vielleicht dünner. Ich hoffe das auch. Meine Lieblingsbeschäftigungen sind Aufsatz schreiben, Kuchen backen und im Schulorchester spielen. Eine Drei habe ich nur im Sport.

Das ist Mechthild, meine Schwester. Sie ist nur ein Jahr jünger als ich und ein richtiger Zappelphilipp; keine fünf Minuten kann sie stillsitzen.

Innerhalb von zwei Minuten kann sie lachen und weinen; aber meistens ist sie ganz vergnügt. Es kommt vor, dass jemand zu ihr sagt: „Na, Kleiner?" Das kommt, weil sie kurze Haare hat und immer in Hosen geht. Mechthild und ich zanken uns manchmal, aber ich glaube, das tun Geschwister immer.

Wir haben noch einen großen Bruder, der Georg heißt. Weil er schon 14 ist, hat er andere Freunde als wir. Unser Vati ist Elektriker und unsere Mutti Sekretärin. Während der Woche haben wir alle viel zu tun; am Samstag sind wir alle fünf „Hausfrauen", und wenn alles richtig klappt, sind wir am Sonntag frei, um etwas Gemeinsames zu unternehmen. Immer klappt es nicht. Aber oft.
Mechthilds bester Freund ist unser Vetter Steffen. Er geht mit ihr in die gleiche Klasse und kommt oft zu uns. Seine zwei kleinen Schwestern sind Zwillinge. Steffen kann noch nicht viel mit ihnen anfangen; sie sind erst zwei Jahre alt. Manchmal muss er auf sie aufpassen. Das tut er nicht so gern, denn wenn die eine still ist, brüllt die andere. Oder umgekehrt. Er hat es jedenfalls nicht leicht mit ihnen, wenn sie auch sehr niedlich sind. Steffen hat Lockenhaare, und die sind fast weiß. Wenn wir

aus Spaß: „Opa mit den Silberlöckchen!“ zu ihm sagen, wird er krebsrot vor Wut. Das sieht lustig aus zu dem fast weißen Haar. Wenn er sich freut, wird er genauso rot.
Ich finde Steffen nett, er hat immer so lustige Einfälle. Sein Vati ist Kraftfahrer, deshalb versteht Steffen schon eine Menge von Autos. Er will auch Kraftfahrer werden. Seine Mutti ist wegen der Zwillinge vorläufig zu Hause. Durch Steffen haben wir Uwe als Freund gefunden. Er ist so alt wie ich. Uwe hat keine Geschwister und auch keinen Vater. Das heißt, einen Vater hatte er früher, aber er

Das ist Uwe, der dauernd liest

ist vor drei Jahren mit dem Auto verunglückt. Seitdem ist Uwe mit seiner Mutter allein. Weil sie aber den ganzen Tag in einem Kaufhaus arbeitet und dazu noch Überstunden macht, ist er oft ganz allein. Aber das macht ihm nicht viel aus, weil er dauernd liest und dabei seine Ruhe haben will. Er weiß viel und kann einem alles erklären. Dafür vergisst er dauernd was. „Du wirst nochmal deinen Kopf vergessen!", sagt Mechthild manchmal.
Zu uns kommt er gern. Wir sind auch immer zusammen in den Erstkommunionunterricht gegangen. Steffen und Uwe sind Messdiener. Wir Mädchen singen im Kinderchor mit. Am Sonntag treffen wir uns alle im Gottesdienst, die Eltern und die Kinder. Nur Steffens Vati und Mutti können nicht beide kommen. Wegen der Zwillinge muss einer von ihnen zu Hause bleiben. Einmal brachten

sie die beiden Kleinen mit in die Kirche. Es war fürchterlich. Die Zwillinge saßen nicht eine Sekunde still. Seitdem lassen die Eltern sie zu Hause. Manchmal machen sie auch während des Gottesdienstes einen Spaziergang. Anschließend toben sie auf dem Kirchplatz herum. Wenn wir aus der Kirche kommen, begrüßen sie uns mit lautem Geschrei. „Na, ihr Schreihälse!", sagt Pfarrer Fischer dann, der sich vor der Kirche von den Leuten verabschiedet. „Wann werdet ihr denn groß und vernünftig?"
Pfarrer Fischer ist sehr nett. Früher hatten wir Religionsunterricht bei Frau Michel; die ist schon ein bisschen alt, aber sie kann sehr gut basteln. Das war das Beste damals. Die Erstkommunionkinder unterrichtet Pfarrer Fischer selbst. Wir haben viel gelernt. Das muss man vor der Erstkommunion.
Der Erstkommuniontag war der schönste Tag in meinem Leben, bis jetzt. Mechthild sagt das auch. In der Kirche und zu Hause haben wir gefeiert. Pfarrer Fischer sagte: „Nun gehört ihr richtig fest zur Gemeinde. Aber vergesst nicht: Das ist erst ein Anfang! Ihr müsst nun immer besser lernen, als Christen zu leben!" Das haben unsere Eltern natürlich auch gehört. Sie möchten, dass wir an Gott glauben und beten, uns miteinander vertragen und anderen helfen. Und ich denke, deshalb haben sie sich für uns auch die Reise nach Kleckerhausen ausgedacht, von der ich euch nun der Reihe nach alles berichten will. Ich will euch alles WEITERSAGEN!

Auf nach Kleckerhausen

Ungefähr 14 Tage nach der Erstkommunion kam ich von der Orchesterprobe nach Hause. Mechthild stürzte mir an der Wohnungstür entgegen und schrie: „Komm schnell rein, Onkel Franz ist da!" – „Klasse!", rief ich und rannte ins Wohnzimmer. Da war die ganze Familie versammelt, und Onkel Franz saß auf dem Sofa. „Tag, Onkel Franz!", sagte ich und schüttelte ihm die Hand. „Tag, Rita!", antwortete er, „na, immer standhaft im Glauben, ihr Erstkommunionkinder?" – „Klar", sagten wir beide zugleich, und ich fragte noch schnell: „Bleibst du lange?" – „Nein, ich bin nur auf einen Sprung hergekommen", erklärte Onkel Franz, „ich muss zurück zu meiner Herde!" Mit seiner Herde meint er seine Gemeinde. Er ist nämlich Pfarrer in einem ganz kleinen Dorf mitten im Wald. 30 andere Dörfer gehören noch zu seiner Pfarrei.

Onkel Franz ist klein und rund wie eine Kugel und immer lustig. Er ist mit unserem Vati zur Schule gegangen. Wir haben ihn alle fünf einmal in Kleckerhausen besucht, und das war beinahe der zweitschönste Tag in meinem Leben. Leider hat er immer wenig Zeit, wenn er uns besucht. Und nun sprang er auch schon wie ein Gummiball vom Sofa hoch: „Lasst euch meinen Abschied nicht sauer werden!", sagte er und schüttelte allen die Hand. „Ich lasse ja für vier gewisse Erstkommunionkinder eine

Überraschung da. Eure Eltern werden's euch verraten!" Er blinzelte Mechthild und mir zu. Dann sauste er aus der Tür und die Treppe hinunter. Wir rannten ans Fenster und winkten ihm nach. Mechthild rief dabei dauernd: „Welche Überraschung denn, Mutti, sag doch! Vati, welche Überraschung denn!?" Gleichzeitig winkte sie wie eine Wilde hinter Onkel Franz her, bis er um die Ecke verschwunden war.
„Setzt euch hin, dann verrate ich die große Überraschung!" Mutti zeigte auf die Stühle. Wir setzten uns. Mechthild zappelte immerzu auf ihrem Stuhl hin und her. Das machte die Neugier. „Also hört zu", begann Mutti, „Pfarrer Fischer hat euch Erstkommunionkindern gesagt, ihr müsstet immer besser lernen, als Christen zu leben. Onkel Franz will dabei auch ein wenig mithelfen, und deshalb lädt er euch alle vier für acht Tage nach Kleckerhausen ein!" – „Toll, toll, toll!", schrie Mechthild und hätte beinahe die Blumenvase vom Tisch gerissen. Ich hielt sie schnell fest und fragte: „Wissen es Uwe und Steffen schon? Und erlauben es ihre Eltern überhaupt?" – „Mit den Eltern habe ich schon gesprochen", schmunzelte Vati, „aber die beiden wissen noch nichts davon!" Mechthild stand schon an der Tür. „Dürfen wir's ihnen gleich erzählen?" – „Geht nur, sonst platzt ihr ja noch!" Mutti hat für so etwas immer Verständnis. Wir stürmten los und rissen bei Steffen und Uwe fast die Klingel herunter.
Ich kann euch sagen, an dem Abend war noch etwas los! Wir vier waren ganz toll begeistert. In der ersten Ferienwoche sollte es losgehen. „Noch sechs Wochen!" Mechthild hätte am liebsten alle Kalenderblätter auf einmal abgerissen, aber das geht ja nicht. Sechs Wochen bleiben sechs Wochen. Der Einzige, der ein wenig brummte, war Georg. „So wichtig sind Erstkommunionkinder schließlich auch nicht!" knurrte er. „Sind sie doch!", fun-

kelte ihn Mechthild an. Ich wollte ihn ein bisschen trösten und sagte: „Du fährst doch ins Ferienlager, ist doch auch prima, nicht?" Da nickte er. Vati und Mutti wurden ganz nervös von unserer Fragerei: Was nehmen wir mit? Wann fahren wir ab? Fahren wir mit dem Zug? Wer bringt uns hin? Oder fahren wir gar allein? „Wird sich alles finden!", beendete Vati schließlich den Tumult. Beim Abendgebet sangen wir auf Vorschlag von Mechthild: ‚Großer Gott, wir loben dich' und beteten besonders für Pfarrer ‚Onkel Franz' und seine ‚Herde'.

Ehrlich gesagt: Die sechs Wochen bis zum Ferienbeginn vergingen dann wie im Flug. Es gab viel Abwechslung: die Fronleichnamsfeier, für die wir Erstkommunionkinder einen Blütenteppich legten; der Kindertag; die Abschlussfeier in der Schule mit unserem großen Orchesterauftritt; die Zeugnisse – und schließlich ein Wochenendbesuch bei Oma und Opa. Zuallerletzt bekamen wir noch den Maler. Mechthild und ich mussten unsere Sachen hin- und herräumen und beim Saubermachen helfen. Dabei legten wir schon auf die Seite, was wir mit nach Kleckerhausen nehmen würden: Badesachen, Spiele, die neuen Gesangbücher, Taschentücher, Strümpfe und noch viele andere Sachen.

Es wurde ein ziemlicher Berg, und Mutti schlug entsetzt die Hände zusammen: „Ich sehe wohl nicht recht!", rief sie, „Spiele hat Onkel Franz auch, und Gesangbücher liegen in Kleckerhausen auf jeder Kirchenbank." – „Aber keine mit Goldschnitt!", erklärte Mechthild. Sie hat ihr Gesangbuch von ihrer Patentante bekommen und zeigt es überall herum. Wir mussten dann doch die Hälfte aller Sachen wieder wegräumen.

Endlich war es dann soweit. Unser Koffer stand gepackt, die Campingbeutel waren bis zum Rand gefüllt. Wir rannten umher, um noch dies und das zu ordnen. Die letzten Kleinigkeiten verstauten wir in den Anoraktaschen, weil sonst nirgendwo mehr Platz war. Mutti sagte dauernd was: „Macht bloß keine Dummheiten! Passt auf und benehmt euch! Grüßt Onkel Franz! Wascht euch richtig!" – „Ja, bestimmt!", nickten wir auf jede Frage. Das stimmte immer. Vati schüttelte schließlich den Kopf und sagte: „Na, Marlies, nun mach nur nicht die Pferde scheu! Wir haben doch ganz vernünftige Kinder." Vati ist manchmal große Klasse; nein, oft ist er das. Mechthild steckte die kleine Tasche mit dem Rosenkranz ein; den hat sie von

Oma zur Erstkommunion bekommen. „Zeige ich Onkel Franz!", sagte sie. „Ich dachte, du wolltest ihn zum Beten mitnehmen!", grinste Georg. Mechthild machte gerade den Mund auf, um ihm eine passende Antwort zu geben, da meinte Vati mit einem Blick auf die Uhr: „Gleich drei! Los geht's!"

Im Treppenhaus stießen wir auf Steffen mit Vater und Uwe mit Mutter. So wurden wir eine ziemlich große Gruppe. Mit Sack und Pack zogen wir zum Bahnhof. Ja, es ist kaum zu glauben: Wir durften ganz allein mit der Bahn nach Kleckerhausen fahren! Das hatten wir den Vätern zu verdanken; die Mütter hätten uns lieber hingebracht. Steffens Vati wollte uns erst mit dem Auto hinfahren, aber dem Uwe wird es im Auto immer schlecht und der Mechthild manchmal auch. Außerdem kann man jederzeit Auto fahren – aber allein im Zug, ohne Erwachsene, das ist viel besser. Wir brauchten ja auch nicht umzusteigen und fuhren insgesamt nur 2 Stunden. Das ist keine Kunst, finde ich. Die Eltern hatten Vertrauen zu uns. Wir durften allein fahren. Onkel Franz wollte uns am Bahnhof in Kleckerhausen erwarten.

Als wir nun am Hauptbahnhof ankamen, stand der Zug schon da. Wir fanden ein fast leeres Abteil und verstauten mit Vatis Hilfe all unsere Sachen auf der Gepäckablage. „Könnt ihr das nachher wieder herunterholen?", fragte Vati. „Na klar!", sagte Mechthild, und Steffen fragte noch: „Soll ich's gleich mal vormachen?", und stand schon auf dem Sitz. Vati zog ihn wieder herunter. Dann standen wir am Fenster und die Erwachsenen mit Georg draußen. Mutti rief: „Passt auf eure Sachen auf! – Lehnt euch nicht aus dem Fenster! – Vertragt euch! – Wisst ihr überhaupt, wo ihr aussteigen müsst!? – Habt ihr alles?" Vati kam gar nicht zu Wort. Er sagte nur: „Ist ja gut, ist ja gut!"

Endlich pfiff es zur Abfahrt. Steffen winkte mit einem riesigen karierten Taschentuch und wir anderen mit der Hand. Wir waren richtig froh, als wir den Bahnhof hinter uns hatten. Nicht, weil wir unsere Eltern nicht gern haben, aber es ist doch etwas ganz anderes, so selbstständig loszufahren. Steffen und Mechthild hatten die Fensterplätze, weil sie jünger sind. Zuerst saßen wir einige Minuten ganz still da. Dann sagte Steffen plötzlich: „Ich hab' Hunger!" Da merkten wir anderen auch, dass wir hungrig waren. Mechthild langte nach unserem Campingbeutel. Nirgends schmeckt es so gut wie im Zug, unsere Mütter wussten das und hatten uns viele Brote eingepackt. Uwe hatte eine riesige Apfelsine, die teilten wir uns. Steffen hatte auch eine Flasche mit Limonade mit. Ein Glück, denn im Zug wird man durstig. Ein älteres Ehepaar saß mit im Abteil. Sie lachten uns an und fragten: „Na, wo geht's denn hin?" Wir antworteten alle auf einmal. Sie verstanden deshalb nichts, und so erklärte schließlich Uwe allein. Er kann es am besten, das muss ich zugeben. Er macht nicht so viel drum herum.
Wir sahen uns dann die Gegend an. Zuerst kamen immer nur Felder und Wiesen, und alles war ganz flach. Dann sah man im Hintergrund schon ein paar Hügel, und bald danach fuhren wir durch Wald. Eine lange Strecke gab es Wald und immer wieder Wald. Steffen guckte sich bald die Augen aus dem Kopf; er wollte Hirsche und Rehe sehen. Uwe meinte: „Sei nicht so blöd, die stehen doch nicht an der Bahnlinie herum!" Mechthild schaute dauernd auf die Uhr: „Noch 50 Minuten, noch 45 Minuten, noch 42 Minuten ..." So ging das immerzu. Sie fiel uns schon auf die Nerven. So verging die Zeit. Wir fuhren durch viele kleine Orte, meistens Dörfer. Die letzte Station vor Kleckerhausen ist Seebach. Auf einmal waren wir

dort. Wir fingen an, unsere Sachen zusammenzusuchen. Dabei machte Steffen mit seinen Schuhen den Sitz etwas schmutzig, aber ich wischte es gleich mit einem Taschentuch wieder ab. Besser ist besser. „Gleich hinter dem Waldrand auf der linken Seite seht ihr das Türmchen der katholischen Kapelle!", hatte Mutti gesagt. Deshalb hatten wir uns auf die linke Zugseite gesetzt, und Mechthild drückte sich nun die Nase fast platt, um die Kapelle zu sehen. „Da ist es, da ist es!", schrie sie plötzlich, und wir schrien vor Freude mit. Uwe drängelte: „Los, zur Tür!" Wir stießen und drückten uns alle gleichzeitig durch die Schwingtür. Uwe musste noch mal zurück, er hätte beinahe seine Umhängetasche im Abteil vergessen. Dann hielt der Zug. Wir waren in Kleckerhausen.

Unverhofft kommt oft!

Mechthild sprang als erste aus dem Zug. Kurz danach standen wir alle auf dem Bahnsteig und schauten uns um. Nur wenige Leute waren ausgestiegen. Die meisten verschwanden schnell, und da fuhr auch der Zug schon wieder an. Wir schauten und schauten, aber sahen keinen Onkel Franz. „Der hat uns doch nicht etwa vergessen?" Steffen zog die Stirn in Falten. „Er wird schon gleich kommen", tröstete ich mich und die anderen. Aber er kam nicht. „Kommt, wir gehen los!", sagte ich schließlich und griff nach dem Koffer.

Gerade in diesem Moment kam ein langer, dünner Junge mit rötlichen Haaren aus dem Bahnhofsgebäude gestürzt und blickte sich um. Dabei wischte er sich den Schweiß von der Stirn und japste, als wäre er wild gerannt. Kaum hatte er uns gesehen, kam er schon auf uns zu: „Da seid ihr ja", sagte er und schüttelte uns der Reihe nach die Hand, „beinahe hätte ich es nicht geschafft; ich musste vorher noch zwei andere Wege besorgen! Übrigens: Ich heiße Bernd, aber ihr könnt ruhig Fips zu mir sagen, das machen alle." Mechthild platzte heraus: „Und wo ist Onkel Franz?" – „Ja, wo ist er?", fragte auch Steffen, „ich dachte, er würde uns selbst abholen!" – „Jaa", sagte da der Junge, der Fips genannt wird, etwas langsam, „das stimmt, aber es ist nämlich so, da kam etwas dazwischen ..." Er wischte sich den Schweiß von der Stirn. Er sagte das so merkwürdig, dass wir ein wenig verdattert dastanden. „Na, was denn nun?" Die Ungeduldigste von uns ist ganz bestimmt Mechthild. Steffen sah man an, dass er den Fips am liebsten in die Rippen geboxt hätte, weil er so langweilig antwortete. Der setzte noch einmal an: „Na, Pfarrer Rudolf – ich meine: euer Onkel Franz – ist heute morgen noch einmal auf den Boden gegangen, um die Bodenluke zuzumachen, weil es nach Regen aussah, und die Bodentreppe ist eng und schmal und da, und da ..." Wir standen ganz starr da. „Da ist Pfarrer Rudolf die Treppe heruntergefallen und hat sich das linke Bein gebrochen, und zwar gleich zweimal." Er starrte uns ein bisschen verlegen an. „Nein!", schrie Mechthild so laut, dass ein paar alte Frauen sich nach uns umsahen. Steffen wurde krebsrot, und Uwe und ich starrten uns gegenseitig an. „Und was nun?", fragte ich dann etwas zitternd. „Jaa", fing Fips wieder an, „da hat Fräulein Rosa sofort den Arzt gerufen und der den Krankenwagen, und ab ging's. Mich haben sie auch gleich geholt, weil ich

sowieso immer helfe als Messdiener und Lektor und all so was, und Fräulein Rosa hat mich überall herumgeschickt, weil alles Mögliche erledigt werden musste. Und zuletzt sollte ich euch abholen. Na, hat ja auch geklappt!" Er nahm kurzerhand einen Koffer und ging los.
Wir trabten wie begossene Pudel hinterher. Zum Heulen war uns zumute. Mechthild griff schon nach dem Taschentuch. „Der arme Onkel Franz !", schluchzte sie, „nun kann er nicht mehr laufen!" – „Mach's halblang", stieß Uwe sie in die Rippen, „das heilt doch wieder! Bei mir hat's vor zwei Jahren sechs Wochen gedauert, weißt du noch?" Trotzdem! Was half uns das? Fräulein Rosa, Onkels Haushälterin, war auch lieb und nett – aber was waren Ferientage in Kleckerhausen ohne Onkel Franz? Da stellte Fips mit einem Ruck den Koffer hin und blieb stehen: „Ich soll euch von eurem Onkel was bestellen", sagte er. „Ehe er ins Krankenhaus abfuhr, hat er gesagt: Warum das gerade jetzt passiert ist, weiß ich nicht; aber es ist bestimmt nicht passiert, damit den Kindern die Ferien verdorben werden. Sag ihnen das und: Immer heiter, Gott hilft weiter!"
Als wir am Pfarrhaus ankamen, stand Fräulein Rosa schon auf der Schwelle. Sie ist klein und dünn, aber zäh wie Hosenleder, sagt Onkel Franz. Sie hat einen großen Haarknoten am Kopf und immer eine rote Nasenspitze. Das sieht lustig aus, aber sie selbst findet es wohl nicht so schön, glaube ich. „Herzlich willkommen", rief sie und kam uns entgegen, „das ist eine böse Überraschung, was? Na, ich hab' mich schon ein bisschen von dem Schrecken erholt! Es hilft ja nichts. Immer heiter, Gott hilft weiter; ja, wenn man das immer sagen kann, geht alles leichter. Besser ein Bein gebrochen als den Hals, nicht wahr? Und wir werden auch miteinander zurechtkommen, denke ich ..." Sie redete immer weiter, wir brauchten gar nichts zu sagen. Schließlich fragte sie uns, wie es unseren El-

Frl. Rosa

tern und Geschwistern ginge und ob wir eine gute Fahrt gehabt hätten.
Wir tranken dann gleich alle miteinander Kaffee. Fips blieb auch da, sagte wenig und aß eine Unmenge Kuchen. Und dabei ist er so dünn! Der Kuchen schmeckte sehr gut, Fräulein Rosa kann überhaupt gut kochen und backen. Bald fühlten wir uns ganz gut, aber ich dachte immer wieder: Wenn doch Onkel Franz auch hier säße! Den anderen ging es bestimmt genauso, das konnte man an den Gesichtern sehen. Fräulein Rosa sagte noch: „Wir haben gleich das Bischöfliche Amt von dem Unfall benachrichtigt. Vielleicht bekommen wir eine Vertretung!" O je, auch das noch! Ich bin nicht so gern mit fremden Menschen zusammen, und es gibt auch Pfarrer, die gar nicht nett sind, sondern streng und abweisend zu Kindern. Wir hatten mal einen Kaplan, der war so. Wir waren froh, als er wieder wegzog.
Nach dem Kaffee haben wir uns zum Abwaschen und Abtrocknen angeboten; wir tun das zu Hause auch, aber nur, weil wir müssen. Hier war es Höflichkeit und auch, weil Fräulein Rosa uns leid tat. Nun war Onkel Franz nicht da, und sie hatte auch noch uns auf dem Hals. Wir konnten ja nichts dafür, aber immerhin. „Ihr könnt jetzt oben eure Sachen auspacken und euch dann ein wenig umsehen", schickte uns Fräulein Rosa weg, „den Abwasch schaffe ich allein." So sind wir die Treppe hinaufgestiegen in zwei kleine Gastzimmer mit je zwei Betten. Die kannten wir schon von dem Besuch mit unseren Eltern. „Schön ist's hier!", sagte ich und sah mich um. „Es sind sogar Nachttischlampen am Bett, damit man lesen kann!" – Mechthild warf sich aufs Bett und seufzte: „Ja, schön, aber das mit Onkel Franz ist ganz blöde und doof !" Und dann packten wir unsere Sachen aus und richteten uns ein. Und die Jungen machten's nebenan genauso.

Ein alter und ein neuer Freund

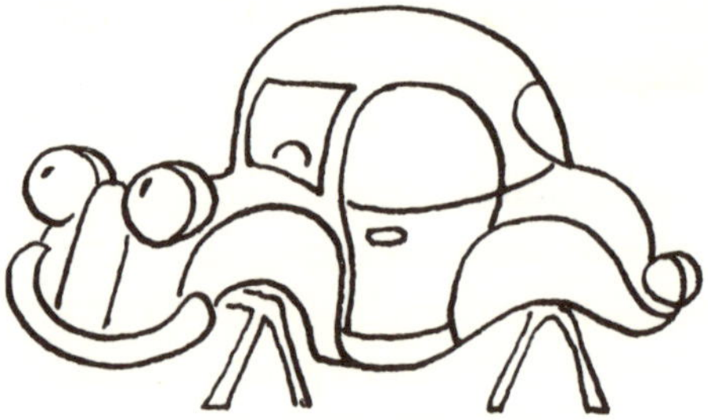

Bei Onkel Franz ist ziemlich viel Platz. Er hat ja keine Familie, dafür aber gleich eine ganze Gemeinde. Da braucht man alles Mögliche.
So sieht es in der katholischen Gemeinde von Kleckerhausen aus: Links ist das Pfarrhaus. Es war früher einmal ein Bauernhaus. Rechts steht die Kirche. Sie war vor einigen Jahren noch eine Scheune. Viele Leute haben mitgeholfen, sie zur Kirche umzubauen. Im Türmchen gibt es sogar eine kleine Glocke. Ich finde Glockenläuten schön. Es klingt so feierlich. Zwischen der Kirche und dem Pfarrhaus liegt ein ziemlich großer Platz mit Kies und auch Rasen. Da stehen am Sonntag nach dem Gottesdienst die Leute und reden miteinander. Manchmal spielen Kinder dort. Ganz hinten steht noch ein kleines Haus. Das war früher ein Stall. Jetzt ist es eine Garage. Neben der Garage ist noch eine kleine Tür. Wenn man durch sie hineingeht, kommt man in einen wunderbaren Raum. „Mein Kramladen!", hat Onkel Franz gesagt, als er uns zum ersten Mal hineinführte. Viele Sachen stehen dort bunt durcheinander: Leuchter, Spielsachen, Altarteile, Kisten und Kasten. Und das Schönste: ein kleines, rotes, ausrangiertes Auto. Es ist zwar aufgebockt, aber man kann herrlich damit spielen. „Das ist ‚olle Heinrich'", hat Onkel Franz gesagt und freundlich auf die Kühlerhaube geschlagen.

Wir haben uns damals mit dem kleinen Auto richtig angefreundet und hätten es am liebsten mit nach Hause genommen. Mechthild wollte sogar den Fernseher dafür eintauschen, obwohl sie für ihr Leben gern in die Röhre schaut. Nun fiel mir ‚olle Heinrich' wieder ein. „Kommt!", sagte ich zu den anderen, „wir machen ‚olle Heinrich' einen Besuch!" Fräulein Rosa lachte und sagte: „Geht nur zu ihm, er steht immer noch auf seinem alten Platz."
Wir liefen zum ehemaligen Stall. Die kleine Tür war nur mit einem Riegel verschlossen. Wir riegelten auf und gingen hinein. In der Zwischenzeit hatten sich noch viel mehr alte Sachen angesammelt. Wir sahen uns um. Uwe stöberte ein dickes altes Buch auf. „Ein lateinisches Messbuch!", erklärte er und buchstabierte schon darin herum. Mechthild und ich kramten in einer Kiste, aus der ein goldener Stoffzipfel heraushing. „Mensch, ein goldener Mantel!", sagte Mechthild und zog einen langen und breiten Mantel hervor. „Was mag das sein?" – „Sicher ein Kostüm zum Theaterspielen!", antwortete ich und wickelte mich in den Mantel. Steffen hatte sich sofort nach dem ‚ollen Heinrich' umgeschaut, den er vom Erzählen kannte. Er kletterte hinein und setzte sich auf den Fahrersitz. „Los", schrie er, „einsteigen, alle Mann zur Expedition nach Afrika!" – Ich mochte mich nicht von meinem herrlichen Mantel trennen. „Los, Mechthild", sagte ich von oben herab, „trag mir die Schleppe. Ich bin die Kaiserin von Kakidifonien und möchte nach Afrika reisen!" Mechthild tänzelte mit der Schleppe in der Hand hinter mir her. „Bitte sehr, werte Damen!" Steffen riss die Tür vor uns auf. Die ächzte vor Altersschwäche. „Uwe muss auch mit!" Mechthild winkte aus dem Fenster: „Kommen Sie schnell, Herr Professor, wir sind auf Ihre wertvolle Hilfe angewiesen. Sie müssen uns den richtigen Weg zeigen!" Uwe kam mit dem dicken Messbuch angeschleppt. Er warf es auf

den Rücksitz und kletterte hinterher: „Vielleicht treffen wir Menschen, die lateinisch sprechen!", sagte er.
Da saßen wir nun. Mit großem Reng, Reng, Reng! und Pfff, Pfff, Pfff! startete Steffen. Wir sangen begeistert: „Ich kenne einen Cowboy", weil uns kein passenderes Lied einfiel. Ehrlich gesagt, es war toll gemütlich im ‚ollen Heinrich'; wir spielten und spielten und vergaßen die Zeit und unseren Kummer um Onkel Franz. Sogar die Hupe von dem alten Auto war noch in Ordnung. Sie war fürchterlich grell, aber herrlich laut. Wir kamen uns wirklich vor wie auf dem Weg nach Afrika. „Schon sind wir in der Wüste!", schrie Steffen, und Uwe schlug ihm von hinten auf die Schultern und rief: „Links halten, links halten, sonst versacken wir im Sand!" – Mechthild hopste auf den Polstern auf und ab, dass es knarrte und bebte und quiekte: „Diese vielen Steine in der Wüste, wer hätte das gedacht!?" Plötzlich fuchtelte Steffen mit den Armen und schaute sich um: „Das Benzin ist alle; ich fürchte, nun müssen wir hier alle verhungern und verdursten!" – „Nein, nein, Hilfe, ich will nicht sterben, ich will wieder nach Hause zu Mama und Papa!" Mechthild jammerte und tat, als wäre sie schon halb tot. „Hilft uns denn keiner? Ist denn kein Retter in der Nähe?" Wir lachten uns schief und krumm über sie.
Doch wir erschraken uns wirklich fast zu Tode, als plötzlich eine tiefe Stimme sagte: „Hier ist der Retter in der Not! Kommt nur in meine Oase!" Wir fuhren herum. Und was sahen wir, als wir die Köpfe zu den Seitenfenstern von dem ‚olle Heinrich' hinauszwängten? Da stand ein großer, schlanker Mann in einem langen braunen Gewand mit einem weißen Gürtel. Er hatte die Arme verschränkt und lachte auf uns herab. „Mit wem habe ich denn die Ehre?" Er riss die Autotür auf und machte eine Verbeugung. Er schaute mich dabei so lustig an, dass ich ihm

die Hand gab und beim Aussteigen sagte: „Ich bin die Kaiserin von Kakidifonien und mache eine Afrikareise!" Den goldenen Mantel hielt ich vorn zusammen und zeig-

te mit der anderen Hand auf meine Begleiter: „Das ist meine Schleppenträgerin. Das ist mein Chauffeur. Und das ist der klügste Professor weit und breit." Der fremde Mann lachte wieder: „Ihr seid ja eine märchenhafte Gesellschaft! Ich dagegen bin nur ein armer Franziskanerpater mit Namen Fridolin und hierher in die Oase gekommen, um meinen kranken Mitbruder zu vertreten. Nun, was sagt ihr dazu?"
Eins – zwei – drei verwandelten wir uns in Rita, Mechthild, Uwe und Steffen. Wir sagten unsere richtigen Namen und schauten uns den Vertreter von Onkel Franz erst

einmal richtig an. Wir waren inzwischen aus dem Auto geklettert. „Sind Sie ein richtiger Mönch, Herr Fridolin?" Steffen fielen fast die Augen aus dem Kopf. Wir alle hatten noch nie einen echten Franziskaner gesehen. Zum Glück hatte uns unser Pfarrer von Franziskus erzählt und dass er eine Gemeinschaft von vielen Brüdern gegründet hat und dass es auch jetzt noch Franziskaner gibt; so standen wir doch nicht ganz dumm da. „Ja, ich bin ein richtiger, echter Mönch", lachte der Mann jetzt, „abwaschbar und unverfälscht; und ich heiße nicht Herr Fridolin, sondern Pater Fridolin, und das ist soviel wie ‚Vater' Fridolin; und ich habe vor, mit euch ein paar Tage Ferien zu machen und euren Onkel Franz zu ersetzen, so gut ich kann!" Er griff nach Steffen und stemmte ihn hoch über seinen Kopf, fast bis zur Decke. Steffen quietschte, Mechthild hopste herum, Uwe und ich klatschten Beifall. „Mensch, sind Sie stark!", sagte Steffen, als er wieder unten war.

Dann sagte Pater Fridolin: „Und nun: aufgeräumt und mitgegangen! Fräulein Rosa wartet mit dem Abendbrot!" Schnell brachten wir ‚olle Heinrich' und alles andere wieder in Ordnung und sausten hinter Pater Fridolin her. Mechthild zwickte mich in den Arm: „Du, der ist prima!", wisperte sie mir zu. Uwe hatte ganz rote Ohren. Das hieß: „Der gefällt mir!" Und Steffen hätte sich am liebsten noch einmal in die Luft heben lassen; das sah ich ihm an. Mir gefiel der Pater auch: Er hatte mich keinen Augenblick lang spöttisch angeguckt, weil ich dicker bin als andere Kinder. Das habe ich sofort gemerkt.

Beim Abendessen erfuhren wir mehr: Pater Fridolin war eigentlich in der Nachbargemeinde bei seinen Eltern auf ‚Heimaturlaub', wie er sagte. Er hatte von dem Unfall erfahren und seine Hilfe angeboten. „Ich werde oft herüber kommen!", versprach er. Fräulein Rosa hatte inzwischen

im Krankenhaus angerufen. Onkel Franz' gebrochenes Bein war eingegipst. Nun musste er ruhig liegen. „Immer heiter, Gott hilft weiter!", sagte auf einmal Uwe und hielt sein Messer wie einen Spieß in die Luft. Pater Fridolin zwinkerte ihm zu: „Junge, Junge, du triffst ja den Nagel auf den Kopf! Wenn du so ein toller Hecht bist, kannst du vielleicht auch ministrieren?" – „Klar!", sagte Uwe stolz, und Steffen meinte ein bisschen ärgerlich: „Ich aber auch!" – „Fabelhaft!" Pater Fridolin nahm sich noch eine Portion Bratkartoffeln und erklärte: „Ich schlage also vor: Morgen beginnen wir den Tag mit der Eucharistiefeier – oder wollt ihr lieber schlafen?" – „Nein!", schrien wir alle zusammen. Und so war es abgemacht: Am nächsten Tag würden wir mit Pater Fridolin in die Kirche gehen. Und was dann? „Was dann kommt, überlegen wir morgen beim Frühstück!", entschied der Pater.
Beim Abendgebet haben wir alle zusammen für Onkel Franz gebetet und Gott gedankt, dass wir einen neuen Freund gefunden haben. Denn dass Pater Fridolin unser Freund war, das wussten wir schon.

KAPITEL 2

Der erste Morgen

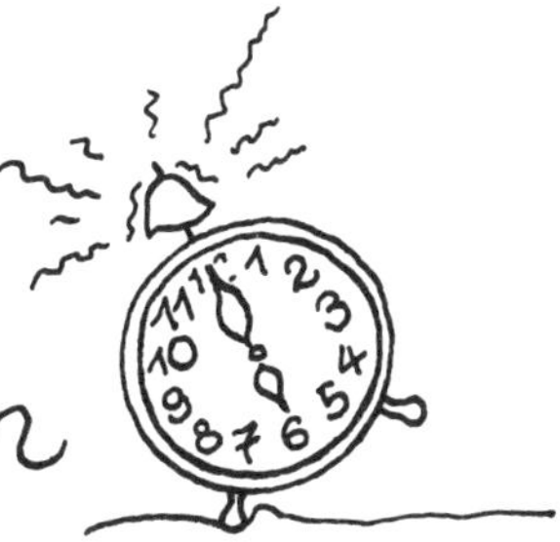

Ich schlafe gern. Aber an diesem ersten Morgen in Kleckerhausen wurde ich sehr früh wach. Der Wecker stand auf 6 Uhr.
Draußen zwitscherten die Vögel. Zu Hause hören wir keine. Dann krähte sogar ein Hahn. „Kikerikiii!", schrie er. Ich dachte: „Wir sind in Kleckerhausen!", und freute mich. Im gleichen Augenblick fiel mir Onkel Franz ein. Der Arme! Ob er wohl Schmerzen hatte an seinem Bein!? Ich war nun so wach, dass meine Augen überall umhergingen. Über meinem Bett hing ein Kreuz. Da fiel mir ein, dass ich gleich mein Morgengebet beten könnte. Früher haben wir das zu Hause immer gemeinsam getan. Aber seit wir nicht mehr klein sind, betet jeder für sich. Leider vergesse ich es manchmal. Und manchmal werde ich so spät wach und muss mich furchtbar beeilen, um pünktlich in der Schule zu sein. Da finde ich gar keine Zeit zum Morgengebet. Aber Mutti hat gesagt: „Man muss jeden Morgen ganz fest an Gott denken. Dann vergisst man nicht, dass er immer für uns da ist. Soviel Zeit hat jeder!" Das versuche ich zu tun, meistens.
Aber an diesem Morgen hatte ich ja Zeit; deshalb betete ich gleich: „Vater im Himmel, ich habe sehr gut geschlafen! Vielen, vielen Dank für alles: dass wir hier sein dürfen und dass heute die Sonne scheint und dass Pater Fridolin gekommen ist und Fräulein Rosa es so gut mit uns

meint. Und lass bitte Onkel Franz' Bein wieder zusammenwachsen und lass ihn nicht traurig sein! Und beschütze auch uns alle und die Eltern und überhaupt alle Menschen auf der Welt. Und nun wecke ich Mechthild, den ollen Langschläfer." Das Letzte gehörte nicht mehr zum Beten. Ich sagte noch: „Amen", und dann rutschte ich zu Mechthild hin und kitzelte sie am Kinn. Zuerst zuckte sie nur mit der Nase, aber dann schlug sie um sich und setzte sich kerzengerade auf. Sie riss die Augen auf und fragte: „Ist es schon Zeit zur Schule?" – „Ja", kicherte ich, „in 10 Minuten fängt die erste Stunde an." Da wusste sie auf einmal Bescheid und warf sich auf mich. Wir kugelten uns herum und fanden es herrlich, in Kleckerhausen zu sein. „Uwe und Steffen schlafen wohl noch? Du, die wecken wir, aber nicht zu sachte!" Mechthild ging ans Waschbecken und füllte ihren Zahnputzbecher mit kaltem Wasser. Ich tat das gleiche. Dann schlichen wir zu den Jungen hinüber. Uwe schnarchte leise, und Steffen lag ganz tief unter der Decke vergraben. Die beiden fuhren vielleicht auf, als wir ihnen das Wasser über den Kopf gossen! Wir flüchteten in unser Zimmer zurück, aber die beiden stürmten hinterher. Es gab eine wilde Kissenschlacht. Wir schrien dabei bestimmt ziemlich laut, denn auf einmal stand Fräulein Rosa in der Tür. „Guten Morgen", sagte sie und sah zum Glück gar nicht böse aus, „Waffenstillstand! Waschen, anziehen, herunterkommen! In einer halben Stunde fängt der Gottesdienst an." Wir machten uns fertig, schüttelten die Betten auf und brachten alles in Ordnung. Mit Mechthild musste ich ein bisschen schimpfen, weil sie ihre Sachen so unordentlich in den Schrank warf. „Meckerliese!", sagte sie; aber sie räumte doch auf. Als wir in die Kirche kamen, war Pater Fridolin schon da. Steffen und Uwe zogen die Messdienerröcke an. Steffens Rock war ihm zu lang, er zupfte dann auch dauernd

dran herum. Mechthild und ich saßen in der ersten Bank. Wir sollten die Hostienschale nach vorn tragen. Im ganzen waren 11 Personen zum Gottesdienst gekommen: Pater Fridolin, wir vier, Fräulein Rosa, 3 ältere Frauen und ein junges Ehepaar. Wir haben gesungen und gebetet. Am lautesten sang Pater Fridolin; man hörte ihn bestimmt bis auf die Straße. Es war prima. „Sieh mal, das niedliche Jesuskind!", flüsterte Mechthild mir zu und zeigte auf die Marienfigur. Ich stieß sie in die Seite. Was sollten denn die Leute denken, wenn wir in der Messe herumschwatzten! Alles ging gut vorbei. Die Jungen machten nichts verkehrt. Nur Uwe schnüffelte dauernd mit der Nase. Er hatte natürlich wieder einmal etwas vergessen, nämlich sein Taschentuch. Nach dem Evangelium hob Pater Fridolin das Messgewand hoch und griff in die Tasche. Er gab Uwe ein Papiertaschentuch, und Mechthild fing an zu kichern. Später gingen wir zur Kommuni-

on, und danach betete jeder still für sich. Bestimmt dachte jeder dabei auch an Onkel Franz, an die Eltern und Geschwister.
Nach dem Gottesdienst standen wir auf dem Vorplatz. Pater Fridolin erzählte, wie er heiße und warum er gekommen sei. Die eine von den älteren Frauen fasste ihn an beiden Händen und rief: „Nein, ein Franziskaner bei uns, nein, wer hätte das nur gedacht! Bleiben Sie nur ja recht, recht lange !"
Von Onkel Franz sagte sie kein Wort. Aber die beiden anderen Frauen fragten Fräulein Rosa, wie es dem Herrn Pfarrer ginge und wie sie nun allein fertig würde und ob sie etwas helfen könnten. Das fand ich sehr nett. Das Ehepaar machte gerade Urlaub in Kleckerhausen, und der junge Mann sagte: „Im Urlaub kann man schon mal werktags in die Kirche gehen!" Pater Fridolin wünschte den beiden gute Erholung und meinte: „Vielleicht sehen wir uns nochmal!" Wir wollten schon ins Haus gehen, da zupfte die eine ältere Frau Pater Fridolin am Ärmel und sagte so richtig geheimnisvoll: „Ich wohne gleich da drüben. Wenn Sie mich mal besuchen, mache ich Ihnen eine gute Tasse Kaffee!" So was Aufdringliches! Als ob Fräulein Rosa das nicht auch könnte.
Bald darauf saßen wir am Frühstückstisch. „Na, ihr habt's ja gut gemacht!", sagte Pater Fridolin zu den beiden Jungen. „Schnüffel, schnüffel!", murmelte Mechthild, und Uwe schaute sie wütend an. Fräulein Rosa lachte: „Ich hatte dauernd Angst, du stolperst über deinen langen Rock, Steffen! Morgen helfen wir uns mit einem Gummiband!" – „Gibt es hier keine katholischen Kinder?", fragte ich. „Doch", antwortete Fräulein Rosa, „aber leider nur sehr wenige. Und die sind jetzt entweder im Ferienlager oder mit ihren Eltern verreist. Aber in der letzten Ferienwoche sind sie alle wieder da, dann kommen sie jeden Tag hier-

her ins Pfarrhaus und singen und spielen und lernen etwas Neues. Und bis dahin ist hoffentlich auch Herr Pfarrer wieder gesund", fügte sie noch hinzu. „So etwas nennt man ‚Religiöse Kinderwoche', das gibt's bei uns auch!", erklärte Uwe. „Ja, wie hier – in der letzten Ferienwoche", meinte Steffen und schmierte sich noch ein Butterbrot, „da machen wir alle mit!" – „Ist ja großartig!" Pater Fridolin hatte schon fertig gefrühstückt und lehnte sich gemütlich zurück. „Und wer macht heute mit?" Wir blickten ihn gespannt an. „Na", sagte er und machte es schrecklich spannend, „es gibt hier gar nicht so weit weg eine Burgruine, die Felsenburg Sonnenstein, da wollte ich hinwandern ..." – „Ich mach' mit!" Steffen fiel vor Eifer das Messer aus der Hand. „Ich auch! Und ich! Ich natürlich!" Wir waren alle begeistert. Pater Fridolin schmunzelte und fragte: „Könnt ihr denn überhaupt wandern und klettern, ihr Großstadtkinder?"
So eine Frage! Wir haben gleich alle durcheinandergeschrien, um zu erzählen, wo und wann wir schon mit den Eltern oder mit der Schulklasse herumgewandert sind. „Ist's auch nicht zu steil?", fragte ich ein bisschen vorsichtig. „Wir schleifen dich schon mit, Dickchen!", sagte Mechthild. Ich erlaube ihr manchmal, ‚Dickchen' zu sagen, weil sie es nicht böse meint. „Lass nur, Rita, wir halten die Spitze!", lachte Pater Fridolin. „Und nun lasst euch von Fräulein Rosa Proviant einpacken, wir kommen erst am Nachmittag zurück."

Von Felsenburgen und Luftschlössern

Eine Stunde später marschierten wir los. Alles, was wir brauchten, hatten wir gerecht in zwei Campingbeutel und drei Umhängetaschen verteilt. Zuerst wanderten wir die Straße entlang. Das war nicht so schön, denn dauernd kamen Autos. „Die dämlichen Stinkautos! Die Leute sollten lieber alle zu Fuß gehen!" Steffen spielte sich mächtig auf; er will sonst nämlich immerfort Auto fahren. Hier ist das aber anders. Pater Fridolin hatte diesmal einen ganz gewöhnlichen Anzug an und kein Mönchsgewand. Uwe hatte gleich gesagt: „Es muss ja auch nicht jeder gleich sehen, dass Sie ein Pater sind!" Aber Pater Fridolin hatte den Kopf geschüttelt und gemeint: „Dagegen wäre nichts einzuwenden! Jeder kann sehen, wer und was ich bin. Nur zum Klettern eignet sich die Kutte nicht!" Und das stimmt auch. So wanderten wir alle zusammen die Straße entlang.
Endlich bogen wir ab, und es ging in einen schmalen Waldweg hinein. Rechts vom Weg war ein dichter Nadelwald, und links standen riesenhohe Laubbäume. Uwe

sagte, es seien Buchen. Ich finde es im Wald tausendmal schöner als in der Stadt. Wir rannten kreuz und quer durch den Wald, und jeder fand etwas, das er den anderen zeigen wollte. Pater Fridolin wusste über alles Bescheid, über Pflanzen und Tiere. „Das gehört sich so für einen Franziskaner!", sagte er, „unser Vater Franz hat alles geliebt, was sich regt und bewegt." Rings um uns her regte und bewegte sich sehr viel, und so kamen wir gar nicht von der Stelle. „Ich sammle verschiedene Moose", entschied ich. Steffen wollte Steine sammeln, Mechthild hatte schon eine große Wurzel aufgestöbert, und Uwe trug ein paar Blätter zum Pressen in der Hand. Wir rannten hin und her und riefen immer wieder nach Pater Fridolin. Der erklärte uns zuerst alles ganz geduldig, aber dann sagte er: „Sammeln könnt ihr auf dem Rückweg auch noch. Jetzt geht's erst einmal voran, sonst kommen wir nie zur Felsenburg!"

Er marschierte los, wir gingen mit. Plötzlich fing er an zu singen, dass es nur so schallte: „Auf, du junger Wandersmann …" Die erste Strophe konnten wir auch, und wir sangen laut mit. Beim Singen wandert es sich viel besser. Pater Fridolin kann viele Lieder, auch sehr lustige. Manchmal sangen wir mit, und manchmal sagte er uns erst vor. So kamen wir schnell voran. Auf einer großen Waldwiese machten wir Rast; das heißt, Pater Fridolin, Uwe und ich setzten uns gemütlich ins Gras, und Steffen und Mechthild rannten umher und steckten ihre Nase hierhin und dorthin. Dabei schrien sie, dass es schallte. Endlich brachten sie atemlos einen riesigen Ast angeschleppt. „Vom Wind abgerissen!", sagte Steffen und warf ihn vor uns hin. „Wieso sieht man keine Rehe?", fragte Mechthild. „Die sind vor eurem Geschrei alle ausgerissen", sagte Pater Fridolin. „Wer im Wald etwas Lebendiges sehen will, muss leise sein. Horcht doch mal!" Wir waren eine Weile ganz still. Mir wurde ganz eigenartig zumute. Man hörte den Wind in den Bäumen und die Vögel singen und alle möglichen anderen Geräusche. Ganz geheimnisvoll. Natürlich fing Steffen kurz danach wieder an zu brüllen: „Ein Raubvogel, ein Raubvogel!", und die Stille war hin. Es war wirklich ein Habicht, wie Pater Fridolin sagte. Rehe waren nicht gekommen.
Wir aßen noch eine Tüte Kirschen leer und machten uns wieder auf den Weg. Es ging steil bergan. Der Weg war ganz schmal, wir mussten hintereinander gehen. An manchen Stellen war es fast dunkel, weil die Bäume so dicht standen und oben aneinanderstießen. „Seht mal, seht mal!", schrie Mechthild auf einmal. Wir blieben stehen und schauten hinauf. Wir sahen zackige Felsen und ganz oben einen Turm. „Da sollen wir hinauf?" Mir wurde ein wenig ängstlich zumute. „Es sieht gefährlicher aus, als es ist!", sagte Pater Fridolin und ging ganz sicher weiter,

obwohl man den Weg kaum noch sah. Er habe schon als kleiner Junge hier gespielt, erzählte er. Die Jungen hatte der Anblick der Burg sehr angespornt, sie waren gar nicht mehr zu halten. Wir waren vom Steigen schon ganz nass geschwitzt. Mechthild meinte: „Ich finde, wir gehen immer im Kreis herum!" Sie wurde schon ungeduldig. Das mit dem Kreis stimmte; es war der leichtere Weg, und wir kamen so auf der Rückseite der Burg an.
Zuerst ging es durch ein ziemlich zerbröckeltes Steintor. „Da war früher bestimmt eine Zugbrücke!", behauptete Uwe und zeigte auf einen kleinen Graben. „Menschenskind, da gibt's ja Steinbrocken!" Wirklich lagen überall riesige Felsblöcke herum. Dazwischen sah man Mauerreste, Grasplätze und ein paar Sträucher. So drangen wir bis zum Turm vor. „Die Treppe ist baufällig!", warnte Pater Fridolin, „aber seht mal, wir haben auch so eine prächtige Aussicht." Das stimmte. Man konnte ganz weit über das Land sehen. Winzige Dörfer sahen wir und ganz im Hintergrund ein paar hohe Schornsteine. Und viele Berge und Hügel, Wald und einzelne besonders hohe Bäume. Pater Fridolin zeigte uns dann, wie die Burg aufgebaut war, den Burghof, die Umfassungsmauer und die Wohnräume. Die meisten Grundmauern waren noch da und sogar ein paar Mauerreste mit Fensteröffnungen, durch die wir hinunterschauen konnten. „Heute sind wir die Burgherren!", sagte Pater Fridolin. Und es war wirklich kein anderer Mensch weit und breit.
Nichts ist so herrlich zum Spielen geeignet wie eine alte Burg. Steffen war der Burgherr, ich war seine Frau und Mechthild das Burgfräulein. Uwe und Pater Fridolin mussten fremde Ritter sein, die das Burgfräulein rauben wollten. Sie schlichen sich an und hätten bestimmt unser Burgfräulein mitgenommen, aber das schrie wie am Spieß, und da ließ es der Räuber-Pater vor Schreck wie-

der los. Später war ich der Burgkoch. Die anderen mussten ‚Möbel' für den Speisesaal heranschleppen. Sie brachten ein paar große Steine an und einen alten Baumstumpf. Er war sehr schwer, sie ächzten und stöhnten dabei, aber schließlich war es wirklich eine feine Festtafel. Ich packte alles aus, was Fräulein Rosa uns mitgegeben hatte, und das war eine Menge leckerer Sachen. Dann stellte ich alles auf unserem Baumstumpf-Tisch zurecht und holte an einer Quelle Wasser für unser Brausepulver. Währenddessen kletterten die Jungen mit Pater Fridolin in den Felsen umher.

Als ich mit allen Vorbereitungen fertig war, rief ich zum Essen. Es dauerte aber noch eine Weile, bis die anderen kamen, weil Steffen wie ein Kletteraffe in den Felsen hing und nicht mehr vor und zurück konnte. Pater Fridolin half ihm. Es sah richtig gefährlich aus. Endlich waren alle beisammen. Wir hatten uns an der Quelle sogar Hände und Gesicht gewaschen. Pater Fridolin stimmte an: „Segne, Vater, diese Gaben!" Das sangen wir im Kanon. Es schallte ganz weit.

Der Wind ließ die Bäume rauschen, um uns herum zwitscherte und zirpte es. Wir sagten: „Prost!", und tranken Brause aus unseren mitgebrachten Pappbechern. Sie waren aber Ritterpokale. Wir aßen ziemlich viel. In der frischen Luft kann man essen und essen, und wir hatten außerdem einen anstrengenden Weg hinter uns.

Nach dem Essen wurden wir faul. Zum Glück brauchten wir nicht abzuwaschen. Wir suchten nur die Tüten und Beutel zusammen und packten sie ein. Wir sangen noch: „Dank dir, Vater, für die Gaben!", und dann suchten wir uns einen schattigen Platz und legten uns ins Gras. Am Himmel schwebten weiße Wolken herum. Sie sahen aus wie Schlagsahne. „Sieh mal, da oben schwebt ein Auto!", sagte Steffen und zeigte auf eine Wolke, die wirklich fast

so aussah wie ein Rennwagen, „so eins kaufe ich mir, wenn ich groß bin. Und vielleicht noch ein Motorboot. Ich verdiene ja dann als Autoschlosser eine Menge Geld." – „Darf ich da mal mitfahren?", fragte Mechthild und wälzte sich auf den Bauch. „Aber vielleicht habe ich dann gar keine Zeit, denn ich wohne dann bestimmt in einer Burg ..."
„Nun spinnst du aber ganz schön", fuhr Uwe dazwischen, „wer wohnt denn heute noch in einer Burg? Entweder sind es Ruinen oder Jugendherbergen oder Erholungsheime!" „Na, dann wohne ich eben in einem großen Haus mit vielen schönen Zimmern!" Mechthild war nicht zu schlagen: „Denn ich habe ja einen Mann, der sehr viel Geld verdient, und ich bin Schauspielerin und ganz berühmt, und alle Leute drehen sich um und sagen: Seht mal, das ist doch die Hauptdarstellerin aus dem tollen Fernsehfilm ..." Manchmal ist Mechthild ein echter Angeber.

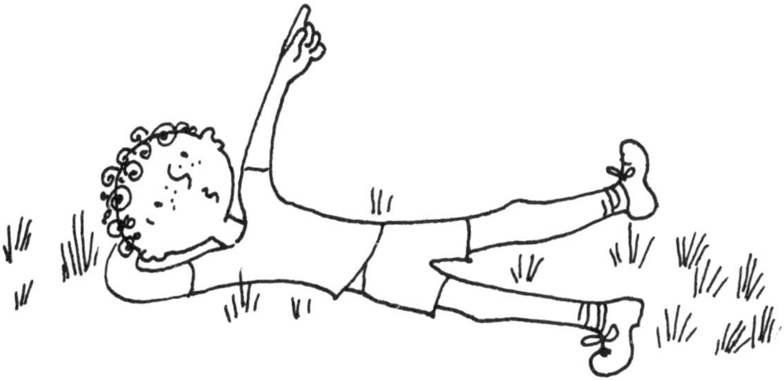

„Mensch, und wer soll das große Haus saubermachen?", fragte Uwe und tippte sich an die Stirn. „Damit hast du doch nur Arbeit! Ich weiß schon, was ich mache, wenn ich groß bin. Studieren werde ich ja sowieso, und dann habe ich eine eigene riesige Bücherei. Ich lasse mir Regale machen, die bis an die Decke reichen, und dann kaufe ich mir alles, was es an Büchern gibt. Außerdem habe ich jetzt schon viele, das wisst ihr ja!", setzte er noch hinzu und zog die Stirn in Falten, wie er es immer macht, wenn er was erklärt. „Ich werde Krankenschwester", sagte ich, „da brauch' ich solche Sachen nicht. Aber Geld brauche ich trotzdem. Ich spare und mache ganz große Reisen, so weit wie möglich und so lange wie möglich. Mutti sagt zwar immer, als Krankenschwester verdient man nicht so viel, aber vielleicht gewinne ich mal im Lotto!"
So redeten wir herum und bauten lauter Luftschlösser. Pater Fridolin sagte die ganze Zeit lang kein Wort. Wir dachten schon, er wäre eingeschlafen. Aber als wir eine Weile still waren, sagte er plötzlich: „Ihr habt ja alles Mögliche vor, wenn ihr groß seid! Und bei allem spielt das Geld die wichtigste Rolle. Na, da kann ich euch nur wünschen, dass es euch eines Tages so geht wie unserem guten Vater Franz ...!" Pater Fridolin legte sich zurück und machte die Augen zu. Wir aber drehten uns sofort alle zu ihm um: „Wie ging es ihm denn?", fragten wir gespannt. „Na ja", sagte der Pater, „als Vater Franz noch kein Vater Franz, sondern ein junger Bursche war, da hat er gemeint, das Geld und der Reichtum seien wichtig. Und er hat damals bestimmt genauso gedacht wie ihr jetzt!" – „Und dann? Was war dann?" Wir rückten immer näher. „Ja, dann", Pater Fridolin schaute so nachdenklich an den Himmel, „dann hat ihn Gott am Schopf gepackt und hat ihm gezeigt, worauf es im Leben ankommt."-„Richtig am Schopf gepackt?", fragte Steffen, „das ist

wohl ein Märchen?" – „Das ist doch nur ein Vergleich, du Dummrian", wies ihn Uwe zurecht. Mechthild und ich aber drängelten: „Erzählen Sie es, erzählen Sie es!" – „Gut, ich erzähle euch ein wenig aus dem Leben unseres Vaters Franziskus", willigte Pater Fridolin ein. Wir legten uns alle gemütlich zurecht, und dann hörten wir, wie durch den Ruf Gottes aus dem Sohn des reichen Kaufmanns der arme, aber immer frohe Vater Franziskus geworden ist. Ich kann die Geschichte hier nicht aufschreiben, aber wer sie kennen lernen will, findet bestimmt ein Buch, in dem sie aufgeschrieben ist.

Als Pater Fridolin mit der Geschichte zu Ende war, blieben wir einen Augenblick ganz still. Dann sprang Steffen, der rote, heiße Backen vom Zuhören hatte, auf und rief: „Wenn ich groß bin, werde ich auch ein Franziskusbruder !"
„Dann kannst du dir aber kein Auto kaufen und erst recht kein Motorboot !" Pater Fridolin schmunzelte. Steffen winkte ein wenig verlegen ab: „Ooch, so notwendig braucht man das gar nicht!" – „Mutti sagt immer, Geld

ist nicht das Wichtigste im Leben!", sagte ich. „Du scheinst eine sehr gute und kluge Mutti zu haben", Pater Fridolin nickte zufrieden. „Das haben schon viele Leute gewusst, und manche haben sich sogar danach gerichtet! Denkt nur mal an unseren Vater Franziskus; wisst ihr, was der gemacht hat?" – „Ich weiß", sagte Uwe, „der hat sein ganzes Geld verschenkt und ist arm geworden. Freiwillig!" – „Und warum?" Pater Fridolin griff in die Hosentasche und zog einen dicken Rosenkranz mit einem ziemlich großen Kreuz hervor und zeigte auf die Jesusfigur am Kreuz. „Dieser hier hat uns Menschen gezeigt, worauf es ankommt: Gott lieben und die Menschen lieben und so viel Freude machen, wie nur jeder kann. *Das* ist wichtig. Kapiert?" Mit einem Schwung nahm er Mechthild hoch und stellte sie auf den nächsten Felsblock. „Wer da mitmacht, der steht so fest wie auf einem Fels; und wer sich aufs Geld und den Besitz verlässt, na ja, der sitzt so unsicher wie auf den Wolken da oben!" Wir schauten alle zum Himmel.

Aber was war denn da passiert, während wir erzählten? Von weitem kamen dunkelgraue Wolken heran, der ganze Himmel war schon voll davon, wir hatten's nur nicht bemerkt. Auf einmal donnerte es ganz deutlich. Mechthild sprang vom Felsblock herunter, und Pater Fridolin rief: „Zusammenpacken und ab nach Hause! Ein Gewitter rückt uns auf den Pelz!" Wir ließen uns das nicht zweimal sagen, denn es rumpelte und pumpelte immer stärker. „Huh, jetzt hat es sogar geblitzt!" Mechthild ist kein Freund von Gewittern. Und erst im Wald! Uwe wollte zeigen, was er weiß, und sagte: „Vor den Eichen sollt ihr weichen, doch die Buchen sollt ihr suchen! Das sagt meine Oma immer bei Gewitter." – „Ja, und vor allem sollst du deine Umhängetasche suchen!" Pater Fridolin zeigte auf eine einsame Tasche, die an einem Ast hing. Uwe holte sie schnell.

„Und nun los!" Pater Fridolin fasste Mechthild an, Mechthild Steffen, Steffen mich und ich Uwe. So sausten wir, so gut es ging, den Berg hinunter.
Es donnerte immer stärker, und die Blitze waren nicht mehr zu übersehen. Mir wurde ganz mulmig, aber ich zeigte es nicht. Schließlich bin ich die Älteste von uns. Als wir auf unserer Waldwiese ankamen, pfiff plötzlich ein Windstoß durch die Bäume. „Gleich regnet's!", schrie Uwe; man konnte ihn kaum verstehen, so laut rauschten die Bäume. Es krachte, und Mechthild schrie laut los. „Schnell, hinter mir her!" Nun ließen wir die Hände los und rannten, so schnell wir konnten, dem Pater nach. Der bog in einen kleinen Seitenweg ein, der nur wenig bergab ging. „Gleich haben wir's geschafft!" rief er. Noch ein paar Schritte – und wir krochen hinter ihm her zwischen zwei Felsen, die ziemlich dicht zusammenstanden und eine kleine Höhle bildeten. Von rechts und links und oben und hinten waren wir nun geschützt, und wenn wir uns ganz eng zusammendrängten, konnte uns auch der Regen von vorn nicht erwischen.
Ja, der Regen! Das Unwetter ging nun nämlich so richtig los. Es goss und es stürmte und blitzte und krachte. Mechthild hielt sich die Augen und die Ohren zu. „Kann es hier auch nicht einschlagen?", fragte sie ganz kläglich. „Nein, hier ist doch alles aus Stein!" Uwe hatte scheinbar gar keine Angst. „Vielleicht wird ein großer Baum in der Nähe vom Blitz getroffen, dann fällt er vor unsere Höhle und wir ..." – „Nun hör aber auf!", schrie ich ihn an, „mir reicht es so schon!", und drückte mich ganz hinten an die Felswand. Wenn Pater Fridolin nicht bei uns gewesen wäre, hätte ich mächtige Angst gehabt. So zitterte ich nur ein bisschen. Steffen war übermütig und hielt dauernd seinen Arm hinaus in den Regen. Erst als es einmal besonders kräftig krachte, zog er ihn erschrocken zu-

rück. Er war ganz nass. Es goss und goss. „Macht nichts, es hört auch wieder auf", tröstete Pater Fridolin, „dann geht's heidi! ab nach Hause."

Er hatte recht. Allmählich ließen Blitz und Donner nach, und der Himmel wurde heller. „Ich hab' Hunger!", sagte Mechthild. Ja, das hatten wir anderen auch. Wir packten also die Campingbeutel aus und aßen alle Reste auf. Kein Krümel blieb übrig. „Wenn das Gewitter tagelang gedauert hätte, wären wir auf Beeren und Pilze angewiesen!" Das war Uwe. Aber Mechthild fuhr ihn an: „Die

könntest du aber selbst suchen bei der Nässe!" Nun hielt sie sich nicht mehr Augen und Ohren zu, sondern hatte wieder einen großen Mund. „Es regnet kaum noch!" Steffen sprang schon draußen herum. Wirklich tropfte es nur noch von den Bäumen. „Na also!" Pater Fridolin trat vor die Höhle. Es quietschte und quatschte unter den Füßen, als wir weitergingen. Aber die Luft war ganz frisch. Moose, Wurzeln und Blätter konnten wir nicht sammeln, es war alles zu nass. „Morgen ist auch noch ein Tag!", sagte der Pater.

Als wir den Berg hinaufgegangen waren, hatten wir nirgendwo einen Bach gesehen. Doch nun kamen ganze Ströme angeschossen. Das machte der starke Gewitterregen. Ein paarmal mussten wir über ziemlich große Pfützen springen. Und dann standen wir vor einem Graben voller Wasser. „Wir müssen hinüber", sagte Pater Fridolin, „nun zeigt mal eure sportlichen Leistungen!" – „Pah!", machte Steffen nur, nahm Anlauf und sprang hinüber. Mechthild war gleich hinter ihm her. Auch Pater Fridolin setzte mit seinen langen Beinen leicht hinüber. Uwe ist zwar nicht sehr sportlich, aber er schaffte es auch. Nur ich stand noch da und traute mich nicht. „Los, Rita, du schaffst das doch, Rita!", spornten sie mich an und streckten mir die Hände entgegen. Mir war ganz erbärmlich zumute. Der Graben war wirklich ziemlich breit. Ich wollte mich nicht blamieren – und da sprang ich eben auch. Ich kam auch ganz gut auf der anderen Seite an, aber ehe Pater Fridolin zufassen konnte, rutschte ich auf einem eklig glatten Stein aus. Ich ruderte schnell noch mit den Armen, um das Gleichgewicht zu halten, aber es nützte nichts. Ehe ich mich versah, saß ich mitten im Wasser. Vor Schreck blieb ich einfach sitzen. Die anderen schrien und quiekten, und ich wusste nicht, ob ich weinen oder lachen sollte. „Komm raus, Rita, komm raus!", schrie Mechthild. Uwe stemmte die Hände in die Seiten, grinste und sagte: „Immer heiter, Gott hilft weiter!" Am liebsten hätte ich ihm ein paar geklebt. „Gott wollen wir hier aus dem Spiel lassen und selbst helfen!" Pater Fridolin stellte sich auf einen wackligen Stein und zog mich in die Höhe. Wie ich aussah! Die anderen wischten an mir herum, aber nass ist nass. Zum Glück hatten wir es nicht mehr weit, und kalt war es auch nicht.

„Rita hat im Bach gelegen!", schrie Steffen Fräulein Rosa entgegen, als wir ins Haus traten. „Nein, nur gesessen!", verteidigte mich Mechthild. Fräulein Rosa betrachtete mich von oben bis unten: „Na, zieh dir schnell trockene

Sachen an!", sagte sie, und zu den anderen: „Ihr seht ja auch ziemlich verweht aus. Heute abend landet ihr alle in der Badewanne! Wie war's denn überhaupt?" Es gab viel zu erzählen. Fräulein Rosa kochte Kakao, und ich bekam zum Trost das Stück Rührkuchen mit den meisten Rosinen.

Beim Kakaotrinken sagte Pater Fridolin: „Ich fahre jetzt zu eurem Onkel ins Krankenhaus. Ich kann euch nicht mitnehmen, aber vielleicht soll ich ihm was bestellen!" Wir schrien wieder einmal alle durcheinander; schließlich winkte Pater Fridolin ab und sagte: „Am besten, ihr schreibt ihm einen Gruß. Ich muss sowieso noch Verschiedenes erledigen, ehe ich abfahre." Wir holten Papier und Schreibzeug und dachten uns gemeinsam einen Brief aus. Der „Schreiber" war ich. Geschrieben haben wir so:

Lieber Onkel Franz!

Wie geht es dir? Schade, dass du nicht hier sein kannst. Aber Pater Fridolin ist auch ganz gut. Werde bald gesund. Fräulein Rosa kann gut Kuchen backen. Heute waren wir auf der Felsenburg. Pater Fridolin hat uns die Geschichte von Vater Franziskus erzählt. Geld ist nicht das Wichtig-

ste, findest du das auch? Es war
Gewitter und Rita saß im Wasser.
Wir hatten viel Spaß. Viele Grüße!
Wir beten für dich!

Machs gut!

Deine Rita, Mechthild,
Steffen und Uwe

Es hat ziemlich lange gedauert, bis der Brief fertig war. Jeder unterschrieb selbst, und Mechthild malte zum Spaß noch ein lustiges Gesicht dazu.
Wir spielten später noch Halma und Denkfix und Mühle. Es gab auch Preise für die Gewinner, nämlich Sahnebonbons. Fräulein Rosa hatte sie gestiftet. Pater Fridolin haben wir an diesem Tag nicht mehr gesehen, weil er zu seinen Eltern fuhr; die wohnen nämlich nicht weit vom Krankenhaus. Aber er hatte uns versprochen, am nächsten Tag wiederzukommen. „Vormittags!", versprach er. Da freuten wir uns.
Als wir abends im Bett lagen, sagte Mechthild: „Komisch, ich habe heute gar nicht ans Kinderfernsehen gedacht!" Ich antwortete: „Du hast ja von der Felsenburg in die Ferne gesehen!" Und dann fragte ich noch: „Was hat dir heute am besten gefallen? Ich fand das Mittagessen auf der Burg am schönsten!"

Mechthild meinte: „Pater Fridolin kann prima erzählen. Das hat mir am meisten gefallen." Und dann kicherte sie noch: „Und wie du im Bach gesessen hast!" Mehr konnten wir nicht sagen, denn wir schliefen ganz schnell ein.

KAPITEL 3

Frische Brötchen gefällig?

In der Nacht träumte ich: Wir vier Ferienkinder saßen in der Felsenburg. Uwe sagte: „Wir wollen alle von hier aus auf die Wiese dort unten springen!" Im Traum geht das. Uwe und Steffen sprangen, und sie schwebten ganz sachte durch die Luft bis hinunter auf die Wiese. Mit einem großen Satz waren sie wieder oben, beinahe als hätten sie einen Flugmotor auf dem Rücken. Ich dachte: Hoffentlich klappt das bei mir auch! Dann sprang ich. Und mit einem Rrrrrrr! schwebte ich durch die Luft. Ich fühlte mich herrlich und winkte mit beiden Armen. Als ich unten ankam, machte ich einen Ruck, und Rrrrrrr! ging es wieder nach oben. So schwebte ich dann immer auf und ab. Aber als ich wieder einmal mitten in der Luft war, hielt jemand meine Beine fest. Ich bekam einen großen Schreck und versuchte zu zappeln und zu treten. Und da – ja, da wurde ich plötzlich wach und merkte, dass ich all das schöne Schweben nur geträumt hatte.
Mechthild stand vor mir und grinste mich an: „Mensch", sagte sie, „dich muss man erst an den Armen und Beinen zerren, damit du endlich wach wirst!" Ich rieb mir die Augen und ärgerte mich ein bisschen, dass ich verschlafen hatte. Mechthild war nämlich schon fix und fertig ange-

zogen. „Ich habe mit Fräulein Rosa schon Erdbeeren gepflückt, weil sie es doch gestern nicht geschafft hat", erzählte sie wichtig, „ganz früh, und du hast nichts gemerkt!" Ich stieg aus dem Bett und reckte mich. Davon wird man wach. Und da hörte ich doch wahrhaftig wieder dieses Rrrrrrr!, Rrrrrrrr! und meinte, ich träumte noch immer. „Was ist denn das?", fragte ich. „Steffen darf den Rasen mähen!" Mechthild schob die Gardine zur Seite. Und tatsächlich stand dieser Steffen auf dem Rasen vor dem Haus, in der Hand den Griff vom Rasenmäher. Schnurgerade Reihen hatte er gezogen! Er schwitzte schon ganz schön. Sein Gesicht war rot, und das weiße Haar stand wirr um den Kopf. Ich riss das Fenster auf und schrie hinunter: „Opa mit den Silberlöckchen! Bist wohl der neue Gärtner!?" – „Schlafliese!", brüllte er zurück, „Dickchen, Dackchen, Duckchen!" Solchen Quatsch macht er gern. Das mit dem ‚Dickchen' war seine Rache für den ‚Opa'. Ich knallte das Fenster wieder zu. „Ihr habt doch nicht etwa schon gefrühstückt?", fragte ich. „Nee, aber Erdbeeren gegessen!", brüstete sich Mechthild und leckte die Lippen. „Und jetzt helfe ich noch schnell Erbsen pflücken für das Mittagessen. Du, die schmecken auch roh prima, ich hab' schon gekostet!" Dann war sie aus der Tür.
Und wo war Uwe? Von ihm war weit und breit nichts zu sehen. Ich schaute ins Jungenzimmer. Da saß er am Tisch und schrieb. „Was machst du denn da?", fragte ich verblüfft. „Ich schreib' einen Brief an Maik", sagte Uwe und schaute gar nicht auf. Maik ist Uwes Freund; er geht mit ihm zum Training. Ich ging wieder weg, denn ich störte nur, das konnte ich gut merken. Ich war ein bisschen ärgerlich. Die hatten alle drei schon etwas unternommen, und mich hatten sie schlafen lassen! Warum haben die Blödmänner mich nicht geweckt?, dachte ich, ich hätte auch gern Erdbeeren gepflückt und ein Stückchen Rasen

gemäht oder meiner besten Schulfreundin einen Brief geschrieben. Und überhaupt ... Nun hatte ich gar keine Lust mehr, mich zu beeilen, aber ich wurde schließlich doch mit Anziehen und Kämmen und all dem fertig. Ich ging hinunter. Fräulein Rosa kam gerade mit einem kleinen Korb Erbsen aus dem Garten. Mechthild tanzte hinterher. „Ich habe großartige Helfer!", sagte Fräulein Rosa, und ich ärgerte mich noch mehr. Zu Hause sind wir alle nicht so begeistert, wenn es ums Helfen geht, aber hier ist das anders. Erdbeeren pflücken und Rasen mähen ist ja auch viel schöner als dauernd Staub wischen und Betten machen und Geschirr abtrocknen! Warum hatte ich nur verschlafen?
Da sah mich Fräulein Rosa: „Guten Morgen, Rita!", rief sie, „schön, dass du schon ausgeschlafen hast! Ich brauche jemanden, der Brötchen holt! Bist du so gut?" Fräulein Rosa ist Spitze. Mein Ärger war wie weggeblasen, und ich sagte schnell: „Ich geh' sofort! Wo ist denn der Bäcker?" Fräulein Rosa holte Geld und ein Netz und sagte: „Du gehst immer geradeaus unsere Straße entlang. Der Bäcker ist im letzten Haus links. Du wirst es leicht finden; sicherlich wollen mehr Leute frische Brötchen zum Frühstück haben!" Ich ging los. „Wiedersehen, Rita!", schrie Mechthild hinterher, die mit Steffen um den Rasenmäher kämpfte. Der rief mir nach: „Beeil dich ein bisschen, ich habe Riesenhunger!"
Zu Hause muss ich auch manchmal einkaufen. In unserem Neubauviertel gibt es ein großes Kaufhaus. Man nimmt den Korb und packt ein. Manchmal wird die Tasche schwer, kein Wunder bei fünf Personen, die essen wollen. Ich ging also die Straße entlang. Sie war ziemlich still; mitten auf der Fahrbahn lag ein Hund. Das sollte der sich mal bei uns in der Stadt leisten! Ein paar kleine Kinder spielten in einer Pfütze, die sicher vom Gewitter

übrig geblieben war. Sie waren schon schmutzig, und mir fielen Steffens Zwillingsschwestern ein. Die sind auch immer über und über dreckig, wenn sie mal im Sandkasten spielen dürfen.
Ich fand den Bäcker sofort. Erstens roch es schon von weitem nach frischem Brot, und zweitens gingen wirklich mehrere Leute in den Laden. Ich stellte mich dazu. Eine dicke Frau, die vor mir stand, sagte: „Na, Kleine, du bist wohl zu Besuch hier?" – „Ja", sagte ich, „ich bin bei meinem Onkel zu Besuch; das ist Pfarrer Rudolf." – „Ach so, beim katholischen Pfarrer", antwortete die Frau, „den kenne ich; das ist ein netter Mann. Er hat uns schon einmal seine hohe Leiter zum Kirschenpflücken geborgt." Wir sprachen noch weiter von Onkel Franz und seinem gebrochenen Bein und anderen Dingen. Und dann waren wir an der Reihe. Die dicke Frau sagte gerade noch zu mir: „Ich hole mir jeden Morgen frische Brötchen!", da war sie dran und ich gleich danach. Ich kaufte 20 Brötchen. Sie waren noch ganz warm und dufteten herrlich. Am liebsten hätte ich gleich hineingebissen. Zum Glück dachte ich daran, dass mich die anderen dann mächtig aufziehen würden, und ließ es bleiben.
Als ich mit meinem Netz nach Hause ging, begegnete mir eine Schar Kinder. Sie waren ungefähr so groß wie ich. Sicherlich gehörten sie zu einem Ferienlager in der Nähe. Zwei Erwachsene folgten am Schluss der Gruppe. Ich ging an ihnen vorbei. Da rief ein Junge frech: „Na, Dicke, ob die Brötchen für dich reichen?" Ein paar von den Kindern lachten so richtig gehässig. Ich bin bestimmt ganz rot geworden. Einer von den Erwachsenen sagte etwas, ich konnte es aber nicht verstehen, weil ich schon weitergegangen war. Hoffentlich war es etwas Strenges! Jemand rief mir zu: „Mach dir nichts draus! Wer so redet,

hat nicht viel Verstand!" Da schaute doch wirklich die dicke Frau aus dem Fenster, die im Bäckerladen vor mir gestanden hatte. Sie hatte den Spott gehört. Ich fand sie sehr lieb und antwortete ihr: „Ich kann nichts dafür, dass ich so rund bin. Und außerdem müssen die Brötchen für mehrere Kinder reichen!" Sie lachte freundlich, und ich winkte ihr noch einmal zu.

Das letzte Stück der Straße rannte ich. Schnaufend kam ich zu Hause an. Die anderen waren schon um den Frühstückstisch versammelt. Mechthild trug gerade die große Kaffeekanne heran. Die Brötchen wurden schnell in einen Korb gelegt, und dann konnte es losgehen. Fräulein Rosa nahm die Kaffeekanne, und Uwe hielt ihr seine Tasse entgegen. Aber plötzlich setzte Fräulein Rosa die Kanne wieder ab und fragte: „Wer von euch hat ans Morgengebet gedacht?" Auweia! Mir wurde ganz heiß, denn ich hatte mir vorgenommen, immer daran zu denken, und durch das Verschlafen hatte ich es doch vergessen. Ich schielte zu den anderen hinüber. Die guckten auch ein bisschen verlegen hin und her! „Wir holen es gemeinsam nach!" Fräulein Rosa faltete die Hände, wir auch. Steffen seufzte ein bisschen; sicher hatte er zu großen Hunger. „Und wer betet vor?", fragte Fräulein Rosa, und Mechthild schlug vor: „Wir singen: ‚Lobet den Herren!'" Das taten wir dann auch. Fräulein Rosa sagte noch: „Vater im Himmel, du bist bei uns, jetzt und den ganzen Tag. Das glauben wir. Schenk uns Freude und lass uns gut zueinander und zu allen Menschen sein." – „Und sei auch bei den Leuten im Krankenhaus und besonders bei Onkel Franz!", hängte Mechthild noch schnell dran. Wir machten ein Kreuzzeichen, und gleich nach dem ‚Amen' rief Steffen: „Nun aber los, sonst fall' ich um vor Hunger!" Ich nahm den Brötchenkorb und hielt ihn Steffen unter die Nase: „Frische Brötchen gefällig?", fragte ich.

Wir aßen und tranken und erzählten. „Nachher kommt Pater Fridolin wieder!", sagte Steffen. „Ja, und er erzählt uns, wie es bei eurem Onkel steht!", meinte Fräulein Rosa. Wir freuten uns darauf. Nach dem Frühstück konnten wir machen, was wir wollten. Weil es ein bisschen kühl und trüb war, gingen wir in den Schuppen zu ‚olle Heinrich'. Dort war es warm und gemütlich. Zuerst spielten wir Karten, das ging im Auto ganz gut. Dann spielten wir zu dritt ‚Stadt-Land-Fluss', das ging nicht so gut, weil wir keinen ordentlichen Platz zum Schreiben hatten. Uwe löste in der Zeit ein Kreuzworträtsel; er hat meistens eins in der Tasche.
Später kam Pater Fridolin, es war fast Mittag. Er erzählte uns von Onkel Franz. Über unseren Brief hatte der sich sehr gefreut. Er ließ uns sagen: Schreiben könne er nicht, weil das Gipsbein im Weg sei; er hätte auch gar keine Lust, still zu liegen, aber der liebe Gott hätte ihm das nun mal zugedacht und da wollte er eben aushalten, so gut es ginge; es gäbe Schlimmeres; wir sollten manchmal an ihn denken und ihn auch ein wenig bedauern, aber nicht zu sehr, denn Schmerzen hätte er keine …
Weil wir so bettelten, quetschte Pater Fridolin sich auch noch ins Auto. Es wurde ziemlich eng, aber gerade das war schön. Wir sangen: „Schön ist die Welt, drum Brüder, lasst uns reisen!" Steffen hupte dazu. Das „Tra-la-lalala" schallte so laut, dass das Auto wackelte. Es war herrlich. Und dann rief Fräulein Rosa zum Mittagessen.

Gäste aus Spindelsberg

Beim Mittagessen legte Pater Fridolin auf einmal Messer und Gabel aus der Hand und schlug sich mit der Hand gegen die Stirn. „Kinder", rief er, „ich habe etwas Wichtiges vergessen!" – „Was denn?", fragten wir neugierig. Auch Fräulein Rosa fragte mit. „Ich muss euch sagen: Ich habe für heute Nachmittag Gäste eingeladen!" Wir vergaßen weiterzuessen und sahen den Pater an: „Gäste? Wen denn?" – Der Pater lehnte sich zurück und sagte: „Eigentlich wollte ich in dieser Woche ein wenig mit den Kindern von Spindelsberg zusammensein mit Spielen und Wandern und auch ein wenig Religionsunterricht. Nun ist der Unfall von eurem Onkel dazwischengekommen, und ich habe hier die Vertretung übernommen. Da waren die Kinder von Spindelsberg mächtig sauer. Und deshalb habe ich sie einfach gestern Abend eingeladen, heute herzukommen und mit mir und auch euch zusammenzusein. Ich hätte euch vorher gefragt, aber der Einfall kam zu spät. Ihr seid doch einverstanden, dass die anderen herkommen?" – „Jaha", Steffen sagte das etwas langsam, weil er immer ein bisschen scheu ist, wenn Fremde kommen, „wie viele sind es denn?" „Drei Jungen und zwei Mädchen!" Ich sagte: „Na, das geht ja, ich dachte schon, es wäre eine große Gruppe!" – „Keine Sorge, soviele katholische Kinder gibt es in Spindelsberg und Umgebung nicht; leider", fügte der Pater hinzu. Uwe wollte wissen: „Sind die so alt wie wir?" „Drei sind wohl in eurem Alter und übrigens auch Erstkommunionkinder. Ich glaube, ihr werdet euch gut verstehen!" Ich wusste nicht so richtig, ob es schöner gewesen wäre, wir hätten Pater Fridolin für uns allein gehabt. Aber ich konnte auch verstehen, dass die anderen ziemlich sauer waren, weil Pater Fridolin doch eigentlich bei ihnen sein sollte.

„Mensch!", rief Steffen auf einmal und fuchtelte mit seiner Gabel in der Luft herum, „ich weiß, was wir heute Nachmittag machen: Wir gehen in den Wald auf einen Berg und bauen uns Hütten!" Das war uns schon früher eingefallen, aber beim Mittagessen hatten wir es wieder vergessen. „Gute Idee!" Pater Fridolin schob den Teller zurück, „da mache ich auch mit; Hüttenbauen war als Kind meine Lieblingsbeschäftigung!" „Hurra!", schrie Mechthild und sprang auf. Fräulein Rosa drückte sie wieder auf den Stuhl: „Jetzt wird nicht hurrat, sondern der Teller leergegessen!", sagte sie. Steffen war schon fertig mit Essen: „Und jeder baut eine Hütte für sich, nein, lieber zu zweit, das macht mehr Spaß, und dann besuchen wir uns gegenseitig und ..." – „Und bieten uns essbare Wurzeln, Beeren und Quellwasser an." Ich stellte mir das besonders schön vor. Uwe mischte sich auch noch ein: „Dann ist's eigentlich prima, dass die Kinder aus Spindelsberg kommen, Hütten bauen macht mehr Spaß, wenn viele mitmachen. Da haben Sie's ja gut gemacht, Herr Pater!" – „Danke für das Kompliment!", verbeugte der sich feierlich vor Uwe, und wir lachten alle. Dann sah Fräulein Rosa auf die Uhr: „Der Bus kommt 14.10 Uhr am Gemeindeamt an. Bis dahin ist noch Zeit. Ihr könnt mir helfen, für alle Mann den Kaffeetisch zu decken." Natürlich halfen wir. Sogar Pater Fridolin fasste mit zu. Er sagte zu Fräulein Rosa: „Jetzt lade ich Ihnen ohne Ankündigung eine so große Kaffeegesellschaft auf! Wie kann ich das gutmachen?"

Fräulein Rosa schmunzelte: „Indem Sie mal ein Vaterunser für mich beten und indem Sie mir jetzt aus dem Weg gehen, damit ich den Tisch decken kann!" Fräulein Rosa ist wirklich durch nichts zu erschüttern.

Punkt 14 Uhr standen wir vor dem Gemeindeamt. Genauso pünktlich kam 10 Minuten später der Bus herangebraust. Zuerst stiegen zwei Männer in Arbeitsanzügen aus, dann eine junge Frau mit einem kleinen Kind auf dem Arm. Und dann kamen endlich die fünf Kinder der Reihe nach herausgeklettert. Es waren ein größeres Mädchen, zwei Jungen und ein Mädchen, die so groß waren wie Mechthild und Steffen, und dann noch ein ziemlich winziger Junge. Der stieg zuletzt aus. Wir standen einen Moment alle etwas verlegen da und wussten nicht gleich, was wir sagen sollten. Aber Pater Fridolin fasste Steffen und den einen fremden Jungen beim Kopf, stieß sie leicht zusammen und lachte: „Da wären wir also! Na, ihr Kinder Gottes, dann begrüßt euch mal und sagt euch, wie ihr heißt!" Das taten wir. Die Spindelsberger Kinder hießen Michael, Hubert und Marco, Anja und Silke. Ich merkte mir die Namen gleich, aber Mechthild sagte noch später zu Silke immer wieder Anja und umgekehrt. Am lustigsten war, dass der kleine Junge, der Marco hieß, zu Steffen sagte: „Mensch, hast du weiße Haare, fast wie mein Opa Hugo!" Wir mussten alle lachen, als der Kleine sich so über die Haare wunderte. Steffen wurde zwar ein bisschen rot, aber zum Glück nicht wütend, denn Marco hatte das ja nicht gesagt, um ihn zu ärgern.
Wir gingen nach Hause. Zuerst waren wir ein bisschen schweigsam, aber dann habe ich einfach die große Silke gefragt, in welches Schuljahr sie geht, und die hat nett geantwortet und kein bisschen angegeben, weil sie doch schon älter ist als wir. Wir sprachen dann zusammen über die Schule und fanden heraus, dass wir beide Deutsch am liebsten haben. Die Jungen gingen auch miteinander und sprachen vom Fußball. Der kleine Marco rannte immer neben Steffen her. Der schien ihm mächtig zu gefallen.

Beim Kaffeetrinken erkundigte sich Pater Fridolin nach unserer Pfarrgemeinde und nach dem Religionsunterricht. Dabei merkten wir, dass wir es in unserer Stadt ziemlich gut haben. Bei uns gibt es mehrere katholische Kinder, und die Kirche ist gar nicht weit von zu Hause weg. In Spindelsberg gibt es fast keine katholischen Kinder. Und bei Anja ist es besonders schwierig, denn sie wohnt in einem kleinen Dorf, das ist 10 km weit von Spindelsberg weg. Und sie ist das einzige katholische Kind weit und breit.
„Fährst du da immer mit dem Bus zum Unterricht und in die Kirche?", fragte ich. Anja erklärte: „Ja, meist fahre ich mit dem Bus, und wenn es sich so ergibt, holt der Pfarrer mich auch mal ab. Nur sonntags ist es schwierig, weil da fast keine Busse fahren!" – „Könnt ihr nicht mit dem Auto in die Kirche fahren?", erkundigte sich Steffen, „oder habt ihr keins?" – „Doch", nickte Anja ein bisschen verlegen, „aber wir fahren damit nicht in die Kirche, weil nämlich meine Eltern nicht mit in die Kirche gehen; höchstens mal zu Weihnachten oder Ostern. Und zu meiner Erstkommunion waren sie auch mit." Wir waren ganz still. Ich dachte: Ob ich wohl in die Kirche ginge, wenn meine Eltern mich nicht immer daran erinnerten und auch selbst mitgingen? Uwe fragte: „Und andere Leute in eurem Dorf? Wer geht denn außer dir noch in die Kirche?" – „Ein paar Leute aus unserem Dorf gehen in die evangelische Kirche", erklärte Anja, „aber katholische Familien gibt es nicht. Meine Oma ist früher mitgegangen, aber sie kann nicht mehr gut laufen; Herr Pfarrer besucht sie jeden Monat einmal und bringt ihr die Kommunion. Da muss ich eben ganz allein zum katholischen Gottesdienst fahren. Es ist doch niemand anders da ..." – Pater Fridolin mischte sich ein: „Weißt du auch, was du und deine Oma – und auch die evangelischen Leute, die in die Kirche gehen – für wichtige Leute sind?" Wir ver-

standen gar nicht, was Pater Fridolin meinte, und Anja verstand es auch nicht. Sie schaute ihn verwundert an. Der Pater erklärte: „Ja, seht mal! Gott schaut doch auf jeden Ort, auf jede Stadt und auf jedes kleinste Dorf und die Menschen und liebt sie und will ihnen immer sagen: Ich bin für euch da. Und er wartet, dass die Menschen antworten, dass sie sagen: Wir glauben an dich, wir kennen dich, wir haben Vertrauen zu dir. In manchen Orten geben aber nur ganz wenige Menschen Antwort. In Anjas Dorf ist sie das mit ihrer Oma und einigen evangelischen Christen. Und deshalb ist Anja sozusagen ein Stellvertreter des ganzen Dorfes vor unserem Vater im Himmel. Das ist ein wichtiger Posten, das kann ich euch versichern!" Mechthild sagte schüchtern: „Dann bin ich in meiner Klasse mit Steffen zusammen auch der Stellvertreter für alle!"

Pater Fridolin nickte: „Bist ein gutes Erstkommunionkind, wenn du das begriffen hast!" Mechthild trank schnell einen Schluck Kaffee, weil sie sich ein wenig über das Lob schämte. Michael hatte bisher noch gar nichts gesagt, aber nun mischte er sich ein: „Aber wenn sie einen nun auslachen, wenn man in die Kirche geht – als einziger?" „Dann kommt es darauf an, ob man weiß, wie wichtig man ist – ob's die anderen verstehen oder nicht. Viele wichtige Menschen sind schon ausgelacht worden. Und wir müssen wissen: Wenn wir Gott auf unserer Seite haben, sind wir immer stark. Dagegen kann kein Auslachen was machen! Und nun haben wir genug über ernste Dinge geredet, meine ich. Unsere Stellvertreterbesprechung ist zu Ende!" Da machte Marco den Mund auf und sagte: „Ich war auch schon mal Stellvertreter, weil mich nämlich meine Mutti um ein Rezept zum Arzt geschickt hat, und eigentlich sollte sie selbst gehen!" Wir lachten alle, weil Marco von Pater Fridolins Erklärung gar nichts verstanden hatte.

Aber wir anderen hatten es verstanden. Wir sind ja auch schon Erstkommunionkinder.
Als wir mit dem Kaffeetrinken fertig waren, räumten wir das Geschirr zusammen und trugen es in die Küche. Kurz darauf rief Pater Fridolin: „Alles fertigmachen zum Abmarsch!", und wir versammelten uns schnell vor dem Pfarrhaus. Wir Kinder waren uns jetzt nicht mehr fremd: Auf dem Weg sprachen Silke und ich über Kochrezepte; Uwe, Michael und Hubert hatten herausgefunden, dass sie alle drei Briefmarkensammler sind, und protzten nun gegenseitig mit ihren Marken. Anja und Mechthild machten jeden Weg dreimal, weil sie immer vor- und zurückrannten, und Steffen ging mit Marco und Pater Fridolin am Schluss. Wir waren eine lustige Gesellschaft.

Hüttenbau mit Hindernissen

Zuerst gingen wir die schmale Hauptstraße entlang. „Mensch", sagte Steffen begeistert, „die haben hier mitten in der Hauptstraße einen Fluss!" Das stimmt. Ein Flüsschen schlängelt sich immer neben dem Fußweg entlang. Wer in eines der Häuser auf der linken Straßenseite will, muss erst eine Holzbrücke überqueren. Wir stürmten gleich auf die erste Brücke los und schauten ins Wasser. Viel

war es nicht, aber es plätscherte doch. „Fluss nennst du das?", fragte Uwe etwas verächtlich, „das ist doch nur ein Bach von der kleinsten Sorte!"
Eine alte Frau stand am Gartenzaun. Sie hatte Uwes Gerede gehört. „Na, mein Junge", mischte sie sich ein, „du solltest unser Flüsschen mal sehen, wenn die Zeit der Schneeschmelze ist! Dann kommen von allen Seiten die Wassermassen von den Bergen, und das braust nur so hier entlang. Im vergangenen Frühjahr ist aus dem Haus dort" – sie deutete mit der Hand auf das Nachbarhaus – „ein kleines Kind hineingefallen und ertrunken. Der Strom hat es einfach mitgerissen." Sie nickte ganz ernst mit dem Kopf, und wir standen ein wenig bedrückt da. Es ist ja wirklich schrecklich, wenn solche Sachen passieren. „Und nach dem letzten Gewitter, da hättet ihr mal unseren Garten sehen sollen. Ein richtiger Fluss kam vom Berg mitten durch unsere Erdbeerbeete!" – „Sind sie fortgeschwemmt worden?", fragte Mechthild, der es um die Erdbeeren leid tat. „Zum Glück sind noch welche nachgewachsen, die Sonne war zur rechten Zeit wieder da!" Nun lächelte uns die Frau an. „Auf Wiedersehen!", riefen wir und gingen weiter.
Steffen hängte sich dauernd über das Holzgeländer, um zu sehen, was im Wasser lag. Fische sah er nicht, sondern nur alte Büchsen, die unordentliche Leute hineingeworfen hatten.
Wir bogen schließlich über eine kleine Holzbrücke in eine Querstraße ein. Von da an ging es bergan. Zuerst kamen wir an verschiedenen Häusern mit Gärten vorbei. Fast vor jedem Haus kam ein Hund an den Zaun gesprungen und bellte uns an. Zum Glück konnte keiner über den Zaun springen. Nach den Häusern kamen Wiesen. Sie hatten Drahtzäune, an denen stand: „Vorsicht, elektrischer Weidezaun!", und Uwe fing gleich an, mit Pater Fri-

dolin darüber zu reden, wie stark der Strom darin wohl wäre. Er hätte am liebsten einmal angefasst, aber er traute sich dann doch nicht. Auf der einen Wiese weideten viele Kühe. Sie waren alle hübsch braun, und ein paar von uns Kindern schrien ihnen aus Leibeskräften „Muh, muh, muh!" zu. Aber die Kühe sahen uns nur müde an und kauten vor sich hin. Sicher hatten sie schon zu viele Menschen gesehen, die „Muh, muh!" gerufen hatten. Mitten durch die Wiesen liefen im Zickzack schmale Bäche. „Das ist die Bewässerung!", sagte Uwe. „Wusste ich schon selbst!", antwortete ich, weil ich nicht leiden kann, wenn Uwe sich vor anderen aufspielt.
Wir kamen dem Waldrand immer näher. Obwohl es ziemlich bergan ging, liefen wir immer schneller. Wir wollten so bald wie möglich mit dem Hüttenbauen anfangen; aber wir mussten erst eine geeignete Stelle finden. „Nun schaut euch erst einmal um!", sagte Pater Fridolin. Das taten wir und hatten einen schönen Ausblick: Unten im Tal lag so richtig gemütlich Kleckerhausen mit seinen roten Dächern, und dahinter sahen wir viele Berge mit Wäldern. „Da drüben ist die Felsenburg!", schrie Mechthild. Wir konnten uns gar nicht vorstellen, dass wir am Tag vorher dort gewesen waren; so weit entfernt schien sie zu sein. Weit und breit waren keine Menschen zu sehen. Ich glaube, die meisten sind zu faul zum Wandern oder haben keine Zeit. Schade eigentlich! Dann rannten wir in den Wald und suchten einen Platz zum Hüttenbauen. Wir liefen hierhin und dorthin und fanden alles schön, wir konnten uns gar nicht entscheiden. Plötzlich hörten wir Michael und Hubert schreien: „Hierher, hierher!" Sie hatten wirklich die schönste Stelle gefunden! Es war ein kleiner, freier Platz mit viel Moos und Gras und ein paar riesigen Fichten. An drei Seiten war dichter Wald, nur die vierte Seite war frei.

Von hier aus konnte man bis zu den Kühen auf der Wiese sehen. Sogar die Kirchturmspitze von Kleckerhausen schaute herüber. Und das Allerbeste: Quer über den kleinen Platz ging ein schmaler Bach. Es war zwar alles ein bisschen schräg – aber das machte uns nichts aus.
Nun mussten wir uns noch zum Hüttenbauen verbünden, denn es konnte sich doch nicht jeder eine eigene Hütte anschaffen; es hätte zu lange gedauert. Beinahe hätte es dabei Streit gegeben. Steffen wollte mit Mechthild und Anja zusammen bauen, aber Marco hängte sich an ihn und schrie dauernd: „Ich mach' mit dir! Ich mach' mit dir!" Steffen sah schon so unglücklich aus, wie er immer aussieht, wenn sich seine Zwillingsschwestern an ihn hängen. Zum Glück sagte Pater Fridolin: „Na, Steffen, was meinst du, du bekommst den kleinsten und den größten Gehilfen!" Zuerst guckte Steffen dumm, aber dann begriff er: Pater Fridolin wollte sich mit ihm und Marco zusammentun. Da strahlte er natürlich. Ich hätte Pater Fridolin auch gern dabeigehabt, aber ich fand die Lösung gerecht.
Und dann ging es los. Wir rannten umher, und jede Gruppe suchte den besten Platz für ihre Hütte aus. Wir schleppten und zogen und schoben und bogen und schwitzten mächtig. Große Äste gab es haufenweise. Sie waren vom letzten Windbruch liegen geblieben. Moos war auch ausreichend da. Sogar ein paar Haufen Reisig fanden wir im Wald. Wir arbeiteten schwer. Jede Hütte sollte so schön wie möglich werden. Wenn einer sehen wollte, was die anderen machten, schrien die gleich: „Nicht hersehen, nicht hersehen! Erst kommen, wenn wir fertig sind!" Silke und ich bauten unsere Hütte unter eine der riesigen Fichten. Ein paar ihrer Zweige konnten wir als Dach benutzen. Mit anderen Zweigen, die wir in den Boden bohrten, bauten wir Wände auf. Dann holten wir große Moosstücke zusammen und polsterten die Hütte aus. Zuletzt

hatte Silke noch den Einfall, einen Garten rings um die Hütte anzulegen. Den Zaun machten wir aus Reisig, aber natürlich schön regelmäßig und gemustert! Als wir eine winzige Walderdbeere fanden, sagte Silke: „Nun haben wir sogar ein Erdbeerbeet!" Die anderen arbeiteten so eifrig wie wir, und Uwe hörten wir sagen: „Wenn wir nur Äxte und Sägen mitgenommen hätten!" Pater Fridolin hatte das auch gehört und rief zu Uwe hinüber: „Du, dann brauchten wir aber eine Baugenehmigung!", und beide lachten und bauten weiter.

Anja, Mechthild und Michael hatten ihre Hütte ein wenig weiter unten angelegt. Sie war scheinbar schon fertig, denn die drei lagen ein Stück weit entfernt auf der Erde und schienen sich zu beraten. Dann sprangen sie plötzlich auf und fingen an, Steine und Erde zu ihrer Hütte zu schleppen. Wir achteten aber nicht genau darauf, weil wir selbst zu tun hatten.

„Herhören!", rief Pater Fridolin ein wenig später, „in zehn Minuten beginnt die große Hüttenbesichtigung! Jeder soll sich ein Lied oder ein Spiel ausdenken, das in seiner Hütte gesungen oder gespielt wird!" Wir quiekten alle los, denn jeder wollte es am besten machen. Silke und ich legten noch schnell Tannenzweige durch unseren Hüttengarten und krochen dann in die Hütte, um ein Spiel zu überlegen. Wir entschieden uns für „Schlapp hat den Hut verloren". Da gibt es was zu lachen und Pfänder auch noch.

Die erste Hütte, die besichtigt werden durfte, war die von Steffen. Wir versammelten uns alle davor. Marco saß in der Hüttentür und war furchtbar dreckig, aber er lachte über das ganze Gesicht. „Ich habe die Tannenzapfen gesammelt und den Zaun gelegt!", sagte er stolz. Steffen rannte umher und schob da und dort noch etwas zurecht. Ehrlich, es war eine schöne, große Hütte! Aber schließlich hatte Pater Fridolin geholfen. Der sagte nun: „Nehmt alle Platz, wir singen ein Begrüßungslied!" Er sang uns ein Lied vor von einer Tante aus Kalkutta, die bald kommt, und wir sangen immer gemeinsam den Schluss. Es war ganz leicht, aber vor allem toll lustig. Vor Lachen konnten wir manchmal gar nicht weitersingen. Steffen, der sich als Hüttenbesitzer und Gastgeber fühlte und sehr stolz war, sang besonders laut. Dann durfte jeder einmal in die Hütte hineinkriechen. „Ganz hübsch!", sagte Mechthild, „aber bei unserer Hütte kommt doch die größte Überraschung!" Sie machte uns ganz neugierig.

Dann ging es zu Silkes und meiner Hütte. Die Erdbeere aus unserem Garten zeigten wir nur herum, denn für alle reichte sie ja nicht. Dafür durfte sich jeder einmal auf die Moospolster legen. Als Pater Fridolin das tat, schauten seine langen Beine aus der Hütte heraus, und wir mussten alle darüber lachen. Beim Spiel von Schlapp, der den Hut verloren hat, musste Uwe mehrere Pfänder abliefern. Er verliert bei solchen Spielen meistens, weil er nicht genug aufpasst; doch er macht sich nicht viel daraus. Steffen dagegen wird böse, wenn er zweimal hintereinander verliert. Wenn wir ihn auslachen, fängt er sogar manchmal an zu heulen.

Silke wollte gerade ein Pfand in die Hand nehmen und fragen: „Wem ist das Pfand in meiner Hand, was soll derjenige tun?", da sah ich einen großen Mann im Arbeitsanzug herankommen. Er stürmte mit Riesenschritten auf uns zu, fuchtelte mit den Armen und machte ein wütendes Gesicht. Die anderen bemerkten ihn wegen des spannenden Spieles erst noch nicht, aber da schrie er schon von weitem los: „Ist man denn niemals sicher vor euch verflixten Gören? Wer hat denn nun wieder diesen neuen Unfug gemacht?" Wir sprangen alle auf und sahen uns an. Er konnte doch unmöglich unsere schönen Hütten mei-

nen! Hüttenbauen ist nicht verboten, sonst hätte Pater Fridolin das nie erlaubt. „Wir haben keinen Unfug gemacht. Wir haben uns nur Hütten gebaut!", schrie Steffen zurück. Er wird immer wütend, wenn er ungerecht beschuldigt wird. „Auch noch frech werden!", brüllte der Mann und zeigte in die Richtung, wo Mechthild, Anja und Michael gebaut hatten: „Und was ist das dort? Wer hat das Wasser gestaut, dass es nicht mehr auf die Wiese fließt?" Wir verstanden immer noch nichts. Nur Mechthild, Anja und Michael machten ganz verlegene Gesichter. Pater Fridolin sprach nun ganz ruhig den Mann an: „Wenn es die Kinder waren, werden sie es auch zugeben und den Schaden wieder gutmachen!" – Mechthild atmete ganz tief, und dann kam sie ein Stückchen vor und fing an: „Wir dachten – wir wollten doch –, wir haben nicht gewusst, dass man das Wasser nicht aufstauen darf." Und Anja sagte ganz leise: „Es sollte ein Schwimmbecken vor unserer Hütte sein, weil doch dort eine Kuhle ist ..." – „Und es ging ganz leicht!", meldete sich auch Michael.
Wir liefen alle zu der Stelle, wo der Stau war. Na, da sah es vielleicht wüst aus! Während wir gesungen und gespielt hatten, war die ganze Kuhle voll Wasser gelaufen, und die Hütte schwamm auch schon. Und der See wurde immer noch größer. „Ja, gibt's denn so was!" Pater Fridolin war auch ein bisschen erschrocken, und der Mann knurrte ihn an: „Sie hätten besser aufpassen können als Erwachsener!", und zu uns sagte er noch: „Wir sind froh, wenn unsere Wiesen bewässert werden, und ihr ..." Er schüttelte den Kopf, aber er war nicht mehr so wütend. Das kam sicher daher, dass wir alle so dumm herumstanden. Mechthild war schon wieder mutiger und sagte: „Wir räumen alles wieder auf, ganz bestimmt." Und das taten wir auch. Wir stürzten uns alle neun auf die Steine und die Erdklumpen und bauten den Stau wieder ab. Wir wur-

den dreckig und nass, aber das machte uns nichts aus. Bald floss das Wasser wieder seinen richtigen Weg. Während wir froh unser Werk betrachteten, ging der Mann brummend weg.
Wir setzten uns dann noch einmal zusammen in eine Hütte. Das ging, weil Uwe und Hubert eine ziemlich große gebaut hatten. Sie besaß zwar kein Dach, dafür aber einen Tisch, der aus einem alten Baumstumpf bestand. Pater Fridolin verteilte Schokolade und Kekse. Nach dem Schreck schmeckte das besonders gut. „Mal wieder was gelernt, wie?" Pater Fridolin blinzelte uns zu. „Immer erst nachdenken und dann handeln!"
Wir sangen noch ein wenig, und dann schlug Michael plötzlich vor: „Und nun bauen wir uns eine Hütte als Kirche mit einem richtigen Altar!" Darauf kam er bestimmt, weil er seit kurzem Messdiener ist. Wir fanden alle die Idee gut. Nur Pater Fridolin erklärte: „Es ist schon zu spät. Aber wie wäre es, wenn wir ein Kreuz aufstellten?" Das gefiel uns auch. Hubert und Steffen hatten Bindfaden in der Hosentasche. Damit wurden zwei Äste zu einem Kreuz zusammengebunden. Weil es zu schwer war, den dicken stumpfen Ast in die Erde zu bohren, spitzte Pater Fridolin ihn mit dem Taschenmesser an. Dann ging es gut. Das Kreuz stand fest, und wir standen ringsherum. „Wir müssen unsere Siedlung nun leider verlassen", sagte Pater Fridolin, „doch erst wollen wir noch hören, was das Kreuz uns sagt." Wir sahen ihn verwundert an. „Es sagt: Die Erde gehört Gott, der Jesus zu den Menschen geschickt hat. Alle Freude und allen Kummer sieht er und kennt er. Er ist immer bei uns, bei der Arbeit und beim Spiel." Und dann schlug er noch vor: „Wir wollen nun ein Vaterunser beten vor unserem Kreuz. Wir wollen es beten für alle Menschen in Kleckerhausen und vor allem für den Mann, dem wir vorhin so einen Schreck

eingejagt haben, dass er in Wut geraten ist." Wir machten natürlich mit.
Ich hatte vorher noch nie ein Vaterunser im Wald laut gebetet; aber es gefiel mir gut und den anderen bestimmt auch. Sogar Marco blieb ruhig stehen. Wir mussten dann nach Hause gehen. Besorgt sagte Hubert: „Hoffentlich macht niemand unsere schönen Hütten kaputt!", und Uwe schlug vor: „Morgen gehen wir nochmal her und schauen nach, ob alles in Ordnung ist!" Wir liefen schnell bergab. Zu Hause verstaute Pater Fridolin die Kinder aus Spindelsberg im Auto. Wir winkten, bis wir den Wagen nicht mehr sehen konnten. „Vielleicht besuchen sie uns wieder oder wir sie!", meinte Steffen. Ja, und dann stürzten wir ins Haus, um Fräulein Rosa zu berichten, was wir erlebt hatten. Sie hielt sich die Ohren zu und rief: „Ja, ja, ihr könnt mir nachher beim Abendessen alles in Ruhe erzählen, aber jetzt erst einmal ab in die Badewanne, ihr kleinen Ferkel!" Denn wir sahen wirklich wie Ferkel aus, damit hatte sie recht.

KAPITEL 4

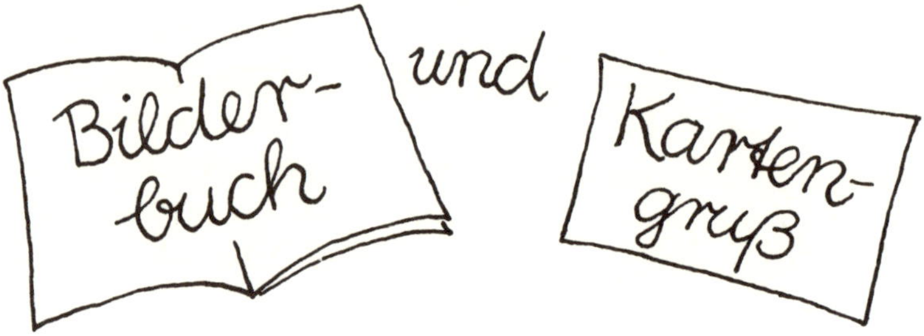

Unser dritter Ferientag in Kleckerhausen war der Mittwoch. Am Morgen gingen wir wieder mit zum Gottesdienst. Mechthild und ich beteten diesmal die Fürbitten vor. Am Abend hatten wir es laut geübt, damit es klappte. Mechthild versprach sich in der Aufregung trotzdem, doch das war nicht schlimm. Steffen und Uwe waren wieder Messdiener. Diesmal hatte Uwe sein Taschentuch nicht vergessen. Dafür ließ Steffen nach der Lesung sein Gesangbuch fallen. Es knallte auf die Steinfliesen, und wir kicherten. Eine ältere Frau – es war die aufdringliche, die Pater Fridolin am Montagmorgen gleich eingeladen hatte – knuffte uns in den Rücken. So schlimm war es bestimmt nicht mit dem Kichern. Als sie knuffte, setzten wir uns gleich ganz steif hin.
Nach der Kommunion betete ich auch für unsere Eltern. Und da fiel mir ein, dass wir ihnen noch keine Karte geschrieben hatten. Dabei hatte Fräulein Rosa uns schon zweimal daran erinnert. Ich nahm mir vor, es an diesem Tag zu tun. Dann dachte ich schnell wieder an Jesus, der in der Kommunion bei mir war. Nach der Messe lud die

aufdringliche Frau doch tatsächlich Pater Fridolin wieder für den Nachmittag zum Kaffee ein und versprach ihm Torte. Ich hatte schon Angst, er würde hingehen, aber er lachte nur und sagte: „Danke schön für die Einladung, aber zuerst muss ich hier meine Pflicht erfüllen." Dabei zeigte er auf die Kirche und auf uns. „Uns knufft sie gleich und den Pater lädt sie zum Kaffee ein!", dachte ich. Mechthild hatte die Einladung auch gehört und flüsterte mir zu: „Soll ich die mal in ihre lange Nase zwicken?" Wir kicherten wieder. Diesmal konnte sie uns nicht knuffen!
Als wir endlich am Frühstückstisch saßen, kam Pater Fridolin wieder mit einer Überraschung heraus. Er fing so an: „Was unternehmen wir wohl heute Nachmittag? Dreimal dürft ihr raten!" Dann war er still und schmierte sich in aller Ruhe ein Butterbrot. „Baden gehen!", rief Mechthild. Ich wusste gleich, dass es falsch war. Wir gehen gern baden, aber etwas Besonderes ist es nicht. „Nach Spindelsberg fahren und die anderen Kinder besuchen!" Das sagte Steffen; aber Pater Fridolin schüttelte nur den Kopf. „Nachsehen, ob unsere Hütten noch in Ordnung sind!" Nein, das hätte Pater Fridolin nicht so spannend raten lassen. „Können wir alles noch machen", er wackelte mit dem Kopf hin und her, „aber bis jetzt ist alles daneben geraten!" Er biss ein großes Stück Brot ab, und nun mussten wir warten, bis er ausgekaut hatte. Vor Spannung vergaßen wir weiter zu essen. Steffen rief ein bisschen vorlaut: „Nun machen Sie doch schon!" Pater Fridolin schluckte, sah uns der Reihe nach an und sagte dann so ganz gleichgültig: „Heute Nachmittag verlade ich alle Hausbewohner ins Auto und mache mit ihnen einen Besuch bei einem kranken Mann ..." – „Und der heißt Onkel Franz, juhu!", schrie Mechthild. Sie sprang auf und fiel Pater Fridolin um den Hals. Ich erschrak ein wenig, weil ich nicht wusste, ob man das bei einem Franziskanerpater

machen darf. Aber Pater Fridolin ließ es sich gefallen. Er lachte sogar. Wir wollten nun alles genau wissen: ob wir wirklich mit ins Krankenzimmer dürfen; ob Fräulein Rosa auch mitfährt; wie weit es ist; wie lange wir bleiben; wann wir losfahren. Der Pater seufzte ein bisschen wegen der vielen Fragerei, aber wir erfuhren doch alles. Das Wichtigste für uns war: wir würden pünktlich um 14.30 Uhr losfahren, um zu Beginn der Besuchszeit im Krankenhaus zu sein, und auch wir Kinder würden mit ins Krankenzimmer gehen dürfen. „Vorausgesetzt, ihr benehmt euch!", sagte Fräulein Rosa warnend.
Eine halbe Stunde nach dem Frühstück saßen wir auf dem Rasenplatz vor dem Haus und steckten die Köpfe zusammen. Fräulein Rosa hatte gesagt: „Vielleicht fällt euch eine hübsche Überraschung für Onkel Franz ein!" Nun berieten wir. „Gekaufte Geschenke will Onkel Franz nicht haben!", sagte Mechthild, „er freut sich am meisten über etwas Selbstgemachtes!" Das wissen wir von Weihnachten und von seinem Geburtstag her. „Wir könnten ja einen schönen Strauß pflücken und mitnehmen!", schlug ich vor. „Nee, der verwelkt doch sowieso gleich!" Uwe war dagegen. „Ich weiß", meldete sich nun Steffen, „wir machen ihm ein echtes Bilderbuch. Bilderbücher sind fürs Krankenhaus prima geeignet!" – „Ein Bilderbuch? Wie denn?", fragten wir. „Wie denn? Wie denn? Wie denn?", rief Steffen ungeduldig. „Wisst ihr nicht mehr, was wir Pfarrer Fischer für ein tolles Bilderbuch zum Jubiläum geschenkt haben?" Ja, das stimmt. Wir haben alle zusammen für Pfarrer Fischer ein Bilderbuch über die Vorbereitungszeit auf die Erstkommunion gemacht. Es war darin alles gezeichnet und aufgeschrieben, was wir erlebt hatten. Jeder hatte ein Blatt übernommen. Und einer von den Großen hatte das Ganze zusammengeheftet. „Die Idee ist gut – aber ob wir das schaffen?" – „Klar schaffen

wir das", beruhigte mich Uwe, „wir machen es eben nicht so dick." Wir redeten hin und her, und schließlich hatten wir es: Das Bilderbuch sollte heißen: „Wie wir Hütten bauten" und sollte Onkel Franz erzählen, was wir dabei erlebt hatten. „Auch das mit der Überschwemmung?", fragte Mechthild. „Klar, es ist doch gut ausgegangen!", sagte Uwe, und Steffen war auch dafür: „Das war ja der spannendste Moment von allem!", meinte er.
Wir machten uns an die Arbeit. Fräulein Rosa gab uns Blätter, Buntpapier, Scheren und Kleber. Filzstifte hatten wir selbst. Wir teilten die Geschichte auf. Jeder malte ein Blatt. Weil ich am besten schreiben kann, musste ich die Sätze auf die Blätter schreiben. Wir erfanden sogar einen Umschlag mit der Überschrift und einem Bild. Zuerst machte alles riesigen Spaß. Dann wurden wir allmählich müde und kamen nur noch langsam voran. Schließlich stellte sich heraus, dass wir auch noch zwei Bilder mehr brauchten. Erst wollte sie keiner übernehmen, aber dann dachten wir an Onkel Franz und die Überraschung und machten etwas stöhnend weiter. Gerade fingen Steffen und Mechthild an, sich um einen Filzstift zu zanken, da kam Fräulein Rosa herein: „Eine kleine Stärkung gefällig?" Sie brachte für jeden von uns ein Eis. Wir ließen die Stifte fallen; dann war es eine Weile ganz still. Wir ließen uns das Eis schmecken. Fräulein Rosa bewunderte unsere Arbeit und half uns schließlich, das Bilderbuch ganz fertig zu machen. Und es war wirklich gut geworden, das sagte sie auch.
Weil wir durch das Eis gut gestärkt waren, schrieben wir sogar noch Ansichtskarten. Ich schrieb an Mutti und meine Freundin Ina, Mechthild schrieb an Vati und Georg. Steffen malte zwei kleine Vögel auf die Karte an seine Schwestern, die gleichzeitig für seine Eltern bestimmt war.

Seine Schwestern können ja noch nicht lesen. Uwe schrieb einen Brief an seine Mutter, aber nur einen kurzen. Auf unseren Karten stand nicht viel: „Uns geht es gut. Hier ist es schön. Viele Grüße." Mehr passte nicht hin. Aber wir hatten aus Fräulein Rosas Vorrat die schönsten Ansichten von Kleckerhausen ausgesucht. „Briefmarken haben wir selbst!", sagte Uwe, als Fräulein Rosa uns Marken anbot. Wir holten die mitgebrachten Briefmarken hervor und klebten sie auf die Karten. „Dürfen wir gleich zum Briefkasten gehen?", fragte Mechthild. „Geht nur gleich zur Post; es ist nicht weit", schlug Fräulein Rosa vor. Wir nahmen unsere Karten und gingen los.
Vor der Post stand ein ziemlich großer Junge mit einem frechen Gesicht. „Na, ihr Kröten, ihr habt's wohl besonders eilig!", pöbelte er uns an. Wir gingen an ihm vorbei. Da stellte er ein Bein vor, und Steffen wäre beinahe auf

die Treppe geknallt. So ein blöder Kerl! Wir steckten unsere Karten in den Briefschlitz neben dem Schalter, und Uwe kaufte gleich ein paar Sondermarken. Die bekommt man nicht jederzeit. Dann gingen wir wieder. Der große Junge stand immer noch da. Diesmal wollte er Mechthild festhalten, aber die riss sich los und schrie: „Lass mich gehn, du dämlicher Ochse!" Eigentlich darf man solche Wörter nicht sagen, aber diesmal war es sicher ein Ausnahmefall. Wir rannten weg. Das war wohl

das Beste. Uwe sagte: „Ob die in Kleckerhausen noch mehr von der Sorte haben?" Dabei konnte es ja sein, dass dieser Typ gar nicht aus Kleckerhausen war. Wir waren froh, als wir wieder zu Hause ankamen.
Fräulein Rosa rief uns entgegen: „Eben habe ich den Hörer aufgelegt. Stellt euch vor, Ritas und Mechthilds Mutter war am Apparat!" Das war eine Überraschung. Wir ließen uns ganz genau erzählen, was Mutti gesagt hatte. Sie wollte vor allem wissen, ob es uns gut ging. „Wir warten alle auf Post!", hatte sie noch gesagt. Zum Glück hatten wir ja inzwischen geschrieben. Wir brummten ein bisschen, weil wir nicht selbst mit ihr hatten sprechen können. Mechthild sagte noch: „Da hätten wir die Schreiberei sparen können!" Aber sie meinte es nicht so ernst. Und weil es gleich Mittagessen gab, hatten wir keine Zeit, länger brummig zu sein.

Besuch bei Onkel Franz

Als die Turmuhr drei schlug, standen wir vor dem Krankenhaus. Außer uns waren noch mehr Leute da. Manche hatten Blumensträuße in der Hand. Andere trugen dicke Beutel oder Taschen. Sicher hatten sie den Kranken etwas Schönes mitgebracht. Fräulein Rosa trug auch einen Beutel. Sie hatte alles Mögliche eingepackt, was Onkel Franz brauchte. Unser Bilderbuch hatten wir natürlich auch dabei. Es war in Geschenkpapier eingewickelt und mit einem roten Bändchen zusammengebunden. Ich durfte es tragen, weil ich die Arbeit mit dem Text gehabt hatte.

Das Krankenhaus sieht nicht sehr groß aus. Fräulein Rosa sagte uns: „Hier gibt es nicht viele Stationen; die meisten Kranken werden zur Klinik in die Stadt gebracht." Ein Glück, dass Onkel Franz hatte hierbleiben können. Wir hätten ihn in der Stadt bestimmt nicht besuchen können. Kurz nach 15 Uhr gingen die Türen auf, und die Besucher strömten ins Haus. Manche drängelten sich vor. Wir gingen schön langsam und ordentlich. Gleich am Eingang stand eine Schwester mit einem spitzen Gesicht und sagte mit ihrem dünnen Mund: „Wohin wollt ihr?" Es klang ziemlich unfreundlich. Pater Fridolin antwortete für uns: „Die Kinder gehören zu mir!" Da lächelte sie ihn an und wedelte uns mit der Hand weiter: „Dann geht schon, aber wenn ihr euch nicht benehmt, müsst ihr sofort gehen!" Wir schauten den Pater ganz entrüstet an, und Steffen wurde wieder einmal knallrot vor Zorn. Pater Fridolin legte ihm beruhigend die Hand auf die Schulter und schob ihn weiter. Da konnte er nichts Wütendes sagen.

Wir gingen noch um zwei Ecken, dann standen wir vor der Tür mit der Nummer 6. In diesem Zimmer lag Onkel Franz. „Los, Rita, klopf an!", stupste mich Mechthild. Ich klopfte vorsichtig. „Immer hereinspaziert!", rief drinnen die Stimme von Onkel Franz. Wir rissen die Tür auf und stürmten hinein. Onkel Franz saß halb aufrecht im Bett und sah kein bisschen krank aus. Er lachte uns an und hielt uns die Hand entgegen. Wir begrüßen ihn der Reihe nach, und ich überreichte ihm das eingewickelte Bilderbuch. Er hielt das Päckchen an die Nase und schnupperte daran: „Was Selbstgemixtes, was?", fragte er lustig. Wir nickten und sagten: „Ganz allein gemacht!" Er machte das Band auf, und das Bilderbuch kam zum Vorschein. Er

sah sich jede Seite genau an und lobte uns mächtig. „Heute Abend sehe ich es mir in Ruhe noch einmal an! Das habt ihr großartig gemacht", sagte er noch. Wir waren richtig glücklich. Dann zeigte er uns sein Gipsbein. „Bald bekomme ich neuen Gips, mit dem ich herumhumpeln kann; dann darf ich nach Hause", erklärte er, „oder wollen Sie keinen Pfarrer mit Gipsbein?" Das war Spaß; denn Fräulein Rosa wollte sicherlich Onkel Franz auch mit Gehgips wieder zu Hause haben.
Wir standen alle um das Bett herum, es gab nämlich nur einen einzigen Stuhl. „Seid ihr mit meinem Vertreter zufrieden?", fragte der Onkel. „Ja, ganz prima", rief Mechthild gleich ganz begeistert. Ich stieß sie in die Rippen, da stutzte sie und fügte an: „Aber wenn du auch dabei wärst, wär's noch viel besser!" Ein Glück, dass sie das sagte, sonst hätte Onkel Franz am Ende gemeint, wir vermissten ihn gar nicht. So lachte er nur und fragte uns noch manches. Wir erzählten ihm alles und vergaßen fast, dass wir im Krankenhaus waren. Fräulein Rosa musste immer wieder: „Psch, psch, Kinder!" machen, weil wir zu laut redeten oder lachten. Dann sagte Onkel Franz: „Nun seid mal eine Weile still; ich habe einiges mit den Erwachsenen zu besprechen." Wir gehorchten natürlich und hatten nun Zeit, uns im Krankenzimmer umzuschauen. Es stand noch ein zweites Bett darin. Das fiel uns jetzt erst auf. Darin lag ein ziemlich junger Mann. Er lag ganz flach da; aber er lächelte uns an und sagte: „Mir dürft ihr auch ‚Guten Tag' sagen!" Wir gingen hinüber zu ihm und gaben ihm die Hand. „Ich bekomme keinen Besuch heute, weil meine Angehörigen arbeiten müssen; da freue ich mich, wenn ihr euch auch mit mir unterhaltet. Ich heiße übrigens Uwe!" – „Ich auch!", sagte unser Uwe. So begannen wir, mit dem jungen Mann zu sprechen. „Haben Sie auch ein Gipsbein?", fragte Mechthild. „Nein", ant-

wortete er, „aber am liebsten hätte ich gleich zwei!" Wir wunderten uns sehr. Wie kann sich jemand zwei Gipsbeine wünschen?! Der junge Mann, der Uwe hieß, hob ein wenig den Kopf und sagte: „Ihr müsst wissen – der Arzt hat mir beide Beine abgenommen!" Wir standen starr und stumm da. Ich dachte: Deshalb ist die Decke so flach, wo eigentlich die Beine sein müssten. Er sah unseren Schreck und lächelte wieder: „Aber auch ohne Beine kann man eine Menge tun, stimmt's?" Wir nickten, doch ich hätte am liebsten geweint. Zum Glück kam Pater Fridolin heran: „Nun, Herr Wunder, immer guten Mut?" – „Nach Kräften, Herr Pater", antwortete der und gab ihm die Hand, „zum Glück muntert mich Pfarrer Rudolf immer wieder auf. Es wird schon alles gut werden!" Pater Fridolin schlug vor: „Na, ihr Rasselbande, wollen wir den Kranken nicht noch ein Liedchen vorsingen?" Wir waren einverstanden und sangen ein Lied; die beiden Patienten klatschten anschließend Beifall. Dann sangen wir noch alle zusammen einen Kanon. „Wir sind ja zwei tolle Sänger, Herr Wunder", meinte Onkel Franz, „ab heute wird täglich ein Liedchen geschmettert, wie?" Herr Wunder lachte und nickte.

Wir verabschiedeten uns schließlich. „Alles Gute!", sagte Mechthild, und ich rief: „Gute Besserung." Und wir winkten alle vier, bis wir zur Tür hinaus waren.

Wir gingen wieder durch die Gänge. Eine Menge Besucher kam aus den Krankenzimmern. Auch ein paar Patienten waren dabei. Das erkannte man an den Bademänteln und Morgenröcken. Manche waren dünn und blass, aber andere sahen kein bisschen krank aus. Eine freundliche Schwester kam vorbei, legte Mechthild kurz die Hand auf die Schulter und sagte: „Ich habe euer Singen gehört. Gut habt ihr das gemacht! Über Musik freuen sich unsere Patienten immer. Ihr dürft gern wiederkom-

men." Wir freuten uns. Ich besonders; denn ich will Krankenschwester werden und auch immer freundlich zu Patienten und Besuchern sein.
Wir gingen dann zum Parkplatz. Fräulein Rosa hatte noch einen Termin beim Zahnarzt und fuhr nicht mit zurück. Sie wollte mit dem Bus nachkommen. Wir stiegen in das Auto ein. Steffen steckte noch einmal den Kopf aus dem Fenster und fragte: „Haben Sie schon Angst?" Er selbst hat nämlich immer Angst, wenn er zum Zahnarzt muss. Aber Fräulein Rosa schüttelte den Kopf: „Nein, ich gehe nur zum Nachsehen, ob alles in Ordnung ist. Dabei wird mir wohl der Kopf nicht abgerissen!" Sie winkte noch einmal, und wir fuhren los. Bald waren wir wieder auf der Straße nach Kleckerhausen.

Kurz vor Kleckerhausen bog Pater Fridolin von der Straße ab in einen Seitenweg. „Wohin fahren wir?", fragte Uwe neugierig. „Ich habe etwas entdeckt, und das möchte ich euch zeigen." Wir waren wieder einmal gespannt. Es ging noch eine Weile auf einer Waldstraße entlang. Dann hielt das Auto auf einem sehr kleinen Parkplatz am Waldrand. Pater Fridolin griff ins Handschuhfach und steckte ein paar Beutel in die Tasche. „Ein Notbehelf, aber es wird schon gehen", murmelte er. Vielleicht wollten wir Pilze oder Moose sammeln? Pater Fridolin ging auf einem schmalen Weg mit Riesenschritten voran. Wir stolperten hinterher und wurden immer neugieriger. Zuerst war der Wald sehr dicht, aber wir konnten in der Ferne Licht durchschimmern sehen. Wirklich kamen wir kurz danach zu einem freien Platz, auf dem nur alte Baumstümpfe und viel Gebüsch standen. Steffen erkannte als Erster, was da los war. Es waren lauter Himbeersträucher, und die hingen über und über voller Himbeeren.

Ich hatte noch nie so viele reife Himbeeren auf einer Stelle gesehen!
Wir stürzten auf die Büsche zu und kümmerten uns nicht um die Stacheln. Diese Sorte Himbeeren schmeckte tausendmal besser als alle, die ich früher einmal gekostet hatte. Steffen schrie: „Sieben auf einen Streich!", und zeigte einen kleinen Zweig, an dem sieben reife Himbeeren hingen. „Hab' ich auch! Hab' ich auch!" Mechthild hing zwischen den Büschen und angelte nach einem Zweig. „Aua, aua!", rief sie dabei, weil die Stacheln sie kratzten. Zuerst ließ Pater Fridolin uns essen, so viel wir wollten, und aß auch selbst mit. Dabei sagte er: „Gut, dass ich manchmal in den Wald gehe, um in aller Ruhe beten zu können, was? Da zeigt einem der liebe Gott gleich so etwas Schönes!" – „Ja, wunderbar!" Wir waren ganz mit ihm einig.
Nach einer Weile aßen wir langsamer. Uwe meinte: „Wollen wir den Rest pflücken und mit nach Hause nehmen?" – „Ja, wir sammeln Himbeeren als Überraschung für Fräulein Rosa!", schlug ich vor. Mir waren die Beutel eingefallen, die Pater Fridolin eingesteckt hatte. Jeder bekam einen Beutel, und dann ging es los. Der Rest, von dem Uwe gesprochen hatte, war riesengroß. „Quetscht die Beutel nicht", rief ich, „sonst bringen wir nur Himbeermus nach Hause!" „Macht nichts, Himbeersaft ist auch etwas Gutes!", rief Mechthild. Sie sprang hierhin und dorthin, und ihr Beutel füllte sich ziemlich schnell. Steffen kam nicht so recht voran, weil er die größten Beeren nicht in den Beutel tat, sondern aufaß. Und Uwe betrachtete jede Himbeere erst genau, ob sie auch einwandfrei war. Das dauerte seine Zeit. So krochen wir zwischen den Sträuchern herum und riefen uns zu, wenn wir uns zwischen den hohen Zweigen nicht sehen konnten. Die Sonne schien auf uns herab. Kein Mensch war weit und breit zu

sehen. Sicher hatte noch niemand diese herrliche Stelle entdeckt. Wie gut für uns!
Beim Pflücken kann man gut nachdenken. Vor allem dann, wenn es so viele Beeren gibt, dass man nicht jede einzelne suchen muss, sondern einfach eine nach der anderen in den Beutel stecken kann. Pater Fridolin und ich pflückten ungefähr an der gleichen Stelle. Mir fiel immerzu der junge Mann aus dem Krankenhaus ein, der keine Beine mehr hatte. Ich fragte: „Warum musste der Arzt denn dem jungen Mann die Beine abnehmen?" – „Er hat eine schwere Krankheit", sagte der Pater, „der Arzt konnte nichts anderes für ihn tun." – „Ich finde es so schrecklich, dass er keine Beine mehr hat", sagte ich, „warum hat der liebe Gott denn das passieren lassen?" Pater Fridolin sah ganz ernst zu mir herüber: „Das weiß ich nicht, und niemand weiß das, Rita. Aber eins weiß ich bestimmt: Auch darin liegt ein Sinn." Darauf sagte ich: „Ich kann mir nicht vorstellen, dass es zum Guten ist, wenn jemandem die Beine fehlen."
Das Beste an Pater Fridolin ist, dass er ganz ernst mit einem spricht, auch wenn man nur ein Kind ist. Er setzte sich mit mir auf einen Baumstamm, und wir sprachen miteinander über das Problem. Er sagte: „Du hast recht, es ist eine schlimme Sache. Uwe aus dem Krankenhaus kann nun vieles nicht mehr tun. Aber weißt du, es gibt Dinge, für die braucht man keine Beine. Zum Beispiel lag neulich ein Mann mit Uwe im Zimmer, der war ganz verzweifelt, weil er bei einem Arbeitsunfall eine Hand verloren hatte. Und von Uwe hat er gelernt, dass man trotz einer Krankheit ganz fröhlich sein kann; denn Uwe ist meistens fröhlich, musst du wissen. Er verlässt sich darauf, dass Gott ihm weiterhilft. Und ich glaube, Gott tut das auch. Und so wird Uwe für viele Menschen eine Hilfe sein und ein Zeichen für Gott, verstehst du das?" Ich nickte,

denn ich hatte wirklich etwas davon verstanden. Aber ich traute mich doch noch zu sagen: „Aber bestimmt ist er trotzdem manchmal traurig und denkt: ‚Wenn ich nur meine Beine noch hätte!'" – Der Pater nickte: „Ja, das ist sicher. Es ist nicht leicht, ja zu sagen, wenn Gott eine schwere Krankheit schickt. Aber man muss es immer wieder versuchen. Und das tut Uwe. Dann schenkt Gott ihm Kraft. Und die Menschen, seine Verwandten und Freunde, können ihm auch helfen. Sie können ihm Freude machen, zum Beispiel einen Brief schreiben oder ihn mit einer Kleinigkeit überraschen. Dann freut er sich. Und Freude macht stark."

Ich glaube, Pater Fridolin macht immer vielen Menschen Freude. Weil ich so froh war, dass er so ernst mit mir allein gesprochen hatte, sagte ich: „Ich möchte dem Uwe im Krankenhaus auch eine Freude machen. Ob ich ihm einen Brief schreiben darf? Wir sind ja nun auch seine Bekannten. Die anderen machen vielleicht auch mit!" – „Wobei machen wir mit?", rief Mechthild dazwischen und kam mit ihrem Beutel heran. „Schaut mal, was ich alles habe!", rief sie noch, „und du sitzt da und tust nichts!" – „Wir haben über ernste Dinge gesprochen", verteidigte mich Pater Fridolin. Auch Uwe und Steffen kamen heran. Wir zeigten uns gegenseitig, was wir gesammelt hatten. Es war ziemlich viel. Dann erzählte ich den anderen, worüber wir gesprochen hatten. Sie waren gleich einverstanden, dem Uwe im Krankenhaus eine Freude zu machen. „Ich bastle ihm vielleicht etwas", erklärte Uwe, „er heißt ja so wie ich." Und dann nahmen wir uns noch vor, von jetzt ab für ihn besonders zu beten. „Euer Gebet hilft ihm bestimmt, stark zu sein", sagte Pater Fridolin, und wir waren auch überzeugt davon.

Wir fanden einen langen Baumstamm und setzten uns der Reihe nach darauf. Es war ein bisschen hart, aber wir wollten uns vom Sammeln ausruhen. Die Himbeerbeutel hatten wir in einer Kuhle vorsichtig abgestellt. In Steffens Beutel war ziemlich viel Saft. „Eigentlich war's im Krankenhaus ganz gut", sagte Steffen dann, „ein Gipsbein ist gar nicht so schlimm, glaube ich." – „Und wir haben prima gesungen, nicht wahr, Pater Fridolin!", gab Mechthild an, aber Uwe mischte sich gleich ein: „Eigenlob stinkt!", sagte er und rümpfte die Nase. „Nur die Krankenschwester am Eingang war komisch", erinnerte sich Uwe, „manche Leute müssen immer unfreundlich zu Kindern sein!" – „Das sind große Jungen auch öfters; wisst ihr noch – der Junge heute vor der Post? Wir hatten dem gar nichts getan, und doch fängt der mit uns an. So ein Blödmann!" Mechthild wurde beim Gedanken an den Jungen wieder zornig. „Mir sind am widerlichsten solche wie die Frau heute morgen im Gottesdienst", erklärte ich, „uns hat sie geknufft für fast nichts, und dann hat sie sich bei Pater Fridolin aufgedrängt. Hoffentlich kommt die

nicht wieder." – „Na ja", Uwe angelte sich eine Himbeere heran, „manche sind eben blöd; die lässt man am besten in Ruhe und kümmert sich nicht drum, was sie tun!" Pater Fridolin räusperte sich. „Wollen wir mal ein wenig Gymnastik machen?", fragte er. Und ehe wir sagen konnten, dass wir uns lieber ausruhen würden, sprach er schon weiter: „Ich weiß eine gute Spezialübung für alle Tage." Er fasste sich an die Nase und zog daran. Mechthild und Steffen verstanden gar nichts, aber Uwe und ich begriffen gleich, was der Pater meinte. Ich wurde sogar ein bisschen rot. An der eigenen Nase ziehen! Wir hatten an allen möglichen Leuten herumkritisiert und sie blöd und widerlich genannt. „Na, Rita, begriffen?", fragte der Pater. Ich nickte und zog auch ein wenig an meiner eigenen Nase. „Starrt keine Löcher in die Luft, Steffen und Mechthild", rief Pater Fridolin dann, „übt lieber mit: Immer erst hübsch an der eigenen Nase ziehen, ehe wir über andere urteilen!" Da hatten sie's auch begriffen, und Steffen zog so sehr an seiner Stupsnase, dass sie richtig rot wurde. Schließlich stimmte Pater Fridolin ein Lied an: „Schwarze, Weiße, Rote, Gelbe, Gott hat sie alle lieb !" Das kannten wir vom Religionsunterricht. Wir sangen deshalb gleich mit: „Gott macht keine Unterschiede, Gott hat uns alle lieb." Ich dachte: Auch den Jungen vor der Post und die aufdringliche Frau. Beinahe hätte mich das geärgert. Aber ich zog schnell noch einmal an der Nase.

KAPITEL 5

Schreck in der Morgenstund

Am Donnerstagmorgen standen Mechthild und ich zeitig auf. Wir waren eigentlich noch müde, aber wir wollten doch möglichst viel vom Tag haben. Fräulein Rosa rumorte schon unten im Haus herum. Wir wuschen uns, kämmten uns, zogen uns an. Dann räumten wir das Zimmer ein wenig auf und schüttelten gleich die Betten auf. Vor dem Kreuz machten wir als Morgengebet ein Kreuzzeichen. Ich betete noch schnell für meine Eltern und Geschwister und die Kranken. Mechthild hat das scheinbar auch getan. Jedenfalls gab sie mir kurz darauf einen Stoß und sagte: „Mal sehen, was die Jungen machen!" Die schliefen noch.

Wir liefen die Treppe hinunter. Weil es noch zu zeitig zum Frühstücken war, trieben wir uns ein wenig im Garten herum und naschten Stachelbeeren. Aber sie waren noch reichlich sauer. Dann schickte Fräulein Rosa uns zum Bäcker. Als wir mit dem Brot und den Brötchen zurückkamen, stand vor der Kleckerhäuser Post der Briefträger. „Hallo, ihr beiden", sagte er, „seid ihr nicht die Verwandten von Pfarrer Rudolf?" – „Ja, sind wir!" Wir gingen zu ihm hin. „Ich habe etwas für euch!", sagte er. „Das Postauto hat eben ein Eilpaket für euch gebracht." – „Für uns? Wirklich? Ist ja toll!" Mechthild sprang mit beiden Beinen zugleich in die Luft. „Wo ist es denn?" – „Kommt mit 'rein!" Der Briefträger ging voraus. „Wenn ihr wollt, könnt ihr es gleich mitnehmen. Ist wohl von zu Hause?" – „Bestimmt!", antwortete ich; denn woher sollte es wohl sonst sein! Wir bekamen ein ziemlich großes Paket zugeschoben. „Das ist Muttis Schrift!", erklärte Mechthild und hob das Paket an. Es war ziemlich schwer. „Kostet das was?", fragte ich. Der Mann schüttelte den Kopf. „Erledigt!", sagte er. „Danke schön! Auf Wiedersehen!" Wir schnappten das Paket und gingen. In der Eile hätten wir beinahe die Brötchen liegen lassen. „Du, es ist für uns alle vier!" Mechthild verrenkte sich fast den Hals, weil sie beim Tragen auch noch die Aufschrift las. So eine Überraschung! Die Jungen würden staunen.

Wir sahen schon von weitem, dass Steffen auf der Türschwelle saß. Er hatte wohl schon wieder einen Bärenhunger. Er sah uns schleppen und rannte uns entgegen. „Wir haben ein Paket!", schrien wir ihm entgegen. Er half uns tragen. „Uwe kommt gleich runter", erklärte er, „und der Kaffee ist auch schon fertig!" Wir stellten das Paket in den Flur und riefen alle zusammen: „Uwe, Uwe, schnell, wir haben was Schönes!" Oben ging die Tür auf, und Uwe kam aus dem Zimmer. Die Tür knallte wieder zu, und Uwe war mit ein paar Sätzen die Treppe hinunter gesprungen. Fräulein Rosa stand bei uns und fragte lachend: „Kaffee trinken oder Paket auspacken?" – „Paket auspacken!", schrien wir zu viert. „Gut, dann stelle ich den Kaffee warm und pflücke schnell ein paar Johannisbeeren."

Ich durfte das Paket aufmachen, weil mein Name als erster auf der Anschrift stand. Die anderen standen um mich herum und schauten zu. Vorsichtig knüpfte ich den Bindfaden auf. „Mensch, schneid doch durch!", drängelte Mechthild. „Nein, nein, nein", weigerte ich mich, „aufknüp-

fen ist viel spannender!" Endlich hatte ich alle Knoten geschafft. Wir nahmen das Packpapier weg. Obenauf lag ein Zettel. Darauf stand: „Liebe Urlauber! Lasst es euch schmecken. Teilt gerecht. Es grüßen euch und alle – eure Väter, Mütter und Geschwister." Klammer auf: „Am Sonntag holen wir euch ab." Klammer zu. „Mit den Geschwistern sind eure Zwillinge gemeint, Georg ist ja im Ferienlager!", erklärte Mechthild, und Steffen drängelte: „Ja, ja, aber nun pack weiter aus!" Ich nahm ein Päckchen nach dem anderen heraus. Jedes war noch einmal extra eingepackt. Das macht Mutti immer so bei Geschenkpaketen. Der Inhalt war sehr gut: Schokolade, Kaugummi, Apfelsinen und ein Riesenbeutel mit Muttis beliebtester Plätzchensorte. Die probierten wir sofort. Außerdem bekam noch jeder ein Päckchen, auf dem der Name stand. Das war besonders spannend. Uwe bekam ein Heft mit vielen Rätseln, Mechthild ein kleines Märchenbuch, Steffen drei Spielzeugindianer (die sammelt er nämlich) und ich bekam einen Druckkugelschreiber für zwei Farben. Den hatte ich mir schon lange gewünscht. Auch für Fräulein Rosa war ein Päckchen dabei. Wir nahmen alles und flitzten in den Garten zu Fräulein Rosa. Sie bewunderte alles und freute sich auch über ihr Päckchen. Sie hatte eine Flasche Parfüm bekommen, und wir durften alle daran riechen. „Ihr habt wirklich gute Eltern!", sagte sie. Und das stimmt auch. Meistens fällt uns das gar nicht so besonders auf.
„Wie wär's nun mit dem Frühstück?" Wir gingen ins Zimmer und setzten uns sehr vergnügt um den Tisch. Gerade als Fräulein Rosa Kaffee einschenkte, sagte Steffen: „Ich muss erst schnell noch mal zur Toilette!" Das hatte er vorher in der Aufregung vergessen. Und damit fing der große Schreck eigentlich an. Steffen kam nämlich wieder herein und sagte zu Fräulein Rosa: „Schauen Sie mal

ins Bad, da tropft es!" Sie schüttelte verwundert den Kopf und ging. Sie machte die Badezimmertür auf. Als wir sie schreien hörten: „Du barmherziger Himmel!", stürzten wir alle hinterher. Im Badezimmer tropfte es von der Decke, und Fräulein Rosa stand da wie festgewurzelt und schaute hin. Aber dann raste sie wie der Blitz die Treppe hinauf. Über dem Badezimmer liegt das Zimmer der Jungen. Dort riss sie die Tür auf. „Ich werd' verrückt!", sagte sie nur noch, und wir erstarrten nun alle. Das Zimmer sah aus wie eine Schwimmhalle. Wenn die Türschwelle nicht gewesen wäre, hätten wir die Bescherung bestimmt schon auf der Treppe gehabt.

Fräulein Rosa riss die Schuhe von den Füßen und watete zum Waschbecken. Sie drehte den Wasserhahn zu und zog den Stöpsel aus dem Abflussloch. Uwe sah ganz weiß aus, und wir konnten uns gut denken, was passiert war: Er hatte vergessen, den Wasserhahn zuzudrehen, als er uns rufen hörte! „Los, aufwischen, aufwischen!", schrie Mechthild, die in solchen Fällen immer sofort zugreift. Fräulein Rosa rannte nach Tüchern, und bald war ein riesiges Gewische, Gerenne, Geschleppe im Gange. Wir waren alle barfuß und verbrauchten Massen von Wischtüchern und Eimern. Im Bad hörte es auf, von der Decke zu tropfen, aber der nasse Fleck wurde immer noch größer.
Mitten in die Manscherei herein klang eine Stimme: „Was ist denn hier los?" Das war Pater Fridolin, der von zu Hause kam. Mechthild kicherte schon wieder, als Pater Fridolin nun auch noch die Schuhe auszog und mithalf. Ich glaube, er hatte sehr schnell gemerkt, wie alles passiert war. Uwe war nämlich immer noch ganz blass und sagte keinen Ton. Das Heulen war ihm näher als das Lachen, und ich konnte das gut verstehen. So ein Pech! Das hatte er bestimmt nicht gewollt. Er hatte einfach vergessen, den Wasserhahn zuzumachen. Fräulein Rosa hatte noch kein Wort dazu gesagt. Sie hatte genug mit dem Aufwischen zu tun. Inzwischen war der Fußboden im Jungenzimmer aufgewischt, nur die Hausschuhe und Steffens Campingbeutel waren noch patschnass. Sie waren wie Boote im Wasser herumgeschwommen. Fräulein Rosa machte das Fenster weit auf und meinte: „Gut, dass Sommer ist, da wird die Decke schnell trocken!"
Als wir dann endlich wieder am Frühstückstisch saßen, sagte Fräulein Rosa: „Ja, Uwe, so kommt es, wenn man seine Gedanken nicht beisammen hat!" – „Ich – ich wollte das doch nicht", fing der nun wirklich an zu heulen, und Mechthild, die immer so schnell Mitleid hat, griff auch

nach dem Taschentuch. Ich hätte am liebsten auch geheult, aber ich sagte: „Er hat es bestimmt nicht mit Absicht getan, und es tut ihm furchtbar leid!" Steffen guckte verlegen vor sich hin und sagte gar nichts. Niemand hatte Lust, etwas zu essen; und dabei waren wir doch gerade vorher so vergnügt gewesen.
Da kam Pater Fridolin ins Zimmer. Oje, ob der mit Uwe schimpfte? Das wäre schrecklich gewesen. Aber Pater Fridolin sah uns an und rief: „Was ist denn das für eine traurige Urlaubergesellschaft! Alles heraustreten zur Morgenandacht, damit der Hunger fürs Frühstück wiederkommt!" Er winkte uns hinaus, und wir marschierten hinter ihm her hinüber in die Kirche. Auch Fräulein Rosa ging mit. Wir stellten uns alle um den Altar herum. Pater Fridolin faltete die Hände und sagte: „Gott ist da; er hat uns alle lieb." Dann war es eine Weile still. Ich dachte: Gott hat Uwe lieb, auch wenn ihm sowas passiert ist. Dann betete Pater Fridolin ungefähr so: „Vater im Himmel, wir haben den Tag gesund und munter angefangen. Und plötzlich ist uns ein großer Schreck dazwischengekommen. Es ist auch Schaden entstanden. Einer von uns ist schuld daran; aber es hätte auch einem anderen passieren können. Es tut ihm sehr leid. Wir wissen: Wenn uns etwas leid tut, verzeihst du uns. Dann ist alles wieder gut. Wir wollen auch dem Uwe verzeihen, dass er uns so einen Schreck eingejagt hat. Und nun bitten wir dich: Lass uns wieder froh und munter sein und den Schreck in der Morgenstunde vergessen! Amen." Dann stimmte er ein Lied an, und alle sangen mit, auch Uwe. Sicher kann Pater Fridolin alles dem lieben Gott so gut sagen, weil er ein Pater ist. Aber vielleicht lerne ich es auch. Ich möchte es jedenfalls können, weil es hilft. Wir waren hinterher wieder ganz fröhlich. Vor allem als Fräulein Rosa beim Frühstück zu Uwe sagte: „Na, du bekommst die größ-

te Schnitte, du hast bestimmt auch den größten Schreck bekommen!" Und als Uwe später sagte: „Mensch, das darf mir nie und nie und nie wieder passieren!", da klopfte ihm Pater Fridolin auf die Schulter und rief: „Das ist ein Wort!"

Spindelsberger Jahrmarkt

So ging die Sache mit dem Schreck in der Morgenstunde zum Glück noch gut aus. Wir erzählten Pater Fridolin von unserem Paket, und er lobte unsere Eltern. „Gute Einfälle kann man nicht genug haben!", meinte er. „Übrigens, vorhin hat mich euer Heimatpfarrer angerufen. Eure Eltern lassen bestellen, sie kämen schon am Sonntagvormittag, da müssen wir uns für den Tag etwas besonders Schönes ausdenken!" – „Ja, was Tolles!", rief Steffen und runzelte schon die Stirn, was er beim Nachdenken meistens macht.
Zum Mittagessen gab es an diesem Tag Hefeklöße und Heidelbeeren. Wir hatten großen Hunger, denn am Vormittag waren wir herumgerannt und hatten Verstecken und Anschlagen gespielt. Mechthild und Steffen aßen jeder vier Klöße, Uwe und Pater Fridolin schafften nur drei, und Fräulein Rosa und ich hatten an zwei Stück genug. Das Lustige bei diesem Essen ist, dass die Zähne so schön blau werden. Bei Uwe blieb der rechte vordere

Zahn weiß, weil das ein Stiftzahn ist. Er musste ihn immer wieder vorzeigen, und wir hatten viel zu lachen.
„Warum fragt eigentlich niemand nach dem Nachmittagsprogramm?", erkundigte sich Pater Fridolin, als alle Teller leergegessen waren. „Wir wollen in den Wald und nach unseren Hütten sehen!", meldete sich Mechthild. – „Gut, ist für den Rückweg eingeplant!" Pater Fridolin wandte sich an Fräulein Rosa: „Erlauben Sie, dass ich heute bis in die späte Nacht das Kommando über diese Rasselbande übernehme?" Sie staunte ein bisschen: „Ja, wenn Sie wollen. Ich möchte Pfarrer Rudolfs Arbeitszimmer gründlich sauber machen; da hätte ich ganz gern meine Ruhe." Bis in die späte Nacht! hatte Pater Fridolin gesagt. Was er wohl vorhatte? „Nun, bis in die späte Nacht ist vielleicht ein wenig übertrieben", sagte er nun schmunzelnd, „aber ich habe uns jedenfalls heute bei meinen Eltern angemeldet. Sie möchten euch gern kennen lernen. Und meine Mutter kann prima Waffeln backen, sage ich euch! Dass in Spindelsberg gerade Jahrmarkt ist, das interessiert euch wohl nicht ..." Das sagte er so ganz nebenbei, und wir schrien gleich: „Gar nicht wahr! Interessiert uns wohl!" Mechthild und Steffen sprangen von den Stühlen und fragten durcheinander:
„Gibt es auch Karussells und Luftschaukeln? Sind Eisbuden und Bratwurstständе da?" – „Ja, ja", Pater Fridolin

wedelte mit der Hand, „und ein Puppentheater gibt es auch!" Ein Puppentheater! Mir wurde vor Freude ganz heiß. Puppentheater sehe ich am allerliebsten. Karussells und Luftschaukeln mag ich nicht so, weil mir immer gleich schwindlig wird. Uwe interessiert sich besonders für Marionetten, und deshalb fragte er gleich: „Gibt es in dem Puppentheater Handpuppen oder Marionetten?" – „So fachmännisch kann ich das nicht beantworten", Pater Fridolin zuckte mit den Schultern, „aber wir werden ja sehen."
So war es also abgemacht: Wir würden Pater Fridolins Eltern besuchen, das Puppentheater sehen und einen Jahrmarktsbummel machen; und auf der Rückfahrt würden wir einen Abstecher zu unseren Hütten machen. Was für ein wunderbares Programm! Vor Begeisterung hätten wir beinahe das Dankgebet nach dem Essen vergessen. „Fahren wir gleich?" Steffen war schon mit einem Bein an der Tür. „In einer halben Stunde geht's los!" Diesmal hatte Fräulein Rosa keine Hilfe an uns. Wir wollten zwar gern helfen, aber wir tanzten doch nur alle in der Küche umher. „Geht raus, ihr schlagt mir noch das Porzellan entzwei!" Sie schob uns aus der Tür und gab Steffen noch einen Klaps hinten drauf. Der wackelte mit dem Po hin und her und quiekte: „O je, o je, wie tut das weh! Und auch mein Zeh, ojemine!" Er wurde richtig albern, und Mechthild machte tüchtig mit.
Zum Glück ging die halbe Stunde ziemlich schnell um, und wir sprangen ins Auto. Unser Urlaubsgeld hatten wir natürlich eingesteckt. „Ist der Eintritt ins Puppentheater teuer?", fragte Steffen. „Das glaube ich nicht", antwortete Pater Fridolin, „was für Kinder angeboten wird, hat doch immer Kinderpreise. Habt ihr überhaupt Geld für den Rummel? Ihr wisst doch, ich als armer Franziskaner kann euch nicht freihalten!" – „Klar", sagte Mecht-

hild, „wir haben doch noch gar nichts ausgegeben von unserem Urlaubsgeld! Sollen wir Sie mit freihalten?", bot sie sich gleich noch großzügig an. „Nicht nötig, das schaffe ich schon noch", lachte Pater Fridolin, „trotzdem vielen Dank für das Angebot!" – „Dürfen Sie sich nie einfach kaufen, was Sie wollen?", wollte Steffen wissen. „Nur, wenn ich es auch wirklich brauche", erklärte der Pater. „Ist das nicht schlimm?" Steffen dachte bestimmt an Eis und Schokolade und all so was. „Sehe ich so aus?", lachte Pater Fridolin. Nein, wirklich, Pater Fridolin ist immer froh; ihm scheint nichts zu fehlen. Vielleicht ist Geld wirklich nicht so wichtig. Wir hatten ja auch noch nichts ausgegeben, seit wir in Kleckerhausen waren, und trotzdem eine Menge Spaß gehabt.
Bis Spindelsberg ist es nicht weit. Der Ort ist etwas größer als Kleckerhausen und hat eine große evangelische Kirche. Dahinter ist ein freier Platz. Dort war der Jahrmarkt aufgebaut. Als wir vorbeifuhren, drückten sich besonders Steffen und Mechthild die Nasen platt, um etwas Genaues zu sehen. Aber die meisten Buden waren noch geschlossen. Pater Fridolin lenkte das Auto in eine der nächsten Straßen und hielt vor einem Gartentor. Dort stand eine kleine, dünne Frau am Zaun, und der Pater stieg aus und rief: „So, Mutter, da sind wir!" Sie kam auf uns zu und begrüßte uns ganz freundlich. „Ich bin Frau Melzer!", sagte sie. Da fiel uns ein, dass wir bis jetzt nicht gewusst hatten, wie Pater Fridolin mit Familiennamen hieß. Auch Herr Melzer kam aus dem Haus. Er war fast doppelt so groß wie seine Frau, aber auch ziemlich dünn. „Hereinspaziert!", rief er lustig und sah aus wie Pater Fridolin in alt. Im Garten war ein Tisch gedeckt, und wir waren gleich wie zu Hause. Frau Melzer fragte uns nach allem Möglichen, und Herr Melzer machte Witze dazu. Wir hatten noch Zeit, denn Pater Fridolin sagte: „Der

Rummel fängt erst gegen 15 Uhr an, und 15.30 Uhr beginnt die Vorstellung im Puppentheater." So konnten wir in aller Ruhe Kakao trinken und Waffeln mit Himbeergelee essen. Mechthild und Uwe aßen unzählige Waffeln, aber Frau Melzer hatte genügend Vorrat. „Wenn's euch nur schmeckt!", sagte sie.
Herr Melzer zeigte uns dann seine Kaninchen. Er hat eine Menge davon und kann sie alle auseinanderhalten. Wenn wir nicht in einem Hochhaus wohnten, würde ich auch Kaninchen haben. Aber auf dem Balkon ist kein Platz dafür. Wir durften sie streicheln und ihnen Mohrrüben unter die Nase halten, an denen sie knabberten. Ich wäre am liebsten bei den Kaninchen geblieben, aber man hörte auf einmal die Jahrmarktsmusik, und das Puppentheater fiel mir wieder ein. Wir bedankten uns für die Waffeln, und Frau Melzer sagte: „Ihr kommt ja zum Abendessen wieder her. Und passt auf: Es gibt echten Kindersekt zum Anstoßen und außerdem Rostbratwurst!"
Das Puppentheater war nicht auf dem Jahrmarkt, sondern in einem Kinosaal ganz in der Nähe. Es waren sehr viele Kinder und Erwachsene da, besonders Urlauber, die es in Spindelsberg auch haufenweise gab. Wir saßen in der vierten Reihe und konnten gut sehen. Es wurde ein Märchen gespielt. Die Puppen bewegten sich, als wären sie lebendig. Es blitzte und donnerte sogar wie echt, und wunderbare Verzauberungen kamen vor. Mir gefiel am besten die kleine Katrin, die sich so dafür einsetzte, ihre beiden Brüder zu befreien. Der Drache der Finsternis hatte sie nämlich gefangen und verzaubert. Wir vergaßen vollkommen, wo wir waren. Als der Vorhang zuging, weil das Stück zu Ende war, klatschten wir sehr lange.
Vor der Tür mussten wir ein bisschen mit den Augen zwinkern; die Sonne schien so hell. Wir gingen zum Jahrmarkt hinüber, und Uwe fragte mich immer wieder: „Hast du

gesehen, wie die das mit den Puppen gemacht haben? Hast du gemerkt, wie der Trick beim Verzaubern ging?"
Vor dem Kettenkarussell hörte er auf zu fragen. Steffen, Mechthild und Uwe wollten mitfahren. Sie setzten sich in die Sesselchen und sicherten sich mit dem Gurt. Ich blieb unten stehen; mir wurde schon vom Zusehen fast schlecht. Die anderen waren aber nach der Fahrt ganz begeistert. In die Geisterbahn ging ich dann mit. Jeder weiß, dass alles nur Trick ist. Aber gruslig war es doch. Mechthild kniff mich dauernd in den Arm und lachte und kreischte. Steffen hielt sich abwechselnd die Ohren und die Augen zu und kreischte noch lauter als Mechthild. Nur Uwe saß ganz gelassen da. Bestimmt überlegte er, wie das Ganze technisch funktioniert. An der Losbude überlegten wir, ob wir Geld ausgeben sollten. „Ich ziehe doch nur Nieten!", sagte ich. Gerade da schrie auf einmal jemand: „Steffen, Steffen, hier bin ich, hier bin ich!" Erst dachten wir, wir wären nicht gemeint, aber es schrie immer weiter. Die Leute schauten schon her. Steffen wurde ganz rot vor Verlegenheit. Da entdeckte Uwe in einer Luftschaukel den Schreihals. Es war der kleine Marco. Wir gingen hin und kaum hielt die Luftschaukel an, sprang Marco auf uns zu und rief: „Da seid ihr ja, ist das nicht ein toller Jahrmarkt, und das ist meine Schwester!" Das rief er alles, ohne einmal Luft zu holen. Wir lachten, und seine große Schwester meinte: „Er hat zu Hause immerzu von euch erzählt; vor allem von Steffen und von den Hütten, die ihr gebaut habt."
Dann spendierte Pater Fridolin uns allen ein großes Eis; jeder bekam eine Riesenportion. „Das ist eine Spende von Mutter Melzer!", schmunzelte er. Ich glaube, er kann Gedanken lesen! Später kauften wir Lose. Es waren viele Nieten dabei, aber Steffen gewann einen großen Radiergummi und Uwe sogar einen schwarzen Zylinder aus

Pappe. Er setzte ihn auf und sah aus wie ein Professor. Wir sprangen um ihn herum und klatschten Beifall. Ein paar andere Kinder, die in der Nähe standen, klatschten mit, obwohl es doch gar kein Hauptgewinn war. Allmählich taten uns die Füße weh. „Heim geht's!", schlug der Pater vor. „Noch einmal Berg-und-Tal-Bahn!", bat Steffen. Er sauste mit Mechthild hin, wir anderen sahen solange beim Ringewerfen zu. „Dafür geb' ich kein Geld aus, das muss man vorher üben!", sagte Uwe. Und dann gingen wir wirklich vom Platz weg, zurück zum Haus von Melzers.

Wir erzählten zuerst einmal alles, was wir erlebt hatten. Frau Melzer sagte: „Hätte ich gewusst, dass es im Puppentheater so schön ist, wäre ich auch mitgegangen!" Es gab wirklich „Kindersekt". Wir hatten so etwas noch nie getrunken, es schmeckte eigenartig, aber sehr gut. „Das ist aus Holunderblüten gemacht!", erklärte mir Frau Melzer. Wir stießen miteinander an und sangen ein lustiges Lied. Vater Melzer kann gut Gitarre spielen. Pater Fridolin musste eine Schürze umbinden und die Bratwürste braten. „Pass nur auf, dass sie gut durchbraten, Kind", sagte Frau Melzer, und Mechthild und Steffen grinsten sofort, weil jemand zu dem großen Pater ‚Kind' sagte. Aber schließlich ist er ja nun mal Frau Melzers Kind; Oma sagt das zu Mutti auch manchmal. Die Bratwürste schmeckten gut. Die Nachbarn von Melzers kamen auch noch dazu, und es wurde eine richtige Gartenparty. Später sangen wir noch mehr, und Pater Fridolins Vater sagte lustige Gedichte auf. Es gefiel uns sehr gut.

Auf einmal sprang Pater Fridolin auf und rief: „Aufbruch!" Wir maulten erst ein bisschen, doch dann standen wir doch auf. „Sollen wir beim Abräumen und Abwaschen helfen?", fragte Mechthild. Das tat sie nur, um noch bleiben zu können. „Nichts da", der Pater packte sie am Schla-

fittchen und holte sie hinter dem Tisch vor, „die Abschiedsstunde schlägt!" – „Es war sehr schön und lustig hier!", sagten wir und gaben allen die Hand. Bald saßen wir im Auto und winkten Melzers zu, die am Gartenzaun standen und uns nachschauten.

„Wenn ihr müde seid, fahren wir jetzt nach Hause!", sagte Pater Fridolin. „Nein!", schrie Mechthild, „wir wollten doch noch zu unseren Hütten fahren!" Wir waren noch gar nicht müde, bestimmt nicht. „Gut!" Pater Fridolin fuhr ein wenig schneller, „wir können natürlich nicht bis dicht an die Hütten heranfahren, sondern müssen das Auto an der Straße abstellen und den Rest zu Fuß gehen. Weit ist es nicht!" Wir waren ganz einverstanden, denn noch niemand von uns war schon einmal abends um 8 mitten im Wald spazierengegangen. Es dauerte nicht lange, und das Auto hielt. Wir gingen durch den Wald. Immer schneller liefen wir, weil wir neugierig waren, ob unsere Hütten noch standen. Zum Schluss raste Steffen an der Spitze. Wir hörten ihn schreien: „Sie stehen noch, sie stehen noch!", und dann sahen wir es selbst. Es stand alles noch so da, wie wir es vor ein paar Tagen verlassen hatten. „Klasse!" Wir krochen gleich in die größte Hütte hinein. Es war sehr eng, und wir drängten uns zusammen, so gut es ging. Von Uwe und Pater Fridolin passten trotzdem nur noch die Füße hinein. Das andere musste draußen bleiben.

Es wurde schon ein bisschen dämmrig, und die Luft im Wald war noch ganz warm. In der Hütte war es noch viel gemütlicher als am Vormittag neulich. „Was machen wir jetzt?", fragte Steffen, „spielen wir ein bisschen?" – „Nein, ich weiß was Besseres." Uwe rückte seine Brille gerade. „Wir überlegen jetzt, was wir am Sonntag machen, wenn unsere Mütter und Väter kommen. Wisst ihr was? Wir machen Jahrmarkt mit Puppentheater !" – „Wir haben doch keine Puppen?" – „Und wie willst du Jahrmarkt machen?" – „Ich meine doch keinen echten Jahrmarkt", Uwe gab nicht so schnell auf, „aber so was mit Vorführungen und Theaterspielen und so ..." Mir fiel die Kiste mit Sachen ein, die bei ‚olle Heinrich' im Schuppen stand. „Mensch, das ist gut, das machen wir!" Auf einmal sprang Steffen auf. Er hatte bis dahin nur zugehört. Er stieß mit dem Kopf ans Hüttendach, tippte sich mit dem Finger an die Stirn und schrie: „Zirkus !" Erst wussten wir nicht, was er meinte, aber dann rief er: „Und ich bin der Faxenclown!", und verdrehte die Augen nach allen Seiten. Das verstanden wir: Er wollte am Sonntag eine Zirkusvorstellung geben. Wir lachten und kicherten über ihn und fanden es herrlich. Wir steckten die Köpfe zusammen und dachten uns allerlei Sachen aus; Pater Fridolin dachte mit nach.

Was wir uns alles ausgedacht haben, verrate ich jetzt noch nicht. Davon wird später die Rede sein. Jedenfalls bekamen wir alle ganz heiße Köpfe. Uwe sagte immer wieder: „Wenn ich doch nur einen Zettel hätte, dann würden wir gleich ein Programm aufschreiben!" Aber wir hatten nichts bei uns. „Ich merke mir alles!", tröstete ich ihn. „Morgen früh schreiben wir es auf." Wir redeten und redeten, und auf einmal war es dunkel. „Nun geht's heim!", sagte Pater Fridolin, und wir dachten, wir könnten in einer Viertelstunde zu Hause sein. Aber es kam ganz anders.

Wanderung bei Nacht

Dicht hintereinander gingen wir durch den dunklen Wald. Der Weg war so schmal, dass wir nur im Gänsemarsch gehen konnten. Pater Fridolin ging als erster und Mechthild als letzte. Sie sah sich dauernd um, vielleicht weil sie dachte, es käme jemand im Finstern hinter uns her. Aber es war niemand zu hören oder zu sehen. Noch nie war ich so spät im Wald gewesen. Ein bisschen unheimlich war es schon. Die Äste knackten, und manchmal hörten wir ein Tier rascheln. Was es war, weiß ich nicht. Zum Glück schien der Mond. Wir konnten dadurch den Weg einigermaßen gut erkennen. Sonst wären wir bestimmt dauernd über Wurzeln gestolpert. „Huh, huh, huh, gleich kommen die Waldgespenster!" Steffen wollte uns Angst machen. Er hatte gut reden, er ging sicher dicht hinter Pater Fridolin. „Sei still", sagte ich ärgerlich, „Ge-

spenster gibt es überhaupt nicht." – „Aber Wildschweine", mischte sich Uwe ein, „und die sind manchmal ganz schön gefährlich!" Mir wurde etwas mulmig. „Hier in der Gegend gibt's keine Wildschweine", beruhigte uns Pater Fridolin, „hier gibt es nur Rehwild, und das ist ganz friedlich." Dann sahen wir die Straße durch die Bäume schimmern. Durch den Mond sah sie ganz silbrig aus. „Das Auto ist noch da!" Steffen hatte es zuerst entdeckt. Ich war ganz froh, dass wir nun einsteigen konnten.
Wir saßen auf unseren Plätzen, und Pater Fridolin steckte den Zündschlüssel ins Schloss. Normalerweise springt der Motor an, wenn man den Schlüssel dreht. Pater Fridolin bewegte ihn, aber diesmal geschah nichts. Das Auto blieb ganz still. „Na, du schläfst wohl schon?", fragte der Pater und meinte das Auto. Er versuchte es noch einmal und noch einmal. Dann sagte er: „Nanu!" – „Was ist denn?", fragte ich ängstlich. „Der Bursche will nicht anspringen!", sagte Steffen fachkundig. So sagt sein Vater auch immer, wenn sein Wagen nicht anspringen will. Mechthild beugte sich sehr interessiert nach vorn und fragte: „Müssen wir nun im Auto übernachten?" Pater Fridolin stieg aus und machte die Kühlerhaube auf. Im Handumdrehen standen wir alle um ihn herum. Uwe musste mit einer Taschenlampe leuchten, denn so hell schien der Mond nun auch wieder nicht. Pater Fridolin fasste hierhin und dorthin. Steffen meinte: „Vielleicht ist es die Zündung!" – „Leider bin ich kein Autoschlosser!" Pater Fridolin rieb sich die Hände an einem Tuch ab. Sie waren vom Herumfassen schwarz geworden. „Ich weiß nicht, woran es fehlt!" Er fuhr sich durch die Haare und erklärte: „Ich versuche es noch einmal!" Er stieg ein und versuchte zu starten. Aber das Auto blieb stumm und starr stehen.
„Ja, Freunde, da hilft nun alles nichts!", sagte unser Pater und stieg wieder aus, „wir können hier nicht ewig ste-

hen bleiben. Auf zur Nachtwanderung!" – „Juhu!" Das hatte sich Mechthild schon lange gewünscht. „Wie weit ist es denn?", fragte ich vorsichtig. „Nun ja, eine knappe Stunde müssen wir laufen; aber es geht meist bergab – da läuft sich's wie von allein." Das sagte Pater Fridolin, um mich zu trösten. „Vielleicht kommt ein Wagen vorbei, und wir können Anhalter machen!" Das meinte Uwe, der immer so praktische Vorschläge hat. „Da habe ich nicht viel Hoffnung!" Pater Fridolin schüttelte den Kopf, „hierher verirrt sich um diese Zeit bestimmt kein Auto."
Steffen und Mechthild standen schon zum Abmarsch bereit. Uwe stieg noch einmal ins Auto und holte seinen gewonnenen Zylinder heraus. Den setzte er auf, und wir mussten alle über ihn lachen. Pater Fridolin schloss das Auto zu, und ich fragte ängstlich: „Wenn nun einer in der

Nacht das Auto klaut?" Der Pater beruhigte mich: „Wer sollte wohl heute nacht hier ein Auto suchen, um es mitzunehmen? Morgen früh lassen wir es gleich abschleppen." Mechthild ärgerte mich: „Möchtest du hier sitzen bleiben und Wache halten? Überleg dir's, Rita, noch ist Zeit!" Ich gab ihr einen Rippenstoß und sagte verächtlich: „Red kein Blech!" Eigentlich hätte ich mich wirklich am liebsten ins Auto gelegt und geschlafen; denn ich war ziemlich müde. Aber hier ihm Wald allein bleiben – nie !

Wir wanderten die Straße entlang. „Sieh bloß mal Steffens Silberlöckchen!" Mechthild zeigte auf Steffen, der vor uns ging. Durch das Mondlicht sah Steffen besonders komisch aus: „Liebster, bester Opi Steffi!" Mechthild tänzelte um Steffen herum. Er schubste sie weg und meinte: „Ganz schön blöd heute Abend!" Aber dann schwatzten sie doch wieder miteinander. Wir gingen wieder dicht nebeneinander her. Besser ist besser. Es knackte manchmal wirklich verdächtig, und einmal rief ein Tier so merkwürdig, dass wir stehen blieben. Pater Fridolin jedoch wusste Bescheid und erklärte: „Keine Angst, das ist ein Käuzchen. Die rufen so." Da merkten wir, wie interessant es nachts im Wald ist. Nie hätten wir erfahren, wie die Käuzchen rufen, wenn das Auto keine Panne gehabt hätte. Aber unheimlich war es doch.

Von Zeit zu Zeit blieb Uwe stehen und starrte an den Himmel. Außer dem Mond waren dort viele Sterne zu sehen. Uwe interessiert sich sehr für Sterne und Planeten, auch für die Kosmonauten und die Astronauten. Er kennt auch eine Menge Sterne mit Namen: „Das ist der große Wagen!" Er zeigte zum Himmel. „Und das ist der Polarstern! Das dort hinten ist das Himmels-W!" – „Und nun kannst du mal weitergehen!" Ich war ein bisschen ärgerlich. Schließlich wollten wir doch endlich nach Hause kommen. Die Sterne interessierten mich auch gar nicht. Auf einmal schrie Uwe: „Jetzt ist was gefallen, jetzt ist was gefallen!" Wir wussten zuerst nicht, was er meinte. Aber er rührte sich nicht von der Stelle und zeigte immerfort aufgeregt nach oben. „Das war wohl eine Sternschnuppe!" Pater Fridolin blieb auch stehen. Und dann standen wir alle und schauten zum Himmel hinauf. „Wenn eine Sternschnuppe fällt, kann man sich was wünschen, sagt Oma!" Mechthild starrte und starrte. „Ist ja nur Aberglaube, nicht wahr, Pater Fridolin?" Ich glaub' so etwas jedenfalls nicht. „Wünschen kannst du dir ja auf alle Fälle etwas", schmunzelte der, „aber ob's in Erfüllung geht, das würde ich nun nicht von der Sternschnuppe ableiten." Plötzlich zuckte wirklich ein Lichtfunke über den Himmel. Wir schrien alle auf. Gleich darauf kam noch ein Funke und noch einer. „Toll, toll!", schrie Steffen, und Uwe fragte: „Wo mag das alles hinfallen?" Dann kam längere Zeit nichts mehr. Uns fiel ein, dass wir weitergehen müssten. Die Sternschnuppen hatten mich wieder munter gemacht. Uwe unterhielt sich nun mit Pater Fridolin über Sternschnuppen und Kometen und Raumschiffe und all so was; ich hörte zu.

Mechthild und Steffen schwatzten unaufhörlich über alles Mögliche. „Heut war's prima", sagte Steffen, „ein Paket, Überschwemmung ..." – „Das war doch nicht prima!", entrüstete sich Mechthild mit einem Blick auf Uwe. „Nee, aber interessant." Steffen war nicht so leicht zu schlagen. „Und dann der Jahrmarkt und die Gartenparty bei Melzers ..." „Und der Besuch in unserer Hütte!" Mechthild stieß ihn in die Seite: „Du, Sonntag wird's fein!" – „Und wir hatten Hefeklöße und Puppentheater!" – „Und ich fand am besten das Kettenkarussell." – „Ob mich Fräulein Rosa anmalt wie einen Clown, was meinst du?" Sie schwatzten und schwatzten unaufhörlich, und mir taten die Füße weh. Sie merkten schließlich doch, dass ich nicht miterzählte. Mechthild fragte: „Ist dir schlecht, oder bist du müde?" – „Quatsch!" sagte ich, aber in Wirklichkeit war ich fürchterlich müde geworden.

„Wisst ihr was? Wir singen ein paar Lieder", schlug Pater Fridolin vor, „könnt ihr noch?" – „Klar!", antworteten Steffen und Mechthild gleichzeitig. So sangen wir mehrere Lieder. Es hallte durch den Wald. Mich wunderte, dass in der Nacht alles viel lauter klingt als am Tag. Als wir keine Lieder mehr wussten, sagte Mechthild: „Und nun dichten wir neue Strophen!" Das machen wir nämlich manchmal, wenn wir mit den Eltern einen Ausflug unternehmen. Der beste Dichter ist dann immer unser Vati.

„Wie geht das?", fragte Steffen, der das noch nicht kannte. „Na, man dichtet einfach eine Strophe zur Melodie: Ein Vogel wollte Hochzeit machen, und alle singen dann: ‚Fidirallala'!", erklärte ich ihm. „Los, jeder muss sich eine Strophe ausdenken!" Wir gingen eine Weile still weiter, weil jeder nachdenken musste. Schließlich meldete sich Mechthild. „Ich fang' jetzt an!", sagte sie und sang:

„Wir wandern hier im Wald umher,
denn unser Auto fährt nicht mehr."

Und wir brüllten alle los: „Fidirallala, fidirallala, fidirallalalala!" Dann kam Pater Fridolin an die Reihe. Er kann so etwas natürlich gleich. Er sang:

„Es ist schon lange finstre Nacht;
doch noch hat keiner schlappgemacht."

Wir sangen wieder alle zusammen den Kehrreim. Mir war auch etwas eingefallen:

„Der Uwe mit'm Zylinder
erschreckt heut' alle Kinder!"

Alle lachten, und Uwe schrie: „Gar nicht wahr!" Dann kam wieder der Kehrreim.

Als Steffen dran war, sang er:
„Wir waren heut' bei Melzers,
und da war es ganz prima!"
Mechthild wollte sich ausschütten vor Lachen: „Eeeeeh, reimt sich überhaupt nicht!", rief sie. Aber Pater Fridolin sagte: „Lass nur, Steffen, die Hauptsache: Es stimmt!" Steffen war zuerst ein bisschen beleidigt, aber er hatte keine Zeit dazu, denn Uwe sang:
„Wir kommen bald nach Hause,
und jeder kriegt 'ne Brause!"

Das war ein gut gereimter Vers, und wir klatschten sogar Beifall beim Marschieren. „Ihr seid ja fabelhafte Dichter!", lobte uns Pater Fridolin, doch Mechthild sagte bescheiden: „Ach, das haben wir ja schon geübt!" Und das stimmte auch. Wir fanden noch viele andere Strophen. Steffen wollte erst nicht mehr mitmachen, aber Mechthild dichtete:
„Du, Steffen, mach 'ne Strophe,
'ne schöne oder doofe!"

Da holte der tief Luft, und dann sang er ganz laut:
„Am Sonntag bin ich Faxenclown,
und Mechthild, die ist ein Kamel."

Da hörten wir auf zu singen und lachten und lachten. Wir merkten dabei gar nicht, wie schnell die Zeit verging. Auf einmal waren wir in Kleckerhausen. In manchen Häusern war noch Licht, in anderen war alles dunkel. „Vielleicht schläft Fräulein Rosa schon?", überlegte Uwe, aber ich sagte: „Nein, bestimmt nicht, die wartet auf uns!" Wir sahen schon von weitem Licht im Wohnzimmer. Wir rannten los und klingelten Sturm. Fräulein Rosa kam eilig zur Tür und rief: „Jetzt erst?" und: „Wo ist das Auto?" Wir standen alle um sie herum und redeten zur gleichen Zeit. Pater Fridolin hatte die lauteste Stimme. Deshalb verstand sie ihn am besten. Sie schüttelte immer wieder den Kopf und sagte: „Das ist ja allerhand, das ist ja wirklich allerhand!" Im Wohnzimmer fielen wir gleich in die Sessel und auf das Sofa. Fräulein Rosa fragte: „Nun

braucht ihr wohl noch eine Stärkung, was?" Mechthild und Steffen bekamen jeder ein Wurstbrot und Uwe ein großes Stück Kuchen: alles nach Wunsch. Und alle tranken Brause.
Am Ende fielen uns fast die Augen zu. Pater Fridolin betete mit uns noch ein kurzes Abendgebet. Steffen wäre beinahe dabei eingeschlafen, er war nun endlich auch müde. Wir kamen kaum noch die Treppe hoch in unsere Zimmer. „Nicht schmutzig ins Bett fallen, und Zähneputzen nicht vergessen!", rief uns Fräulein Rosa noch nach. Vor Müdigkeit haben wir nicht einmal Pater Fridolin Dankeschön gesagt, glaube ich. Ich weiß überhaupt nicht mehr, ob ich mich ausgezogen und ordentlich gewaschen habe. Jedenfalls lag ich kurz danach im Bett und war richtig froh, endlich drin zu sein. Ich hörte noch, wie Mechthild sich die Zähne putzte und dabei sang: „Wir waren heut' bei Melzers, und da war es ganz prima!" Dann schlief ich schon.

KAPITEL 6

Schwache Seiten hat jeder

Am Freitag schliefen wir bis 10 Uhr. Das machte die Nachtwanderung. Als wir endlich in die Küche kamen, war von Fräulein Rosa nichts zu sehen. Auf dem Tisch standen eine große Kanne Kaffee und ein Teller mit belegten Broten. „Mmmh, Fett und Schnittkäse!" Steffen leckte sich die Lippen; denn das isst er am liebsten. Wir frühstückten, und draußen schien die Sonne. „Heute machen wir auf alle Fälle das Sonntagsprogramm", erklärte Uwe. „Und für die einzelnen Darbietungen üben wir auch." – „Ja, und im Schuppen suchen wir uns Sachen zum Verkleiden." Steffen stopfte alles Brot, das er noch in der Hand hielt, in den Mund. Er wollte schnell fertig werden. Aber ich schenkte mir noch eine Tasse Kaffee ein und sagte zu ihm: „Iss nicht so hastig und schluck erst runter, ehe du sprichst!" Er zog nur eine Grimasse. Da erklang eine Stimme hinter uns: „Zuerst werden heute die Zimmer geputzt!" Das war Fräulein Rosa. Sie kam vom Einkaufen mit zwei Taschen, die bis oben vollgestopft waren. Wir riefen: „Guten Morgen!" An die Zimmer hätten wir diesmal von allein bestimmt nicht gedacht, aber schließlich gehört das auch dazu. „Ihr habt geschlafen wie die Ratzen!" Fräulein Rosa packte die Taschen aus. „Das kommt von Nachtwanderungen!" – „Wo ist Pater Fridolin?", fragte Mechthild. „Der hat schon allerhand geleistet heute", erzählte Fräulein Rosa. „Zuerst hat er Got-

tesdienst gefeiert, dann ist er mit dem Autoschlosser in den Wald gefahren und hat das Auto geholt. Es musste nicht abgeschleppt werden. Die Reparatur sei ganz leicht gewesen, hat er gesagt. Es war nur ein Kabel gebrochen." – „Und wo ist er jetzt?", fragte Mechthild. „Da draußen!" Fräulein Rosa machte das Fenster auf und zeigte auf den Hof.
Wir steckten alle auf einmal unsere Köpfe hinaus. „Halli, hallo!", schrie Steffen, und Mechthild winkte mit beiden Armen. „Hallo, ihr Schlafmützen!" Pater Fridolin kam heran. Er hatte Gummistiefel und einen riesigen dunkelblauen Arbeitskittel an. In der einen Hand hielt er eine Bürste und in der anderen einen Gartenschlauch. Er putzte nämlich das Auto. „Wer hilft mir?", fragte er. „Wir alle!", riefen wir und wollten zur Tür hinaus. Aber wir mussten erst Fräulein Rosa versprechen, dass wir gleich anschließend unsere Zimmer gründlich sauber machen würden. Das taten wir. „Vergesst es aber nicht!", rief sie uns nach. „Nein!" – und schon waren wir zur Tür hinaus. Uwe verschluckte sich beinahe am letzten Bissen Brot, den er schnell noch in den Mund geschoben hatte. Ich klopfte ihm auf den Rücken; da ging es wieder.
„So viele Helfer auf einen Haufen!", begrüßte uns Pater Fridolin, „wie habe ich das verdient!?" – „Sehr!", sagte Mechthild und: „Was sollen wir machen?" Pater Fridolin teilte ein. Mechthild und ich putzten die Fenster mit Spray aus der Dose und wischten den Staub im Auto weg. Uwe und Steffen machten mit einer Bürste und einem festen Schwamm die Autoreifen sauber. Wir wurden auch reichlich nass; denn weil es heiß war, spritzte Pater Fridolin uns manchmal mit dem Schlauch an. Dann kreischten wir und sprangen herum, bis er rief: „Was ist denn das für eine faule Arbeitstruppe!" Aber das war nur Spaß. Wir putzten sehr ordentlich. Dabei unterhielten wir uns

auch. „Prima war's gestern!", sagte Mechthild. „Eigentlich gut, dass die Panne passierte, sonst wären wir bestimmt nicht nachts spazieren gegangen!" Sie schwenkte das Staubtuch herum. „Mir hat's ganz toll gefallen!", sagte unser Pater, „ihr seid prima marschiert und habt auch im dunklen Wald keine Angst gehabt. Oder?" Er zwinkerte uns zu. „Nö", machte Steffen, „Angst hab' ich im Dunkeln nicht. Früher ja, da wollte ich nie allein durchs Haus gehen, wenn's draußen dunkel war. Aber jetzt – es gibt ja keine Gespenster!" „Außerdem kann man im Dunkeln die Sterne gut beobachten." Da fing doch dieser Uwe tatsächlich schon wieder mit dem Polarstern und dem großen Bären an. Er denkt immer gleich an die Wissenschaft. So ist er nun mal. Ich sagte: „Ein bisschen unheimlich war es. Allein wäre ich nicht im Wald geblieben. Und du auch nicht, Mechthild, sei nur ehrlich!" – „Allein, nee, das nicht!" Sie schüttelte den Kopf. „Aber Pater Fridolin war doch dabei; da konnte uns doch nichts passieren." – „Wenn ich nicht dabei gewesen wäre, wärst du auch nicht allein gewesen", sagte Pater Fridolin. „Nein, aber Uwe und Steffen und Rita hätten mich bestimmt nicht so gut beschützt wie Sie." Mechthild sah uns an, als wären wir gar nichts. Pater Fridolin lachte ein wenig. „Das habe ich nicht gemeint", sagte er. Ich verstand gleich, was er meinte. Mir war das Gebet eingefallen, das Mutti uns beigebracht hat, als wir noch klein waren. Es heißt: ‚Wo ich gehe, wo ich stehe, ist der liebe Gott bei mir; wenn ich ihn auch niemals sehe, weiß ich dennoch, er ist hier.' Ich sagte es aber jetzt nicht, weil ich dachte, es sähe nach Angeben aus. Ich sagte nur: „Wer an Gott glaubt, braucht eigentlich nie Angst zu haben." – „Nein" – Steffen rieb emsig an seinem Wagenrad herum – „und ich habe auch keine!" – „Bravo!", rief Pater Fridolin, und wir anderen sagten auch gleich: „Nein, meistens haben wir keine Angst!"

Schließlich blitzte der Wagen von oben bis unten. „Gut gemacht!" Pater Fridolin griff in die Taschen und holte für jeden einen Kaugummi hervor. „Das ist der Lohn für gute Arbeit! Und jetzt ab zu Fräulein Rosa." Nun zeigte die uns, was wir zu tun hatten.
Glücklicherweise hatten wir Erfahrung; zu Hause helfen wir nämlich auch. Wir stellten uns also gar nicht so dumm an. Mechthild bot sich sogar an, die Fenster zu putzen. Fräulein Rosa wehrte lachend ab: „Das ist nicht nötig. Wir lassen sie erst noch ein bisschen schmutziger werden."
So wischten wir nur den Fußboden und staubten ab und räumten sogar unseren Schrank auf. Dabei fanden wir eine vergessene Rolle Drops. Die aßen wir gleich auf. Die Jungen putzten auch in ihrem Zimmer herum, und Steffen donnerte andauernd mit dem Schrubber gegen die Scheuerleisten, dass es nur so krachte. Man hörte auf alle Fälle im ganzen Haus, wie fleißig wir waren. Als wir beide fertig waren, zog ich noch einmal die Bettdecken glatt, und Mechthild rückte ein Bild gerade. Dann war alles prima in Ordnung. Zu Hause sind wir nicht so genau. Fräulein Rosa musste dann alles ansehen. Sie lobte uns sehr. Das hätten unsere Mütter nur hören sollen! Zu Hause ist es eben anders.
„Können wir noch etwas tun?", fragte Mechthild, weil die Jungen sowieso noch nicht fertig waren. „Ihr könntet mir noch in der Kirche helfen", schlug Fräulein Rosa vor, „es muss noch überall Staub gewischt werden. Der Altar und das Marienbild müssen mit frischen Blumen geschmückt werden." – „Ich wische Staub!" entschied sich Mechthild. „Rita, du könntest zu Frau Brandl gehen und den Strauß Nelken abholen, den sie mir für den Altar versprochen hat", sagte Fräulein Rosa. „Ihr Enkelchen wird morgen getauft, da will sie ganz besonders schöne Blumen aus-

suchen." Ich erledige gerne Wege. Deshalb freute ich mich über den Auftrag. „Du gehst bis zur nächsten Querstraße und biegst dort ein. Die Straße heißt Borngasse. Frau Brandl wohnt da in Nummer 17. Das ist ganz am Ende. Sag einen schönen Gruß von mir und ich ließe um die Blumen bitten." Fräulein Rosa ging mit bis zur Haustür. „Wird besorgt", sagte ich und ging los. Ich dachte, ich käme nach kurzer Zeit mit den Blumen zurück. Aber es kam anders. Am liebsten möchte ich es gar nicht aufschreiben, weil ich mich schäme, dass es vorgekommen ist. Aber weil ich alles erzählen will, wie es wirklich war, lasse ich diese Geschichte nicht aus.

Es war so: Ich ging ganz lustig die Straße entlang und sagte zu allen Leuten „Guten Tag!", weil ich mich irgendwie freute. Die Leute antworteten auch ganz freundlich, obwohl ich sie gar nicht kannte. Die Quergasse fand ich gleich. Sie ist ganz schmal. Leute mit besonders langen Armen könnten bestimmt quer über die Straße von einem Haus zum anderen fassen. Oder doch wenigstens beinahe. Gehsteige gibt es nicht, nur holperige Pflastersteine und sehr kleine Häuser. Trotzdem haben manche davon sogar eine Toreinfahrt. Die Gasse macht lauter Kurven. Und als ich um die letzte Kurve bog und dachte: Jetzt bist du bestimmt gleich da!, da bekam ich auf einmal einen riesigen Schreck. Da stand doch tatsächlich mitten auf der Straße eine Kuh! Sie stand ganz still da und wedelte ein wenig mit dem Schwanz. Es wäre alles nur halb so schlimm gewesen, wenn die Kuh sich nicht ausgerechnet quer zur Straße hingestellt hätte. Ihr Maul zeigte auf die linke Straßenseite und ihr Schwanz auf die rechte. Zwischen Maul und Haus und auch zwischen Schwanz und Haus war nur ein wenig Raum. Sie stand vor dem Haus Nr. 13, und Frau Brandl wohnt dahinter in Nr. 17. Niemand kam vorbei, und niemand schaute aus einem

Fenster. Nur die blöde Kuh stand da. „Mach dich hier weg!", sagte ich leise, „ich muss vorbei!" Aber die Kuh glotzte mich nur dumm an und kaute vor sich hin. Ich machte ein paar Schritte auf sie zu. Vielleicht konnte ich doch an der Seite vorbeischleichen. Als ich vier Schritte gemacht hatte, hob sie ein Bein hoch und stellte es mit Krach wieder hin. Ich erschrak und ging zurück. Ich traute mich nicht vorbei. „Los, Rita, sei kein Feigling!", sagte ich zu mir selbst. Doch meine Beine gehorchten einfach nicht. Da fiel mir ein, was wir gerade vorhin von der Angst gesagt hatten. Ich dachte auch dran, dass ich gar nicht ganz allein war. „Lieber Gott, lass die Kuh weggehen!", sagte ich leise. Die Kuh ging trotzdem nicht zur Seite. Ich überlegte, Gott würde schon nicht erlauben, dass die Kuh mir etwas antäte. Aber ich ging trotzdem nicht vorbei. Ich ärgerte mich über mich selbst, und es war ein ganz scheußliches Gefühl. Schließlich drehte ich mich um und ging fort.

Als ich an der Hauptstraße ankam, fiel mir ein, was die anderen wohl sagen würden, und ich kehrte wieder um. Aber die Kuh stand immer noch da. Ich hätte sie furchtbar gern weggescheucht, aber ich traute mich nicht. Mir war ganz jämmerlich zumute. So ging ich schließlich doch nach Hause. Ich schämte mich furchtbar. Als ich ankam, wunderten sich alle. Sie warteten schon wegen des Programms auf mich und fragten: „Wo hast du die Blumen?" – „Frau Brandl war wohl nicht zu Hause?", fragte Fräulein Rosa. Einen Augenblick lang wollte ich sagen: „Sie war nicht da!", aber dann sagte ich doch die Wahrheit. Mechthild und Steffen lachten mich natürlich aus und riefen: „Was, du fürchtest dich vor einer Kuh! Das gibt's doch gar nicht!" Und Uwe schlug vor: „Los, wir gehen alle zusammen!" Sie lachten und lachten noch lange, und ich schämte mich.

Zu viert zogen wir wieder los. Uwe und Steffen taten ganz großspurig und wichtig. Sie würden bestimmt mit einer Kuh fertig, sagten sie. Und Mechthild meinte: „Wir gehen ganz einfach vorbei!" Als wir um die Kurve kamen, war die Kuh weg. So eine Gemeinheit. Steffen war ganz enttäuscht. Er sah sich überall um. Aber die Kuh war nicht mehr zu sehen. „Na also!", sagte Uwe. „Vorhin war sie aber da!", sagte ich.

Wir klopften in Nr. 17 an der Haustür. Frau Brandl nahm uns mit in den Garten. Dort stand schon ein wunderbarer Nelkenstrauß in einem Eimer mit Wasser. Frau Brandl sagte: „Wartet, ihr bekommt jeder ein Glas Himbeersaft, selbstgemachten. Wollt ihr?" – „O ja, danke", sagte Mechthild für uns alle. Schon verschwand Frau Brandl im Haus und kam mit einem Tablett wieder heraus. Darauf standen ein Krug und vier Gläser. Wir tranken. Es schmeckte wunderbar. Doch ich musste immer noch an die Kuh denken. Deshalb schmeckte es mir nicht so gut wie den anderen, glaube ich. Frau Brandl gab mir dann den Strauß in die Hand und erzählte: „Morgen wird mein kleiner Enkel getauft. Er heißt Johannes. Seid ihr auch dabei?" – „Bestimmt", antworteten wir. Dann sagten wir noch: „Dankeschön für den Saft!" und: „Vielen Dank für die Blumen!" Auch auf dem Rückweg trafen wir die Kuh nicht.

„Na also!", freute sich Fräulein Rosa, als wir mit dem Strauß ankamen. Wir stellten die Blumen in eine Vase. Der Altar sah dann wirklich fein aus, das muss man sagen. Die anderen rannten zum Schuppen, um endlich das Programm zu machen. Aber ich brachte noch einen Blumenstrauß zum Marienbild und blieb eine Weile davor stehen. Ich dachte: Was bin ich doch für ein Angsthase! Und weil Gott doch in der Kirche die Menschen besonders gut hört, betete ich für mich ganz allein: „Lieber Gott, ich weiß ja, dass du immer bei mir bist. Ich schäme mich, weil ich trotzdem ein Angsthase war. Hilf mir doch bitte, dass ich ein bisschen mutiger werde. Oder nimm bitte beim nächsten Mal die Kuh aus dem Weg. Du kannst das doch. Amen." Dann rannte ich hinter den anderen her. Wenn ich wieder einmal eine Kuh treffe, bin ich vielleicht doch mutiger. Ich nehme es mir jedenfalls ganz fest vor. „Gott hilft uns, aber wir müssen unser Möglichstes tun!" Das hat unser Pfarrer schon oft gesagt.

Pater Fridolin besuchte uns später im Schuppen. Die anderen erzählten ihm natürlich sofort die Geschichte mit der Kuh. Ich wurde ganz rot. „Jeder hat seine Schwächen!", sagte Pater Fridolin darauf, „man muss nur dagegen ankämpfen. Das tut Rita bestimmt. Das traut ihr dem Mädchen doch zu, was?" Er legte mir die Hand auf die Schulter, und ich fand ihn ganz, ganz nett. Die anderen hörten auf zu lachen. Ich glaube, sie trauen mir das wirklich zu. Von meinem Gebet habe ich nichts verraten. Das ist eine Sache zwischen Gott und mir, finde ich.

„Nun, wie steht's mit euren Plänen?", fragte Pater Fridolin dann. Wir erzählten ihm alles, und er gab uns noch ein paar gute Tipps. Dann sagte Steffen: „Und nun müssen wir üben!" – „Ach so, da bin ich im Wege?", fragte der Pater und lachte. Das war er wirklich, und wir schoben ihn alle zusammen aus dem Schuppen und machten die Tür fest zu.

„Fräulein Rosa“, sagte Pater Fridolin beim Mittagessen, „heute Nachmittag muss ich einen Krankenbesuch in Beerenstein machen.“ – „Ooch, Sie wollen wegfahren?“ Mechthild maulte herum, weil sie gedacht hatte, Pater Fridolin hätte Zeit für uns. „Ich bin nicht nur für euch da, sondern vertrete den Pfarrer der Gemeinde, du Küken!“ antwortete ihr Pater Fridolin, und sie schaute ihn etwas betreten an. „Förster Schwarz hat mich vorhin angerufen und gebeten hinzukommen. Er sagte, seine alte Mutter wolle beichten und die Kommunion empfangen.“ – „Ist es wieder einmal so weit?“, meinte Fräulein Rosa. „Die gute alte Frau! Sie ist 91 Jahre alt und wartet nur noch darauf, dass der liebe Gott sie zu sich ruft. Aber bisher hat sie sich immer wieder erholt.“ – „Nachher fahre ich hin“, Pater Fridolin sah auf die Uhr, „und wer Lust hat, kann mitkommen.“ Wir hatten natürlich Lust. Mit Pater Fridolin zusammen machte einfach alles Spaß. „Wo liegt denn dieses Beerenstein?“, erkundigte sich Uwe vorsichtig, weil ihm bei langen Fahrten im Auto schlecht wird. „Beerenstein liegt am äußersten Rand unserer Pfarrgemeinde“, erklärte Fräulein Rosa, „etwa 12 km von hier entfernt mitten im Wald. Der ganze Ort besteht nur aus 7 Häusern. Er hat ungefähr 35 Einwohner, dazu kommen noch 2 Kühe, 3 Hunde und ein paar Hühner. Katholisch sind nur die Förstersleute; sie wohnen im Haus Nr. 7. In der Nähe von Beerenstein gibt's einen schönen Waldsee mit Schwimmbad und Ruderbooten, und überhaupt kommen dorthin im Sommer und im Winter eine Menge Urlauber und Wanderer, weil es so schön ist ..."

Beim Wort „Schwimmbad" und „Ruderboote" hatten wir die Ohren gespitzt und Pater Fridolin angeschielt. Weil der alles merkt, fragte er schmunzelnd: „Könnt ihr überhaupt schwimmen?" – „Klar!", schrien wir und sprangen auf, „lernt man doch in der Schule!" – „Na gut", entschied Pater Fridolin, „wer pünktlich 15 Uhr im Auto sitzt, darf mitfahren." Wir suchten unsere Badesachen zusammen, und Mechthild fragte mich immer wieder: „Was meinst du, ob Pater Fridolin auch mit ins Wasser kommt?" Sie konnte sich einfach nicht vorstellen, dass ein Franziskanerpater schwimmen kann. Steffen hatte einen aufblasbaren Gummireifen mit, den blies er nun auf, und wir machten Faxen, dass er lachen musste. Dann ging die mühsam hineingepustete Luft wieder heraus. Fräulein Rosa packte uns auch etwas zum Essen ein: „Ihr habt ja unterwegs bestimmt wieder Hunger!", sagte sie. Sie kannte uns schon ziemlich gut.

Im Auto saßen wir schon ein paar Minuten vor 15 Uhr, um nur die Abfahrt nicht zu verpassen. Pater Fridolin kam aus der Kirche. Er stieg zu uns ins Auto. Ehe er losfuhr, zeigte er uns eine silberne Büchse und sagte: „In dieser Büchse ist das heilige Brot, das ich der alten Frau Schwarz bringe. Ihr wisst, was das bedeutet: Jesus ist in dieser Gestalt jetzt bei uns. Deshalb wollen wir während der Fahrt nach Beerenstein keinen Blödsinn im Auto machen. Wir wollen daran denken, dass Jesus bei uns ist. Vielleicht hat ihm jeder von euch in aller Stille etwas zu sagen." Er steckte die Büchse in die Brusttasche und fuhr los. Wir saßen ganz still. Ich saß vorn, und die anderen drei saßen hinten. Wir waren noch nie mit Jesus Auto gefahren. Ich lehnte mich zurück und dachte nach, was ich ihm sagen könnte. Er weiß und versteht ja alles. Zuerst habe ich ihn gebeten, dass er uns alle beschützt und dass wir gesund bleiben. Dann habe ich für Onkel Franz und Herrn Wunder und die anderen Kranken gebetet. Und dann habe ich danke gesagt für die schönen Tage in Kleckerhausen und dafür, dass wir Pater Fridolin kennen gelernt haben. Zwischendurch schaute ich aus dem Fenster. Viele Leute wanderten auf der Straße entlang. Mir fiel ein, dass die alle nicht wussten, wer da bei uns im Auto mitfuhr. Ich war stolz, es zu wissen. Aber dann dachte ich: Man darf nicht angeben, wenn man Jesus kennt, und habe schnell noch gebetet: „Jesus, alle Menschen sollen dich kennen lernen!" Dann wusste ich nichts mehr und sah mich nach Mechthild, Uwe und Steffen um. Sie saßen still da, ohne sich zu schubsen oder Dummheiten zu machen. Daran merkte ich, dass sie wohl auch an Jesus dachten.

Es dauerte nicht lange, und wir kamen am Ortsschild von Beerenstein vorbei. Man denkt, nun finge der Ort an, aber da ist er schon wieder zu Ende. Die sieben Häuser stehen nämlich dicht zusammen an einer Straßenkreuzung. Außer den Wohnhäusern gibt es noch ein paar Scheunen und Schuppen und auch einige Bungalows. „Dort ist das Forsthaus!", sagte Pater Fridolin und parkte den Wagen auf einem kleinen Parkplatz vor dem Gasthaus von Beerenstein. Wir stiegen aus und gingen auf das Forsthaus zu. Es steht in einem ziemlich großen Garten. Ein Mann und ein Junge standen am Gartentor. Der Mann sagte: „Schön, dass Sie kommen, Herr Pater, meine Mutter wartet schon!" Und zu uns sagte er: „Ihr könnt euch ein wenig hier draußen umsehen. Georg, zeig den Kindern mal das Riekchen!" Der Junge war einen Kopf größer als Uwe und braun wie ein Afrikaner. Das macht bestimmt

die Sonne in Beerenstein. Sicher ist er auch oft im Wald. Dieser Junge Georg sah uns von oben her an, grinste und meinte: „Ihr seid wohl aus der Stadt?" – „Ja!", sagten wir, und Steffen fragte gleich: „Bist du hier geboren?" – „Nein", antwortete Georg, „aber ich bin mit 2 Jahren hierher gekommen." So fing unsere Unterhaltung an. Wir erfuhren dann noch, dass Georg das einzige Schulkind in Beerenstein ist und 3 km weit zur Schule muss. Meist fährt er mit dem Bus, aber im Winter nimmt er die Skier. „Die Busse bleiben dann hier oben im Schnee stecken!", erklärte er. Steffen und Mechthild fanden das alles großartig. Sie sagten, sie würden auch am liebsten hier wohnen. Aber ich glaube, ich wohne lieber in der Stadt. In den Ferien bin ich natürlich gern im Wald.
Georg zeigte uns allerlei: die Raufen für die Rehe und Hirsche und die großen Schuppen voll Wildfutter. Im Garten gibt es auch ein riesiges Vogelhäuschen. „Es ist im Winter immer belagert", sagte Georg, „und die Rehe und Hirsche kommen bis ans Fenster!" Das konnten wir uns gar nicht vorstellen. Das Allerschönste aber war das Riekchen, von dem Georgs Vater gesprochen hatte. Das war nämlich ein kleines Reh. Es stand in einer Umzäunung und sah uns etwas ängstlich an. „Es hat keine Mutter." Georg lockte es heran, und es kam auch. „Ist das süß!" Mechthild wollte es streicheln; aber da sprang es ängstlich zurück. „Wir hatten auch schon einmal einen jungen Hasen und einen Habicht mit gebrochenem Flügel." Georg sagte das so, als wäre es gar nichts Besonderes. „Und wenn das Reh groß ist?" Steffen wäre am liebsten in die Umzäunung gestiegen, um das Reh anzufassen. „Dann lassen wir es in den Wald laufen!", erklärte Georg. „Schließlich ist es kein Haustier." Er hatte recht, aber ich würde es vielleicht nicht fertigbringen, mich von dem Tier zu trennen. Es sah wirklich lieb aus und ganz zart.

Nach einer Weile kam Pater Fridolin wieder aus dem Haus. Er musste Riekchen auch bewundern. Die Förstersfrau brachte uns eine große Schüssel Erdbeeren. „Die könnt ihr aufessen!", sagte sie. Wir ließen uns das nicht zweimal sagen. Georg aß nicht mit. „Wir haben so viele!", sagte er. Ich würde auch essen, wenn wir viele hätten, aber vielleicht mochte er sie nicht. Zum Abschied sagte Pater Fridolin: „Ich glaube, Ihre gute Mutter wird bald bei Gott sein." Und der Förster antwortete: „Ja, und ich denke, sie kommt gut dort an, denn sie war ihr Leben lang eine gute Frau. Und 91 Jahre sind ein gesegnetes Alter. Wir müssen dankbar sein." Wir verabschiedeten uns und fuhren ab.

„Ist die alte Frau sehr krank?", erkundigte sich Mechthild. „Nein", sagte Pater Fridolin, „sie ist nur schwach und alt und müde. Sie freut sich auf das Sterben." – „91 Jahre – das ist furchtbar alt", überlegte Uwe, „aber manche Leute schaffen sogar 100 Jahre." – „Ich möchte auch 100 Jahre alt werden!", rief Steffen, „dann kann man viel und weiß viel ..." – „Und ist alt und schwach und schrumplig und braucht eine Brille!" Das war Mechthild. „Die haben manche schon mit 10 Jahren!", lachte ich und zeigte auf Uwe. Pater Fridolin sagte noch: „Niemand weiß, wieviel Jahre Gott ihm schenkt. Aus den Jahren etwas Gutes zu machen – das ist wichtig!" Ich wollte den Pater gerade fragen, wie alt er eigentlich ist, da schrie Mechthild: „Da unten ist der See, da unten ist der See!"
Pater Fridolin parkte das Auto auf einem großen Parkplatz. Von dem Platz aus konnte man den See überblicken. Er ist ziemlich groß. An der einen Seite ist ein Stück zum Baden abgegrenzt, auf der anderen Seite sahen wir eine Menge Ruderboote. Wir nahmen unsere Badesachen aus dem Auto und gingen zum Seeufer. „Kommen Sie auch mit ins Wasser?", fragte Mechthild neugierig. „Freilich, ich muss euch doch rausfischen, wenn ihr untergeht!", lachte Pater Fridolin. „Gehn wir gar nicht!", rief Steffen entrüstet, „ich kann sogar Köpfer!" – „Na, dann mal los!" Wir zogen uns aus. Ich probierte erst einmal mit einem Fuß, wie kalt das Wasser war. Es war ziemlich kalt, aber weil die Sonne heiß schien, war das ganz angenehm. Wir schwimmen alle gern. Nur wenn mich einer tauchen will, werde ich wild. Aber diesmal vergaßen das die anderen. Sie schwammen immer hinter Pater Fridolin her, aber der war natürlich fixer. Wir spritzten uns und kreischten und lachten. Dann warfen wir uns gegenseitig Steffens Reifen zu. Ein paar andere Kinder kamen dazu, die ließen wir auch mitmachen.

Am Ufer stand ein kleiner Junge und schrie wie am Spieß. Er wollte unbedingt ins Wasser und durfte nicht, weil er zum Schwimmen wohl noch zu klein war. Seine Mutter stand ganz verzweifelt daneben. Vielleicht konnte sie auch nicht schwimmen, das gibt es. Pater Fridolin stieg aus dem Wasser und nahm den Kleinen auf den Arm. Er war gleich still und patschte dem Pater auf dem nassen Kopf herum. „Darf ich ihn mal mit ins Wasser nehmen?", fragte Pater Fridolin die Mutter. Sie nickte ganz erlöst, weil der Pater ja wirklich groß und stark und zuverlässig aussieht. Er kam mit dem Kleinen ins Wasser, und der Junge kreischte nun vor Vergnügen und hatte überhaupt keine Angst. Er tauchte sogar freiwillig seinen Kopf unter,

als wäre das gar nichts. Das hätte ich früher nie getan! Mich mussten sie mit Gewalt ins Wasser schleppen, als ich klein war. Aber jeder ist anders. Vielleicht wird der Junge später mal Taucher.
Nach dem Baden kauften wir uns Eis und Waffeln und aßen die mitgebrachten Sachen. Baden macht schrecklich hungrig. Wir saßen in der Sonne und wurden langsam ganz von selbst trocken. Pater Fridolin sagte: „Euer Onkel hat angeordnet, dass ich euch verwöhne!" Dabei schmunzelte er und schaute zu den Ruderbooten hinüber. Wir verstanden gleich, was er meinte. Schnell zogen wir uns um und liefen zur Bootsanlegestelle. Wir suchten uns ein Boot aus. Es hieß „Vorwärts", das stand vorn am Bug. Als wir einsteigen wollten, schaukelte es fürchterlich. Trotzdem sprangen Uwe und Steffen gleich hinein. Mechthild stürzte hinterher und fiel erst einmal mitten ins Boot. Aber sie sprang sofort wieder auf und setzte sich auf die Ruderbank. Als ich einsteigen wollte, schaukelte Steffen extra hoch, um es mir schwer zu machen, und ich schrie: „Opa, sei nicht gemein!" Er grinste und hörte auf. Mechthild hielt mir die Hand hin, und so kam auch ich gut ins Boot. Zuerst ruderte Pater Fridolin bis zur Mitte des Sees. Dann durften wir es alle probieren. Immer zwei zusammen mussten im Rhythmus rudern. Als die beiden Jungen an der Reihe waren, fuhr unser Boot immer im Kreis herum. Das kam, weil Uwe stark ruderte und Steffen schwach. Er hat nicht so viel Kraft. Das darf man aber nicht sagen, sonst wird er wütend.
Schließlich blieben wir mit unserem Boot in der Mitte des Sees ruhig liegen. Es war sehr schön auf dem See. Ringsum stiegen die Berge an, und es war überall nur Wald zu sehen. Und die Sonne glitzerte auf dem Wasser und wärmte unsere Haut. Wir hängten die Hände ins Wasser und hatten es dadurch angenehm kühl. Kaugum-

mis hatten wir auch noch. Wir machten es uns richtig gemütlich in dem Boot. „Ferien sind etwas Wunderbares!", sagte Mechthild und blinzelte in die Sonne. Und niemand von uns widersprach, nicht einmal Pater Fridolin.

Ein Sack voll Spaß

„Ich brauche am Sonntag unbedingt einen Turban!", sagte ich beim Abendessen. „Im Schuppen haben wir allerhand gefunden, was wir gebrauchen können, aber ein Turban ist nicht dabei!" – „Keine Sorge", meinte Fräulein Rosa dazu, „wenn wir keinen Turban finden, mache ich dir einen aus einem langen Schal!" – „O ja!", sagte ich froh. „Und ich brauche eine lange Nase oder so etwas Ähnliches, damit ich aussehe wie ein echter Clown!", rief Steffen. „Na", lachte Fräulein Rosa, „ich sehe schon, ihr braucht eine Garderobenfrau und einen Maskenbildner!" Steffen machte ein dummes Gesicht, weil er nicht wusste, was ein Maskenbildner ist. Uwe erklärte es ihm: „Der Maskenbildner muss die Künstler für die Aufführung fertig machen. Er muss sie schminken und ihnen andere Nasen machen und all so was", sagte er. „Und das machen Sie mit uns, Fräulein Rosa!?" Mechthild war begeistert. „Das finde ich prima von Ihnen!" Wir fanden das alle auch. „Haben Sie denn auch Schminke?", fragte Steffen. „Freilich, von der letzten Faschingsfeier ist noch eine Menge übrig", beruhigte ihn Fräulein Rosa. „Und übrigens: Auf dem Boden ist ein ganzer Sack voller Faschingssachen. Da findet ihr bestimmt auch noch etwas Geeignetes!"
Wir aßen fertig und räumten dann den Tisch so schnell ab wie noch nie. Wir halfen auch beim Abwaschen und Aufräumen. Pater Fridolin steckte den Kopf in die Küche

und sagte: „Ihr seid wohl vollauf beschäftigt. Ich werde jetzt ein wenig mit dem lieben Gott sprechen. Dann komme ich wieder!" Wir stiegen auf den Boden. Fräulein Rosa sagte: „Seid bloß vorsichtig; auf dieser Treppe hat sich euer Onkel das Bein gebrochen. Ich möchte so etwas nicht gleich noch einmal erleben!" Zwischen vielen anderen Sachen fanden wir den Faschingssack. Wir schleppten ihn gemeinsam die Treppe hinunter, und Fräulein Rosa rief: „Aber kommt mir nicht damit ins Zimmer, es ist alles schon sauber!" Also blieben wir auf der Diele. Der Sack war wirklich ziemlich staubig. Uwe machte ihn schnell auf, und wir schauten hinein. Wundervolle Dinge kamen da zum Vorschein. Wir breiteten alles auf dem Fußboden aus. Uwe fand eine Brille, an der ein schwarzer Schnurrbart befestigt war. Er setzte sie auf und holte noch den Zylinder herbei, den er in Spindelsberg gewonnen hatte. Da sah er aus wie ein richtiger Zirkusdirektor. Steffen zog sich eine Glatzenperücke über, an der hinten rote struppige Haare hingen. Wir erkannten ihn fast nicht wieder und kugelten uns vor Lachen. Der Reihe nach setzten wir nun die Perücke auf. Jeder sah anders aus, aber über jeden musste man schrecklich lachen. Einen Turban fanden wir nicht, dafür einen riesenlangen gelben Schal. „Der genügt, Rita!", sagte Fräulein Rosa und probierte gleich, ob sie einen Turban daraus machen könnte. Natürlich gelang es ihr. Der Turban sah ganz echt aus. Ich tanzte vor dem Spiegel herum. Mechthild hatte einen Tüllrock gefunden, den sie anzog: „Sehe ich nun aus wie eine richtige Seiltänzerin?", fragte sie und drehte sich hin und her. „Er könnte ein wenig kürzer sein!" Fräulein Rosa holte Nähzeug. Im Flur sah es aus wie in einem Kramladen. Wir fanden es wunderbar und probierten auch Sachen an oder auf, die wir am Sonntag nicht brauchen würden.

Mitten in diesem Tumult klingelte es. Ich machte die Haustür auf. Draußen stand eine Nachbarin, Frau Münze. Sie hilft Fräulein Rosa manchmal beim Kirchenputz. Sie kam herein und rief: „Was ist denn hier passiert? Ihr wollt wohl eine Theateraufführung machen!" – „Theater nicht, aber Zirkus!", sagte Steffen und schnitt eine Grimasse. „So, dann bist du wohl der Clown?" Frau Münze musste lachen. Steffen war stolz, dass sie es richtig erkannt hatte. Er schlug einen Purzelbaum mitten im Flur. „Du bist mir ja einer!", rief Frau Münze und stieg über all die Sachen weg. Fräulein Rosa saß in der Küche und nähte an Mechthilds Tüllröckchen. Die Tür stand offen. „Guten Abend, Fräulein Rosa", sagte Frau Münze in die Küche, „ich wollte Sie fragen, ob Sie heute abend den Fernsehfilm mit ansehen wollen. Er soll gut sein. Aber wie mir scheint, haben Sie keine Zeit!" – „Danke für die Einladung", Fräulein Rosa fädelte gerade einen neuen Faden ein, „aber heute geht es nicht. Sie sehen ja – ich habe genug zum Nah-Sehen!" Sie zeigte auf die Unordnung im Flur. „Ein anderes Mal komme ich gern."
Frau Münze verabschiedete sich wieder und winkte uns noch einmal freundlich zu. „Na, dann noch viel Spaß!", rief sie. „Danke gleichfalls!", riefen wir hinter ihr her. „So viel Spaß wie wir hat sie beim Fernsehen bestimmt nicht!", sagte Steffen und setzte eine Perücke mit langen schwarzen Haaren auf. „Sei still, zu Hause willst du immerzu vor der Kiste sitzen!", meinte Mechthild und stupste ihn weg, weil er ihr im Weg stand. „Zu Hause ist das was ganz anderes!" Steffen schüttelte sich die langen schwarzen Haare aus der Stirn und zog die Augenbrauen hoch, „hier habe ich jedenfalls überhaupt noch nicht daran gedacht." – „Nee, wirklich, ich auch nicht!", sagte Mechthild, „hier war es auch immerzu interessant." Da hatte sie ganz recht.

Onkel Franz besitzt kein Fernsehgerät. Er hat einmal gesagt: „Das Fernsehen ist ein richtiger Zeitfresser! Ich habe im allgemeinen nichts gegen die Fernseherei, aber ich kann die Zeit besser gebrauchen. Und wenn mal was ganz Interessantes geboten wird, lädt mich jemand ein!" Wir haben zu Hause einen Fernsehapparat und dürfen ihn auch einschalten, aber nicht zu oft. Das macht aber nichts, weil wir meistens andere Dinge vorhaben. Vati sagt: „Erst kommen die Menschen, und dann kommt die Röhre!" Er macht das Gerät sofort aus, wenn Besuch kommt. Wenn allerdings gerade ein Fußballspiel läuft, stöhnt er dabei. Fußballspiele sehen er und Georg und Mechthild am liebsten. Ich habe lieber Trickfilme und Puppentheater. Mutti wartet immer auf alte Spielfilme; die dürfen wir Kinder nicht mit anschauen, weil sie meistens spät gesendet werden. Manchmal machen wir Familienfernsehen. Wir schauen gemeinsam einen Film an und diskutieren dann darüber. Das macht Spaß. Steffen ist ganz verrückt auf Fernsehen. Er hat schon einmal heimlich abends den Apparat eingeschaltet, als seine Eltern fortgegangen waren. Dabei ist er später eingeschlafen, und seine Eltern haben alles gemerkt. Da war etwas los! Er hat es nie wieder getan. Uwe macht sich nicht viel aus Fernsehen; er liest lieber. Hier in Kleckerhausen vermissten wir jedenfalls das Fernsehgerät überhaupt nicht. Es hätte uns vielleicht sogar bei unseren Plänen gestört.

Gerade war Frau Münze gegangen, da kam Pater Fridolin. Steffen sprang ihm mit der Glatzenperücke entgegen und rief: „Bitte, setzen Sie auch mal die Perücke auf!" Zuerst wollte er nicht. Aber weil er kein Spaßverderber ist, tat er es dann doch. Da entstand so ein Krach, dass man ihn bestimmt kilometerweit hörte. Fräulein Rosa musste sich vor Lachen die Tränen abwischen. Sie stöhnte nur noch: „Ich kann nicht mehr! Ich kann nicht mehr!", und setzte sich ganz erledigt auf einen Stuhl. Schließlich nahm Pater Fridolin die Perücke wieder ab. Das war gut, denn sonst wären wir noch vor Lachen geplatzt.

„Jetzt wird aufgeräumt!", bestimmte Fräulein Rosa. „Was ihr nicht braucht, steckt ihr wieder in den Sack, die anderen Sachen tragt ihr in eure Zimmer!" Das taten wir schnell. Pater Fridolin fragte: „Ist in dem Sack vielleicht ein Schal? Ein Hut? Handschuhe?" – „Klar!" Mechthild und Steffen wühlten diese Dinge heraus und gaben sie Pater Fridolin. Wir waren neugierig, was er damit wollte. „Fräulein Rosa, geben Sie uns bitte Messer und Gabel her und einen Würfel!" Pater Fridolin nahm alles, und wir setzten uns um den Tisch. Er zog eine Tafel Schokolade aus der Tasche und sagte: „Zuerst würfelt jeder einmal!" Wir taten es, und Uwe würfelte eine Sechs. Wer bei

diesem Spiel eine Sechs würfelt, muss den Hut aufsetzen, den Schal umlegen und die Handschuhe anziehen. Dann darf er das Messer und die Gabel nehmen und anfangen, die Schokolade auszuwickeln. Das geht mit Messer und Gabel ziemlich schwer. Uwe schwitzte vor Aufregung. Wir anderen würfelten in der Zwischenzeit weiter. Als Steffen eine Sechs würfelte, riss er Uwe den Hut vom Kopf, den Schal vom Hals und die Handschuhe von den Händen. Er legte alles selbst an und zog mit Messer und Gabel die Schokolade aus dem Papier. Aber gerade als er ein Stück davon an die Gabel spießte und in den Mund stecken wollte, würfelte ich eine Sechs und nahm ihm alles weg. Es war aufregend und sehr lustig. Fräulein Rosa konnte endlich das erste Stück Schokolade essen. Danach erwürgte Mechthild sie beinahe mit dem Schal, weil es ihr nicht schnell genug ging, selbst weiterzumachen. Als Uwe wieder an der Reihe war, bekam keiner von uns eine Sechs. Er konnte in aller Ruhe essen. „Der isst uns alles weg!", schrie Mechthild, und Steffen brüllte uns an: „Schneller würfeln! Schneller würfeln!"
Wir spielten, bis kein Krümel Schokolade übrig war. Wir sahen ganz zerzaust aus, sogar Fräulein Rosa. Sie strich sich die Haare glatt und sagte: „Nun aber ab ins Bett!"
Wir tanzten noch ein bisschen herum, bis Pater Fridolin die Tür aufmachte: „Geht und wascht euch, und kommt dann noch einmal herunter zum Abendgebet!", sagte er. Wir gingen, und beim Waschen und Zähneputzen wurden wir wieder vernünftiger. Als Abendgebet sangen wir ein Danklied. Jeder sollte dann noch Gott etwas sagen, das ihm am wichtigsten war. Mechthild betete für die Förstersleute. Ich glaube, dabei dachte sie am meisten an das reizende Rehkitz. Steffen dankte Gott, dass er nicht nur die Erde gemacht hat, sondern auch Flüsse und Seen zum Baden. Uwe betete für Sonntag um gutes

Wetter, und ich machte den Schluss mit einem Vaterunser für alle Verwandten und Bekannten. Damit meinte ich an erster Stelle Fräulein Rosa und Pater Fridolin, aber das sagte ich nicht. Pater Fridolin sprach noch einen Segen für die Nacht, und dann gingen wir ins Bett.

KAPITEL 7

Fips ist wieder da

„Morgen müssen wir nach Hause!", sagte Mechthild kläglich. Es war am Samstagmorgen, und wir halfen Fräulein Rosa gerade beim Abwaschen. „So ein Mist!" Steffen stellte die Kaffeekanne mit solchem Schwung auf den Tisch, dass Fräulein Rosa die Stirn runzelte. Dann zwinkerte sie mir zu und fragte die beiden: „Ihr seid wohl nicht gern zu Hause?" – „Klar bin ich das!" Steffen wedelte mit dem Geschirrtuch umher. „Aber ich bin auch gern mal woanders, wenn's da schön ist!" – „Und hier besonders!" Mechthild strahlte schon wieder. „Zum Glück sind wir heute und morgen noch den ganzen Tag hier, das ist noch ziemlich lange." – „Und eines Tages besucht ihr uns doch wieder?" Fräulein Rosa sagte das wie eine Einladung. Wir schrien alle auf einmal: „Das machen wir!" Hinterher mussten wir lachen, weil es wie ein Chor geklungen hatte.

Die Küchentür ging auf, und ein langer, dünner Junge schob sich herein. Es war Fips, der uns am ersten Tag von der Bahn abgeholt hatte. „Ich bin wieder da!", sagte er. Das konnten wir sehen. Fräulein Rosa nickte ihm zu. Wir starrten ihn nur an. Er starrte zurück. Dann fragte er:

„Kann ich heute was helfen?" – „Heute nachmittag 15 Uhr ist eine Taufe", zählte Fräulein Rosa auf, „und dann wirst du wohl mit Pater Fridolin zum Gottesdienst nach Beerenstein fahren, wie du es sonst mit Pfarrer Rudolf tust." Fips nickte. Er ist reichlich schweigsam, dachte ich; dabei ist er doch schon so groß, mindestens im 8. Schuljahr. „Dürfen wir bei der Taufe auch dabei sein?", fragte Steffen. „Natürlich, ihr gehört doch jetzt zu unserer Gemeinde", nickte Fräulein Rosa. „Wegfahren können wir heute nicht!", erklärte Uwe. Er fühlte sich schon dauernd als Zirkusdirektor und hatte Angst, es könnte Sonntag irgend etwas nicht klappen. „Wir müssen üben. Artisten müssen sich immer fit halten und Disziplin wahren." Solche Sprüche merkt er sich aus Büchern und vom Fernsehen. „Außerdem ist gegen Abend die große Generalprobe." – „Wissen wir ja!", sagte ich. Fräulein Rosa meinte: „Beerenstein hat heute schon den Sonntagsgottesdienst. Aber wenn ihr soviel vorhabt, muss Pater Fridolin dabei ohne euch auskommen." – „Ich bin ja wieder da!", sagte Fips.

„Und was tun wir nun zuerst?", fragte Mechthild unternehmungslustig. „Ich male das Zirkusplakat, sonst wird es vielleicht nicht fertig!", sagte Uwe. „Gut, du kannst dich damit ins Arbeitszimmer setzen", nickte Fräulein Rosa. „Ich brauche jemanden, der mir beim Kuchen backen hilft!" „Das bin ich!" Ich meldete mich gleich, weil mir Kuchen backen viel Spaß macht. „Rührkuchen backen kann ich schon ganz allein", sagte ich. Mechthild musste natürlich sagen: „Da ist Dickchen wieder einmal in ihrem Element!" Ich blickte sie nur von oben herab an, und sie kicherte. „Außerdem muss der Hof gründlich gekehrt werden; das Unkraut im Vorgarten ist auch wieder mächtig gewachsen", zählte Fräulein Rosa weiter auf. Fips ging aus der Küche. Wir hörten die Haustür zuschlagen. Durchs Küchenfenster konnten wir sehen, wie er in den Schuppen ging und mit einem Besen wieder herauskam. „Ja", schmunzelte Fräulein Rosa, „große Worte macht er nicht, aber er fasst zu." – „Dürfen wir in den Wald gehen und Zweige holen?", fragte Mechthild. Wir hatten geplant, die Garagentür mit Zweigen zu schmücken und als Hintergrund für unsere Zirkusarena zu benutzen. Dazu brauchten wir viele Zweige. „Ja, das kannst du mit Steffen machen", sagte Fräulein Rosa. Ich dachte: Da können die beiden wenigstens nicht dauernd in der Küche herumnaschen. Sie bekamen ein Messer und Bindfaden und viele gute Ratschläge und gingen fort.

Fräulein Rosa und ich wirtschafteten in der Küche. Wir erzählten dabei, und Fräulein Rosa gab mir Tipps für das Kuchen backen. Die Zeit verging wie im Flug. Als der erste Kuchen in der Backröhre und der zweite auf dem Blech war, erschienen draußen Mechthild und Steffen. Sie schleppten Haufen von Zweigen und warfen sie vor die Schuppentür. Sie schienen sich über etwas aufzuregen, denn sie redeten und fuchtelten mit den Armen in der Luft herum. Was sie sagten, konnten wir im Haus nicht verstehen. Fips jätete im Vorgarten und kümmerte sich nicht um sie. Ich sah dann, dass Steffen und Mechthild aufgeregt im Hof herumgingen. Steffen sah ganz rot aus. Mechthild hatte zerzaustes Haar. Wir dachten, das käme von der Anstrengung mit den Zweigen. Schließlich machte Fräulein Rosa das Küchenfenster auf. Es war sowieso durch das Kuchen backen sehr heiß geworden in der Küche. „Was macht ihr denn da?", rief sie hinaus. „Rache, Rache!", schrie Steffen. Mechthild rief: „Wir suchen passende Steine!" Sie hatte schon beide Hände voll. „Wofür denn, um Himmels willen?", fragte Fräulein Rosa und rannte vor die Tür, um mehr zu erfahren. Ich rannte natürlich hinterher.

Mechthild und Steffen kamen heran. Sie hatten sich schöne große, runde Steine aus dem Kies gesucht. „Wir müssen nochmal schnell weggehen!", erklärte Steffen und fuchtelte mit den Armen in der Luft herum. „Rache, Rache!" Mechthild guckte böse und sagte: „Ja, und nicht zu knapp!" „Heraus mit der Sprache", Fräulein Rosa sprach diesmal sehr energisch, „erst wird erklärt, was das bedeuten soll!" „Na", Steffen stellte sich breitbeinig vor uns hin, „wir haben ganz ruhig Zweige zurechtgemacht am Waldrand, und auf einmal ist mir etwas an die Stirn geflogen, hier", er zeigte an seine Stirn, „da ist jetzt ein richtiges Horn, kann jeder sehen!" Fräulein Rosa schaute hin, sagte aber nichts. Dann redete er weiter: „Wir dachten zuerst, es wäre ein Zapfen gewesen. War aber keiner. Wir haben weitergemacht, und da ..." – „da kam wieder etwas geflogen, und ich bekam es in den Rücken!" Mechthild war wütend, das konnte ich gut merken. „Diesmal haben wir uns schnell umgedreht. Ein Junge hat sich gleich hinter dem Zaun zusammengeduckt. Wir haben gerufen, er soll aufhören, aber er hat es immer wieder gemacht."

Weil Mechthild außer Atem war, sprach Steffen weiter: „Wir wollten zurückwerfen, aber es waren keine passenden Steine da, nur lauter Moos und Gras und Tannennadeln. Da sind wir nach Hause gegangen, um die Zweige abzuladen, und nun gehen wir wieder hin, und da soll der mal sehen ..." Schon waren Steffen und Mechthild zwei Schritt von uns weg. „Strafe muss sein!", schrie Mechthild noch.

Doch ehe Fräulein Rosa ein Wort sagen konnte, passierte etwas ganz Unerwartetes: Fips ließ das Unkraut fallen und packte im Handumdrehen Mechthild und Steffen an den Armen. Die blieben ganz verblüfft stehen. „Wo war das?", fragte Fips ganz ruhig. „Das war da oben, wo der Weg in den Wald abzweigt; ein grüner Gartenzaun ist dort!" Steffen vergaß ganz, sich zu wehren, so verdutzt war er. „Nun hört mir mal zu, ihr Krümel, ehe ihr hingeht und mit Steinen schmeißt." Fips ließ die beiden los und strich sich erst einmal in aller Ruhe die rötlichen Haare aus dem Gesicht. „Hinter dem grünen Gartenzaun da oben wohnt ein Junge, den nennen alle gemeinerweise den doofen Dieter. Er ist ja wirklich ein bisschen doof, weil hier" – Fips tippte sich an die Stirn – „bei ihm nicht alles in Ordnung ist. Er spricht ziemlich schlecht und geht nicht in die Schule, obwohl er schon zwölf Jahre alt ist. Dafür kann er aber nichts, kapiert? Niemand geht mit ihm oder spielt mit ihm, und Geschwister hat er auch keine. Alle rufen: Doofer Dieter, wenn sie ihn sehen. Wenn er Kinder sieht, nimmt er immer irgend etwas und wirft es hinterher. Dafür kriegt er Kloppe von seinem Vater. Aber er lässt es trotzdem nicht. Vielleicht macht er's aus Wut, weil alle gemein zu ihm sind, aber vielleicht will er auch nur auf sich aufmerksam machen. So sieht das aus. Und nun könnt ihr hingehen und zurückschmeißen, wenn ihr wollt."

Fips drehte sich um, ging zum Vorgartenbeet und zupfte weiter Unkraut. Mechthild und Steffen standen da wie begossene Pudel. „Wussten wir doch nicht!", sagte Mechthild schließlich. „Wir schmeißen nicht!" Steffen ließ die Steine wieder in den Kies fallen. „Überhaupt kann man mit Steinen anderen die Augen auswerfen!", sagte ich. „Wer Verstand hat, könnte das wissen!" Mechthild und Steffen drehten sich um und machten sich an den Zweigen zu schaffen. Vielleicht schämten sie sich ein bisschen. Da klingelte der Küchenwecker. Fräulein Rosa und ich liefen in die Küche und zogen den ersten Kuchen aus der Backröhre. Er sah lecker aus und duftete gut.
Später schmückten wir die Schuppentür und Fips half. In der ganzen Zeit sagte er nur einmal: „Halt mal!" Da meinte er den Hammer. Und dann sagte er noch: „Das war's!", als wir fertig waren. Mehr redete er nicht. Ich dachte: Wenn's drauf ankommt, sagt er was, und das ist die Hauptsache.
Weil das Mittagessen noch nicht fertig war, erzählte Pater Fridolin, der inzwischen gekommen war, uns vor der geschmückten Zirkusarena noch eine schöne Geschichte. Und Fips durfte auch zuhören.

Der kleine Johannes

Fräulein Rosa zeigte uns eine wunderschöne Kerze. Sie sagte: „Das ist die Taufkerze für den kleinen Johannes." Auf der Kerze stand der Name JOHANNES und das Datum vom Geburtstag und Tauftag. Außerdem war ein großes goldenes Kreuz darauf zu sehen. All das war aus buntem Wachs gemacht. „Wer hat die Kerze so schön verziert?", fragte ich. „Ich habe sie den Eltern für den kleinen Johannes versprochen", sagte Fräulein Rosa, „ich bastle manchmal solche Kerzen; es ist gar nicht so schwer." Sie kann wirklich viel. „Ihr wisst doch hoffentlich, was Taufe bedeutet?", fragte sie dann und sah uns der Reihe nach an. „Klar, da wird man Christ!", sagte Mechthild kurz und bündig. „Die Eltern müssen versprechen, dem Kind später zu sagen, was das ist", erklärte Uwe, „sonst kann es ja nicht als Christ leben. Und das kleine Kind versteht noch nichts." Wir waren alle vier dabei, als Steffens Schwestern getauft wurden. Es war sehr feierlich, wenigstens zuerst. Dann fing die eine an zu schreien und dann auch noch die andere. Zum Glück hat unser Pfarrer Fischer eine sehr laute Stimme. Er konnte sie übertönen, sonst hätte man die Gebete nicht verstanden. „Ist der Johannes noch sehr klein?", fragte ich. Ich mag ganz kleine Babys besonders gern. „Er ist vier Wochen alt und sehr niedlich.

Er ist das erste Kind von den jungen Brandls, und Großmutter Brandl ist besonders stolz, dass es ein Junge ist." – „Haben sie auch einen Taufpaten?", fragte Mechthild. „Klar, müssen sie doch haben, sonst wird nicht getauft!", erklärte Uwe. In solchen Sachen weiß er genau Bescheid. „Ein Onkel aus Spindelsberg wird Pate. Er ist schon seit gestern da." In diesen Dingen weiß nun wieder Fräulein Rosa Genaues.

In der Sakristei schauten wir zu, wie alles für die Taufe vorbereitet wurde. Fips war zur Stelle und legte die Gebetbücher zurecht. Er schlug sogar schon die richtigen Seiten auf. „Mensch, du weißt ja alles!", staunte Steffen. „Du bist wohl hier der Küster?" – „Manchmal!", sagte Fips. Er hielt Steffen und Uwe die Messdienerröcke hin. „Anziehen!", sagte er.

Mechthild und ich gingen wieder vor die Tür. Wir wollten dort auf den Täufling warten. Jede von uns hatte einen kleinen Blumenstrauß zurechtgemacht, den wir hinterher den Eltern schenken wollten. Doch von der Taufgesellschaft war noch nichts zu sehen. Dafür kam Pater Fridolin aus dem Haus. „Heute wächst die Kleckerhäuser Gemeinde!", sagte er, „das ist ein Freudentag!" Endlich kamen mehrere Leute die Straße entlang. In ihrer Mitte wurde ein Kinderwagen geschoben. „Das sind sie!" sagte ich. Sie kamen auf den Hof und begrüßten Pater Fridolin und Fräulein Rosa. Die Großmutter Brandl kannten wir schon. Bei ihr hatten wir die Blumen abgeholt. Wir sagten: „Guten Tag!" und gaben ihr die Hand. Sie strahlte über das ganze Gesicht. Die anderen gaben uns dann auch noch die Hand. Alle schwatzten durcheinander. Ein paar Leute waren noch dazugekommen. Sie hatten von der Taufe gehört und wollten auch dabei sein. So wurde die Taufgesellschaft noch größer. Mechthild schielte immerfort nach dem Kinderwagen. Die Mutter vom klei-

nen Johannes sagte: „Er schläft!" – „Dann merkt er gar nicht, dass er getauft wird!", antwortete Mechthild. „Aber er brüllt wenigstens nicht!", meinte einer von den Männern, die zur Familie gehörten.
Schließlich nahmen sie das Kind aus dem Wagen. Es war ein niedlicher kleiner Junge mit schwarzen Haaren, die vorn aus der Mütze hervorkamen. Am liebsten hätte ich ihn auf den Arm genommen. Aber sie gaben ihn dem Taufpaten. Der nahm ihn ziemlich ungeschickt, er hielt die Füße höher als den Kopf. Die Mutter sagte: „Pass doch auf, Martin!", und rückte das Kind zurecht. Wir stellten uns wie zu einer Prozession vor der Kirche auf. Vorn kam der Taufpate mit dem Kind, dann die Eltern und die Großmutter und dann alle anderen. Die Kirchentür ging auf. Pater Fridolin stand da mit Fips, Steffen und Uwe. Wir zogen in die Kirche ein, und das Harmonium spielte. Die Oma wischte sich heimlich die Tränen ab. Manche Leute weinen bei der Taufe, obwohl gar kein Grund ist. Pater Fridolin fragte die Eltern nach dem Namen des Täuflings. Sie sagten: „Johannes." Es klang ganz stolz. Pater Fridolin fragte weiter: „Was erbitten Sie für das Kind?" Die Mutter schaute den Vater an und der Vater die Mutter. Dann sagten sie beide zusammen: „Dass es ein Kind Gottes wird." Die Paten sollten dann auch versprechen, dem Johannes zu helfen, ein guter Christ zu werden. Das taten sie auch.
Wir setzten uns alle in die Bänke. Pater Fridolin hielt eine kleine Ansprache. Er sagte darin: „Heute ist ein Freudentag. Gott hat den kleinen Johannes sehr lieb. Er soll das werden, was Gott aus ihm machen will." Die Oma wischte sich schon wieder die Tränen ab. Wir sangen: „Christ ist erstanden." Das ist ja eigentlich ein Osterlied, aber zur Taufe passt es auch. Es heißt darin: „Wir sollen alle froh sein!" Und das waren wir.

Nach mehreren Gebeten gingen alle zum Taufbecken. Es steht in dieser Kirche hinten rechts. Fips hielt schon das Kännchen mit dem Taufwasser bereit. Als der Pater die Eltern fragte, ob sie an Gott glauben, fing der kleine Johannes an zu zappeln. Das Kissen bewegte sich. Ich dachte: Nun wird er gleich losbrüllen. Aber das tat er nicht. Er piepste nur ein paarmal ganz leise. Die Mutter, die ihn jetzt trug, schaukelte ihn ein wenig hin und her. Vielleicht war Johannes deshalb so still. Dann kam der wichtigste Augenblick. Die Oma nahm dem Baby die Mütze ab und schob das Kissen zurück. Die Mutter hielt den Kleinen über das Taufbecken. Wir reckten alle den Hals, um ihn zu sehen. Johannes machte die Augen auf und schaute an die Decke. Dabei fuchtelte er mit seinen Fäustchen in der Luft herum. Pater Fridolin goss ihm das Taufwasser über den Kopf und sagte feierlich: „Johannes, ich taufe dich im Namen des Vaters und des Sohnes und des Heiligen Geistes. Amen." Damit war Johannes ein Christ. Ein wunderschönes Taufkleid wurde ihm aufgelegt. Der Vater nahm die Taufkerze und zündete sie an der Osterkerze an. Dann zogen wir alle zum Altar. Johannes hatte die Augen wieder zugemacht und schmatzte vor sich hin. Wir sangen: „Fest soll mein Taufbund immer stehn!" Das kennen wir von unserer Erstkommunion und der Osternacht. Damit war die Feier in der Kirche zu Ende. Draußen ging das Gratulieren los. Bei der Taufe gratuliert man den Eltern, denn das Kind versteht noch nichts. Mechthild und ich überreichten unsere Blumensträuße, und die Eltern bedankten sich. Dann beugten wir uns über den Kinderwagen und schoben ihn ein wenig hin und her. Der kleine Johannes schlief schon wieder. Die Taufkerze wurde von allen Leuten bewundert. Die junge Frau Brandl sagte: „Wir werden sie gut aufbewahren!" – „Meine Taufkerze stand zur Erstkommunion auf der Festtafel!",

sagte ich. „Ja, und meine auch!", rief Mechthild. „Wenn Johannes zur Erstkommunion geht, sind wir 10 Jahre älter", überlegte die Oma und strich die Kinderwagendecke glatt. „Wer weiß, ob ich das noch erlebe!" – „Aber Oma, wer soll denn dann im Garten für Ordnung sorgen?", fragte die junge Frau. „Du musst schon noch bei uns bleiben!" – „Wie Gott will!" Die Oma sagte das, bückte sich und holte aus der Kinderwagenablage ein großes Paket hervor. „Ach ja", rief die junge Frau, „das hätte ich beinahe vergessen. Fräulein Rosa, hier ist eine Portion Taufkuchen. Sie sollen mit Ihrem Besuch jetzt gleich einen ordentlichen Taufkaffee trinken." – „Dankeschön!", riefen wir alle. Das Paket war ziemlich groß. Das reichte bestimmt für uns alle. Die Taufgesellschaft ging nach Hause, und wir winkten hinterher.

Bald darauf saßen wir bei Kaffee und Kuchen und tranken auf das Wohl des neuen Christen. Der Kuchen war wirklich sehr gut. „Heißt das Baby nach Johannes dem Täufer oder nach dem Apostel Johannes?" So etwas kann nur Uwe fragen. Mir wäre gar nicht eingefallen, dass es zwei Heilige mit Namen Johannes gibt. „Er heißt nach dem Apostel Johannes", antwortete Fräulein Rosa, „das haben mir seine Eltern erzählt." – „Vielleicht wird er auch mal Apostel", sagte Steffen, und das sollte ein Witz sein. Pater Fridolin sah ihn an: „Nun, Apostel sicher nicht, aber vielleicht wird er einmal Priester", sagte er. „Es könnte doch sein, dass Gott ihn ruft." – „Ein Priester aus Kleckerhausen!", rief Fräulein Rosa, „das wäre kaum zu glauben!" – „Warum nicht, ich bin doch auch ein Priester aus Spindelsberg!", lachte Pater Fridolin.

„Vielleicht werde ich auch einmal Priester", sagte plötzlich Uwe und steckte ein großes Stück Kuchen in den Mund. Mechthild wollte schon loslachen, doch sie merkte noch rechtzeitig, dass es gar kein Witz war. „Du?", frag-

te sie etwas gedehnt. „Jeder muss überlegen, ob Gott ihn ruft", sagte Pater Fridolin ganz ernst, „auch Uwe. Und es ist schön, wenn er das jetzt schon einmal tut." – „Mädchen ruft Gott ja nicht" – Mechthild hatte sich früher oft darüber geärgert, wenn sie beim „Kirche-spielen" nicht der Pfarrer sein durfte; deshalb sagte sie das. „O doch", antwortete Pater Fridolin, „Gott ruft jeden an den Platz, den er im Leben ausfüllen soll. Mädchen können zwar nicht Priester werden, aber Ordensschwester oder Fürsorgerin ..." „... oder Krankenschwester", sagte ich; denn ich glaube, dazu will Gott *mich* rufen. Wir unterhielten uns noch weiter und aßen dabei von dem guten Taufkuchen.
Plötzlich fuhr draußen ein Auto vor. Es hupte laut und hörte gar nicht mehr auf damit. Wir sprangen ans Fenster. Und da sahen wir die größte und schönste Überraschung des ganzen Tages: Draußen stand ein Krankenwagen, und davor schüttelte gerade Onkel Franz zwei Männern im weißen Kittel die Hand. „Onkel Franz! Onkel Franz!", schrien wir und sausten vor die Tür. Pater Fridolin und Fräulein Rosa kamen etwas langsamer hinterher. Der Krankenwagen fuhr gerade wieder ab. In unserer Freude rissen wir Onkel Franz fast um. „Geht's denn?", fragte Pater Fridolin. Onkel Franz humpelte an einem Stock durch die Gartentür und sagte: „Ich laufe schon wie ein Hase! Na, Kinder, wie gefällt euch denn mein Gipsbein?" Er hatte nämlich ein dickes weißes Gipsbein. Unten schauten die Zehen heraus. „Geh-Gips", erklärte er und schlug mit dem Stock dagegen, dass es knallte. „Sie haben mich endlich laufen lassen!" „Wunderbar, herrlich, toll, fabelhaft!", schrien wir durcheinander und tanzten um den Onkel herum. Die Stufen zum Haus ging Onkel Franz rückwärts hoch, weil das mit einem Gipsbein besser geht. Und dann saßen wir alle zusammen im Wohnzimmer. Wir freuten uns sehr; deshalb machten wir

ziemlichen Krach. Jeder wollte etwas erzählen. Onkel Franz blinzelte Fräulein Rosa zu und sagte: „Sie haben ja wirklich dicht gehalten!" Da merkten wir erst, dass Fräulein Rosa von seinem Kommen gewusst hatte. Sie kann Geheimnisse gut für sich behalten. Ich hätte es vielleicht nicht gekonnt.

Wir saßen um Onkel Franz herum und erzählten ihm alles, was wir erlebt hatten. Mittendrin klingelte das Telefon. Onkel Franz saß nahe am Apparat. Er schnappte den Hörer und rief: „Hier Pfarramt Kleckerhausen!" Dann hörte er in den Hörer hinein. Nach einer Weile sagte er: „Ja, jawohl! In voller Größe, mit Gipsbein! Da wundert ihr euch? Ihr habt wohl gedacht, ihr könnt morgen hier alle anrücken, wenn ich nicht da bin? Weit gefehlt!" Wir merkten, dass unsere Eltern am Telefon waren, und schrien alle los: „Wann kommen sie denn? Wir wollen noch hierbleiben! Kommen sie mit dem Auto? Wann sind sie da?" Wir riefen das aber nicht der Reihe nach, sondern alles gleichzeitig. Onkel Franz schrie in den Hörer: „Moment mal!" Dann rief er zu uns: „Ruhe, ihr Rasselbande! Man versteht ja sein eigenes Wort nicht!" Wir gaben uns Mühe, ruhig zu sein. Onkel Franz sprach wieder in den Hörer: „Ich musste erst für Ruhe sorgen. – Ja, Ja! – Ihr kommt mit dem Kleinbus? Wunderbar, in dem Auto ist ja Platz genug, da kommt die ganze Korona gut unter. – Ja, Pünktlichkeit bitte ich mir aus; wer zu spät zum Gottesdienst kommt, bekommt kein Mittagessen. – Ja, ich mache auch mit. – So, so. – Na gut. Wollt ihr eure Sprösslinge auch noch sprechen? Nein, es wird zu teuer? Ja, mache ich." Er rief uns zu: „Schöne Grüße und auf frohes Wiedersehen!" Wir riefen auch unsere Grüße. Onkel Franz

hielt den Telefonhörer dabei mitten ins Zimmer. Dann klemmte er ihn wieder ans Ohr: „Habt ihr gehört, dass alle noch gesund und munter sind? Ja, ja, sonst keine besonderen Vorkommnisse! Auf Wiedersehen morgen früh und gute Fahrt !"
Er legte den Hörer auf und erzählte uns, dass alle kämen und dass Steffens Vati den Kirchenbus fahren würde. Das war wieder eine neue Überraschung. Mit dem Kleinbus der Pfarrgemeinde werden bei uns zu Hause die Kinder zum Religionsunterricht abgeholt und auch wieder nach Hause gebracht, wenn keine günstigen Linienbusse fahren. „Kommen meine Schwestern auch mit?", fragte Steffen. „Ja, es kommen alle, außer Georg, der im Schwimmlager ist!" Mechthild rechnete nach und sagte dann: „Es kommen also sieben Personen, dazu wir vier Kinder und drei Erwachsene – dann sind wir 14 Mann!" Sie war ganz erschrocken über diese Zahl. „Meine Schwestern zählen ja nur halb!", tröstete Steffen. „Na, brüllen können sie für vier!" Ich freute mich aber trotzdem, dass sie mitkommen würden. Sie sind ja wirklich sehr niedlich, und manchmal brüllen sie auch nicht.
Über alle Freude, Onkel Franz wiederzuhaben, hätten wir beinahe unsere wichtige Generalprobe vergessen. Zum Glück sagte unser Onkel: „So, ihr Gemüse, nun macht euch mal selbstständig. Die beiden Hirten müssen sich jetzt eine Weile über ihre Herde unterhalten." Wir verstanden ihn gleich. Pater Fridolin lachte: „Die Herde ist noch vollzählig", sagte er, „ein Schaf ist heute sogar dazugekommen!" – „Ein Lämmchen!" Mechthild verdrehte lustig die Augen. „Marsch, ab!" – Fräulein Rosa schob uns alle aus dem Zimmer – „und ich muss in der Küche das Fleisch anbraten; schließlich wollen morgen 14 Personen hier essen, wie ihr wisst!" -„Wo sollen die denn alle sitzen?", fragte Uwe. „Wir werden da essen, wo ihr mit den

Spindelsberger Kindern Kaffee getrunken habt, nämlich im Unterrichtsraum", erklärte uns Fräulein Rosa, „da haben alle bequem Platz." „Sollen wir gleich die Stühle stellen?", bot sich Mechthild an. „Ja, gern, wenn ihr wollt. Das spart mir eine Menge Zeit. Ihr könnt auch schon Tischdecken auflegen!" Sie ging an den Schrank und gab uns Decken auf den Arm. „Wo meine Schwestern sitzen, muss Wachstuch sein!", meinte Steffen. Er hat damit Erfahrung. Wir bekamen auch ein Stück Wachstuch.

Im Unterrichtsraum schoben und rückten wir Tische und Stühle so lange hin und her, bis uns alles gefiel. Wir verteilten auch gleich die Plätze. Das war ziemlich schwierig. Jeder wollte neben Pater Fridolin oder Onkel Franz sitzen. Am Ende schafften wir die richtige Verteilung doch. Uwe holte sogar Filzstifte und Zeichenkarton und schnitt kleine Karten aus, auf die er die Namen schrieb. Diese Tischkarten legten wir an die Plätze. „Wir könnten auch noch einen Blumenstrauß hinstellen!", schlug Mechthild vor. „Ja, und eine Kerze!", sagte ich. Als wir das auch noch getan hatten, sah die Festtafel wirklich sehr gut aus, beinahe wie bei unserer Erstkommunion.

„Und was ist nun mit der Generalprobe?", drängelte Uwe. Wir trugen alles zusammen, was wir brauchten. „Das Plakat hängen wir morgen früh erst an die Schuppenwand", entschied Uwe, „sonst verdirbt es, wenn es in der Nacht regnet!" – „Es darf überhaupt nicht regnen!", erklärte Mechthild. Wir sahen den Himmel an: Zum Glück war kein Wölkchen zu sehen. Eine echte Generalprobe wurde es doch nicht, weil Fräulein Rosa keine Zeit hatte, uns beim Anziehen zu helfen und uns anzumalen. „Das kommt morgen!", tröstete sie uns aus dem Küchenfenster heraus, „es klappt bestimmt; ich verspreche es euch!"

Im Schuppen bei „olle Heinrich" lagen unsere Sachen. Die Schuppentür würden wir morgen aufmachen und eine

Decke davor hängen. Das wirkte dann bestimmt gut, wenn die Artisten durch den Vorhang herauskämen. Wir probierten manches, und Uwe wurde dabei ziemlich ungeduldig. Er schrie uns sogar an. Als er gerade wieder losbrüllte, kam Pater Fridolin aus dem Haus. „Hören Sie nur mal, wie Uwe herumtobt!", beschwerte sich Mechthild. „Das gehört zu einer echten Generalprobe", Pater Fridolin sagte das in aller Ruhe. „Bei einer Generalprobe sind die Artisten aufgeregt und angespannt und der Zirkusdirektor erst recht. Das dürft ihr nicht krumm nehmen!" Er half uns, weil wir die erste Nummer ohne seine Hilfe gar nicht geschafft hätten. „Am liebsten würde ich mitspielen!", sagte er. Onkel Franz sah aus dem Fenster im ersten Stock. „Nicht zusehen, es soll eine Überraschung werden!", riefen wir ihm zu. Er zog den Kopf schnell zurück und machte das Fenster zu. Pater Fridolin fuhr mit Fips weg zum Gottesdienst, und Fräulein Rosa rief uns zum Abendessen. Wir machten die Schuppentür zu und balgten uns vor Übermut noch im Hof herum. Steffen sprang Uwe von hinten an. Der fiel um und Steffen auf ihn drauf. Mechthild tanzte herum und sang in den höchsten Tönen: „Morgen wird es wunderbar und wunderbar und herrlich und ganz toll, ganz toll !"
Beim Abendessen konnten wir keine Minute stillsitzen. Immer wieder fiel uns etwas ein, was wir sagen oder fragen mussten oder herbeischaffen wollten. Herbeischaffen durften wir aber nichts, wir mussten sitzen bleiben. „Ihr seid heute wie ein Sack voll Flöhe!" Fräulein Rosa schüttelte den Kopf über uns. Aber böse war sie nicht. Onkel Franz machte ein ganz erschüttertes Gesicht und fragte Fräulein Rosa: „Und das haben Sie acht Tage lang ausgehalten? Sie müssen eine Heilige sein!" Wir kicherten, weil wir wussten, dass es Spaß war. „Sagen Sie das nicht, ich hatte großartige Hilfe", verteidigte uns Fräulein

Rosa, „die Kinder haben den Rasen gemäht und Erdbeeren und Erbsen gepflückt und ihre Zimmer sauber gemacht und eingekauft ..." Wir wurden ganz verlegen, weil sie uns so lobte. „Heute ist eine Ausnahme!", rief Mechthild und sprang schon wieder auf, „ich muss immer hochspringen, wenn ich mich freue!" – „Und ich habe immer Durst, wenn ich lustig bin!" Steffen hielt zum soundso vielten Mal an diesem Abend seinen Becher unter die Kakaokanne.
Nach dem Abendessen mussten wir in unseren Zimmern unsere Sachen zusammenräumen und alles Mögliche schon in den Koffer legen. Das war eigentlich eine traurige Arbeit, und langweilig war es auch. Aber wir schafften es doch und waren auch lustig dabei, weil wir immer wieder an den nächsten Tag dachten. Schnell waren wir wieder im Wohnzimmer. „Weil es euer letzter Abend ist, machen wir noch ein paar Spiele zusammen", entschied Onkel Franz. Wir spielten „Schlapp hat den Hut verloren" und „Watteblasen". Zuerst spielten wir vier mit Onkel Franz, dann kamen noch Fräulein Rosa und Pater Fridolin dazu. Es gab sogar Preise. Es wurde immer später, doch wir hatten keine Lust, ins Bett zu gehen. Schließlich sagte Fräulein Rosa mit energischer Stimme: „Jetzt ist endgültig Schluss! Ab ins Bett mit euch!" Mechthild schmeichelte: „Ooch, noch ein ganz, ganz kleines bisschen, ein winzigstes bisschen, ja?" Fräulein Rosa sah aus, als würde sie sich erweichen lassen. Da sagte Pater Fridolin: „Ich mache euch einen Vorschlag. Ihr geht jetzt sofort wortlos nach oben und wascht euch und putzt die Zähne und macht euch fertig für die Nacht. Und dann betet ihr auch gleich das Abendgebet. Aber so, wie es sich für heranwachsende Christen gehört, nicht wahr? Und dann dürft ihr noch einmal herunterkommen und es euch hier gemütlich machen. Ich werde euch dann noch eine Geschichte erzählen."

Noch ehe er fragen konnte: „Einverstanden?", waren wir zur Tür hinaus und oben in den Zimmern. Wir machten alles ganz vorschriftsmäßig, auch das Abendgebet. Dann liefen wir wieder hinunter. Als wir ins Zimmer kamen, sagte Onkel Franz: „Macht's Licht aus, nun kommen vier Ersatzleuchten!" Wir hatten uns auch wirklich gründlich gewaschen. Wir machten es uns auf dem Sofa und auf den Sesseln bequem, Onkel Franz und Fräulein Rosa auch. Pater Fridolin fing an zu erzählen. Wie immer, war es sehr spannend, es ging um den Ritter, der vor vielen Jahren die Felsenburg gebaut hatte. Trotzdem wurden wir immer müder und hatten nichts dagegen, als wir schließlich ins Bett geschickt wurden.

KAPITEL 8

„Rita, Rita, wach auf, es ist schon nach 6 Uhr!" Mit diesen Worten weckte mich Mechthild am Sonntagmorgen. Sie rüttelte mich am Arm und zog mir die Bettdecke weg. Wenn mich zu Hause jemand am Sonntag früh um 6 wecken wollte, würde ich schimpfen. Aber an diesem Sonntag in Kleckerhausen war das etwas ganz anderes. Ich sprang aus dem Bett. „Sieh mal, es gibt heute bestimmt schönes Wetter!" Mechthild hatte die Gardine zurückgezogen und das Fenster geöffnet. Wir steckten die Köpfe hinaus. Ein etwas verschlafener Hahn krähte irgendwo in der Nachbarschaft, und die Vögel zwitscherten. Es war ein wenig dunstig, aber Wolken waren keine am Himmel.

Mechthild zog den Kopf wieder herein und bumste mit der Faust an die Wand. Dabei rief sie: „Hört ihr mich, ihr Schlafsäcke da drüben?" Ich hielt sie mit beiden Armen fest: „Bist du verrückt?", rief ich, „du machst ja das ganze Haus wach! Vielleicht wollen die anderen noch schlafen." Aber Mechthild tanzte herum und sang: „Heut wird nicht geschlafen! Heut ist Sonntag, heut ist Feiertag, heut

ist Zirkustag!" Sie war nicht zu bremsen. „Was ziehst du heute an?", fragte ich, um sie abzulenken. „Ooch", sie war ganz uninteressiert, „den roten Pulli und die Jeans, glaube ich." Diese Mechthild weiß manchmal wirklich nicht, was sich gehört. „Heute ist Sonntag, und wir bekommen Besuch und gehen zum Gottesdienst, und überhaupt, wenn du heute deine dreckigen Jeans anziehst, gehe ich keinen Schritt mit dir!", schimpfte ich. „Sei doch nicht so eklig!" Mechthild kramte in ihrem Schrank herum. „Dann zieh ich eben einfach den blöden Frack hier an, den Mutti mir für ‚besondere Zwecke' mitgegeben hat." Sie zog ihr Kleid vom Bügel und schaute es verächtlich an. „Bist du dann beruhigt?" Sie maulte noch ein wenig herum, legte aber das Kleid ordentlich zurecht. Sie wollte keinen Krach mit mir haben.
Wir machten uns fertig. Nebenan bei den Jungen rumpelte es inzwischen auch. Irgend etwas krachte plötzlich gegen die Wand. „Ruhe da drüben!", schrie Mechthild. Später erfuhren wir, dass ein Buch durchs Zimmer geflogen war. Uwe hatte es nach Steffen geworfen, weil der mit Uwes Zylinder Blödsinn getrieben hatte. Die Jungen machten sich auch fein. Dafür hatte Fräulein Rosa gesorgt. Außerdem ist Uwe sowieso ziemlich eitel. Er will immer besonders schick angezogen sein. Wir kämmten uns noch besonders gut und wollten schon alle vier nach unten gehen. Man hörte dort etwas klappern. Bestimmt war Fräulein Rosa schon auf. Aber ich sagte: „Los, wir müssen erst noch unsere Zimmer aufräumen!" Die anderen hatten zwar keine Lust, aber weil sie an unsere Mütter dachten, machten sie doch mit. „Mann, haben wir 'ne Menge zu erzählen!" Mechthild schüttelte mit aller Kraft ihr Bett auf. „Du, erzähl aber nichts von dem nassen Fleck im Badezimmer!", warnte ich sie. „Bin doch keine Petze!", antwortete sie nur. Und das ist sie auch wirklich nicht.

Die Jungen hatten sich auch angestrengt, ihr Zimmer in Ordnung zu bringen. Wir konnten also hinuntergehen. Fräulein Rosa stand in der Küche und schnitt Brot. „Guten Morgen!", riefen wir. Sie drehte sich um und schaute uns erstaunt an: „Guten Morgen, ihr Frühaufsteher!", sagte sie. „Ihr seht ja wirklich sonntäglich aus. Fein habt ihr euch gemacht!" Mechthild drehte sich im Kreis und fragte: „Gefällt Ihnen mein Kleid? Hat meine Mutti genäht!" Da kann man sich nur wundern. Ohne mich hätte sie in ihren speckigen Jeans dagestanden.
„Mit dem Frühstück machen wir heute nicht viele Umstände!", sagte Fräulein Rosa und breitete eine Blümchendecke über den Küchentisch. „Wir bleiben gleich hier in der Küche. Es gibt noch eine Menge zu tun vor dem Gottesdienst." Wir halfen ihr, den Tisch zu decken. Vor dem Frühstück sangen wir ein Lied aus dem Gesangbuch, von dem wir die erste Strophe auswendig können. Steffen hatte zwar gedacht, es wäre kein Morgengebet nötig, weil wir doch in den Gottesdienst gingen. Aber das war ein Irrtum. „Wo sind Onkel Franz und Pater Fridolin?", fragte Mechthild. „Die Herren wollen wir heute morgen in Ruhe lassen." Fräulein Rosa zeigte nach draußen. „Sonntags ist für Pfarrer Rudolf die Sonntagsmesse das Wichtigste!" Das verstanden wir. Wir hatten keinen rechten Hunger. Zu sehr freuten wir uns auf den ganzen Tag. „Na, nach der Messe gibt es noch einen Imbiss. Eure Eltern werden sicher auch hungrig sein!", erklärte Fräulein Rosa, als wir den Tisch abräumten. „Wir machen gleich noch belegte Brote zurecht!" Mechthild und ich halfen dabei. Fräulein Rosa band uns Schürzen um, und wir gingen an die Arbeit.
Von Mutti haben wir gelernt, wie man belegte Brote macht. Man legt verschiedene Sorten Wurst oder Käse auf die Schnitten und verziert dann das Ganze noch mit Petersi-

lie oder Tomaten. „Die Augen essen mit!", sagt Mutti immer. „Erzählen Sie Mutti, dass wir mitgeholfen haben?", fragte Mechthild. „Aber natürlich!", lachte Fräulein Rosa, „ich werde euer Licht so richtig auf den Leuchter stellen!" Die Jungen deckten in der Zwischenzeit im Unterrichtsraum den Mittagstisch. „Könnt ihr das auch?", fragte Fräulein Rosa misstrauisch. „Na klar, Messer rechts, Gabel links!", rief Uwe. Steffen wollte alle Teller auf einmal tragen. „Halt!", rief Fräulein Rosa entsetzt, „du willst mir wohl den halben Haushalt zerschlagen!" – „Scherben bringen Glück!", rief Mechthild, aber Uwe dämpfte sie gleich: „Ist leider nur Aberglaube, kannste glauben!" Zum Glück ging nichts kaputt; nur Mechthild schnitt sich ein kleines bisschen in den Daumen, weil sie mit einem scharfen Messer Wurst schneiden wollte, was sie nicht recht schaffte. Sie bekam ein kleines Pflaster, da war es wieder gut. Als alles fertig war, wurden wir hinausgeschickt. Wir zappelten Fräulein Rosa zu sehr in der Küche herum. „Ich brauche meine Nerven heute noch!", sagte sie.

Wir liefen auf die Straße. Sogar in Kleckerhausen ist es am Sonntagmorgen stiller als am Werktag. Menschen waren noch nicht zu sehen, nur ein einsames Huhn ging mitten auf dem Gehweg spazieren. Bestimmt hatte es sich verlaufen. Wir stellten uns an die Gartentür, um unsere Eltern nicht zu verpassen. Aber vorläufig kam niemand. Der einzige, der schließlich doch kam, war Fips. „Tag!", sagte er und gab jedem die Hand. Er hatte ein schneeweißes Hemd an, und seine rötlichen Haare waren ordentlich zurückgestrichen. „Du hilfst wohl heute wieder?", erkundigte sich Steffen. „Wir dürfen jetzt auch noch einmal Messdiener sein!" – „Ist gut!" Fips ging in die Kirche hinein. Wir wurden allmählich ungeduldig. Die ersten Leute kamen schon zum Gottesdienst. Auch Pater Fridolin und Onkel Franz gingen in die Kirche. Sie winkten uns zu und riefen: „Guten Morgen! Schon mächtig ungeduldig, was?" Einige Autos fuhren heran und hielten in der Straße. Sie gehörten wohl Leuten, die einen weiten Weg zur Kirche haben. Es kamen auch ein paar Familien an; das waren bestimmt Urlauber. Sie hatten Wanderstöcke und Campingbeutel bei sich. Wir schauten uns beinahe die Augen aus dem Kopf. Die kleine Glocke begann schon zu läuten. In diesem Augenblick schrie Mechthild: „Sie kommen, sie kommen!", und winkte mit beiden Armen. Der blaue Kleinbus kam auch wirklich herangefahren und hielt genau vor der Gartentür. Es gab einen

ziemlichen Tumult, bis alle begrüßt waren. Jeder fiel zuerst seinen eigenen Eltern um den Hals. Es wurde auch sofort sehr viel durcheinander geredet, und man verstand fast nichts davon. Dann wurden die Zwillinge aus dem Auto gehoben. Als sie Steffen sahen, quietschten sie vor Vergnügen. Sie wurden von allen abgedrückt, weil sie so niedlich aussahen. Vor Überraschung vergaßen sie zu brüllen. Dann kam Fips zurück und winkte Steffen und Uwe heran. Die sollten kommen und die Messdienerröcke anziehen. Fräulein Rosa hatte unsere Eltern auch schon begrüßt. „Jetzt müssen wir aber hineingehen!", sagte sie. Steffens Vater blieb mit den Zwillingen draußen. „Ich war gestern in der Vorabendmesse!", erklärte er, „wir werden einen Spaziergang machen."
In der Kirche war es ziemlich voll. Wir gingen bis nach vorn. In der ersten und zweiten Bank sind meist noch freie Plätze. Mechthild und ich setzten uns an den Rand, weil wir doch die Gaben nach vorn tragen sollten. Mechthild flüsterte mir zu: „Wer ist denn überhaupt heute der Pfarrer, Onkel Franz oder Pater Fridolin?" – „Vielleicht alle beide!", flüsterte ich zurück. „Geht doch nicht mit Gipsbein!" Dann war Mechthild still, weil Vati uns einen Blick zuwarf.
Der Gottesdienst fing pünktlich um 9 Uhr an. Ein ganzer Zug kam aus der Sakristei. Voran gingen Uwe und Steffen. Als sie bei uns vorbeikamen, schielten sie zu uns hin. Aber dann schauten sie gleich wieder auf die gefalteten Hände, wie Messdiener das meistens machen. Hinter ihnen ging Fips mit den Büchern unter dem Arm. Dahinter gingen dann noch die wichtigsten Personen: nämlich Pater Fridolin und Onkel Franz. Alle liefen sehr langsam, damit Onkel Franz mit seinem Gipsbein gut mitkam. Das Messgewand verdeckte das Gipsbein, trotzdem flüsterten die Leute mit einander, als sie Onkel

Franz sahen. Sie hatten bestimmt gedacht, er wäre noch im Krankenhaus. Am Altar machten alle eine Kniebeuge, nur Onkel Franz nicht. Aber das kann man verstehen. Er verbeugte sich nur. Dann drehte er sich um und begrüßte die Leute, die zum Gottesdienst gekommen waren. Er sagte, er freue sich, wieder zu Hause bei seiner Herde zu sein. Er dankte Pater Fridolin für die Vertretung und begann die Messe mit den Worten: „Wir feiern nun einen frohen Gottesdienst im Namen des Vaters und des Sohnes und des Heiligen Geistes." Alle Leute antworteten laut: „Amen." Wir natürlich auch. So fing der Gottesdienst an.

Dann wurde gebetet und gesungen. Die Lesung las Fips mit lauter Stimme vor. Anschließend sangen wir: „Halleluja!" Das singe ich sehr gern, weil es so fröhlich klingt. Ich kann es auch schon auf der Flöte spielen. Pater Fridolin las das Evangelium vor. Es war die Geschichte vom himmlischen Hochzeitsmahl. Die kennt jedes Erstkommunionkind. Aber ich hörte trotzdem zu. Pater Fridolin predigte auch. Weil er alles so verständlich erzählte, habe ich mir das Wichtigste davon gemerkt. Pater Fridolin sagte: „Es gibt Leute, die immer nur das Schlechte sehen und immer brummen und murren. Es gibt andere, die sehen alles Schöne und freuen sich darüber. Sie sagen zu anderen: Freu dich! Beim himmlischen Hochzeitsmahl heißt es für alle, die dabei sind: Freu dich für immer! Bis dahin dauert es noch eine Zeit. Aber wir können auch jetzt schon aus unseren Tagen Freudentage machen. Wenn man Ferien hat oder Urlaub oder ein Fest, dann geht das ganz leicht. Doch wenn der Alltag wieder anfängt oder Schwierigkeiten kommen, ist es schwerer. Manchmal weiß man dann nicht, worüber man sich freuen soll. Deshalb muss jeder, der etwas Schönes erlebt und weiß, es WEITERSAGEN – WEITERSAGEN – WEITER-

SAGEN! Und ich sage es euch jetzt noch einmal weiter: Gott will uns FREUDENTAGE schenken! Ist das nicht ein Grund zum Freuen? Auch das solltet ihr immer weitersagen!"

Das war die Stelle, an der ich dachte: Wir hatten in Kleckerhausen lauter „Freudentage". Ich will es allen weitersagen!

Mechthild und ich trugen später die Schale mit den Hostien und das Kännchen mit Wein an den Altar. Mir war ganz feierlich zumute, weil wir zwischen so vielen Leuten zum Altar gingen. Die Jungen machten ihre Sache auch gut. Steffen ließ zwar plötzlich das kleine weiße Tuch zum Abtrocknen der Hände vor Pater Fridolins Füße fallen. Das kann aber schließlich jedem einmal passieren. Mit knallrotem Kopf hob er es wieder auf. Die meisten Leute, die in der Kirche waren, gingen zur heiligen Kommunion. Wir gingen auch. Nach der Kommunion konnte ich gar nicht in Ruhe beten, weil mir immer wieder unsere Pläne für den Nachmittag einfielen und unsere ganze Freude über den schönen Tag. Ich sagte einfach still vor mich hin: „Jesus, du bist bei mir. Ich freue mich, ich freue mich, ich freue mich. Wir werden bestimmt einen ganz großen Freudentag haben. Dankeschön für alles." Zwischendurch musste ich auch noch Mechthild anstoßen, weil sie dauernd an ihrem ungewohnten Kleid herumzupfte. Sie hat aber bestimmt auch gebetet.

Am Schluss der Messe wurde alles Mögliche bekanntgegeben, zum Beispiel, wann in der Woche Gottesdienste sind. Ich dachte gar nicht daran, dass wir dann nicht mehr hier sein würden. Zuletzt wünschte Onkel Franz allen einen guten und frohen Sonntag. Die Leute in der Kirche antworteten laut: „Danke, gleichfalls!" Das war schön. Bei uns zu Hause wird das nicht so gemacht. Nach dem Schlusslied gingen alle Leute aus der Kirche hi-

naus. Aber die meisten blieben vor der Tür stehen. Sie wollten Onkel Franz begrüßen. Er kam mit seinem Stock angehumpelt. Unseren Eltern und uns winkte er nur zu und gab sich zuerst mit den anderen Leuten ab. Aber das muss man verstehen; sie sind ja schließlich seine Herde. Pater Fridolin mischte sich auch dazwischen.
Es wurde viel Spaß gemacht. Steffens Vater war mit den Zwillingen auch wieder da. Sie liefen zwischen den Leuten herum. Pater Fridolin schnappte sie und nahm eine davon auf jeden Arm. „Meine Güte, wie soll man euch auseinanderhalten?", fragte er und lachte. Die es sahen, lachten auch. Es dauerte lange, bis alle Leute nach Hause gegangen waren. Am Schluss standen nur noch wir mit unseren Eltern da. Fräulein Rosa holte uns alle ins Haus. Es gab was zu essen und zu trinken. Mechthild und ich reichten die Brote herum, und unsere Mütter wunderten sich. „Mir scheint, ihr seid hier gewachsen!", sagte unser Vati. „Und eine Hilfsbereitschaft ist das ...", wunderte sich Uwes Mutter. „Das kommt vom Freu-dich-mit-Tag!", sagte Uwe und schenkte ihr noch eine Tasse Kaffee ein. „Überhaupt ist heute ein ganz großer Freudentag!", erklärte Mechthild. „Und habt ihr überhaupt schon unser Plakat gesehen?" So kam das mit unserem Zirkus-Plan heraus. „Uns erwarten hier ja ungeahnte Genüsse!", sagte Vati, und ich rief: „Hier in Kleckerhausen gibt's überhaupt immerfort nur Genüsse!" Wir erzählten unseren Eltern noch sehr viel, und weil Pater Fridolin und Fräulein Rosa auch dabei waren, konnten sie uns noch unterstützen. Wir hatten ja das meiste gemeinsam erlebt.

Wiesenfest in Kleckerhausen

Nach dem Mittagessen schleppten wir die Tische und Stühle aus dem Unterrichtsraum auf den Hof. Wir stellten auf dem Rasen neben dem Schuppen die Kaffeetafel auf. Die Zwillinge lagen inzwischen in Uwes Bett und schliefen. Ihre Mutter war bei ihnen, weil sie sonst nicht eingeschlafen wären. Weil bis zum Kaffeetrinken noch eine Menge Zeit war, konnten wir einen Spaziergang machen. „Wenn wir schon einmal in den Wald fahren, wollen wir auch etwas davon haben!", erklärte Steffens Vati. Pater Fridolin kam auch mit, und so waren wir eine ganze Gesellschaft. Wir gingen an der Straße vorbei, wo Brandls wohnen. Ich dachte: Hoffentlich erzählen sie jetzt nichts von der Kuh! Aber Mechthild, Steffen und Uwe dachten gar nicht daran, weil sie drängelten: „Gehen wir zu unseren Hütten, bitte, Pater Fridolin, bitte, wir wollen unseren Eltern die Hütten zeigen!" – „Können eure Eltern denn den Berg hoch?", fragte Pater Fridolin listig. Wir brauchten nichts zu antworten, denn die Eltern riefen: „Wir können noch ganz andere Sachen! Noch sind wir nicht eingerostet! Was denken Sie denn von uns?" Alle lachten, und dann gingen wir los.

Wir fanden auch wirklich die Hütten wieder. Sie waren noch einigermaßen in Ordnung, obwohl man sehen konnte, dass jemand darin gewesen war. Es lagen nämlich frische Zweige in der einen davon. Mechthild und Steffen wollten gleich hineinkriechen, da rief Mutti entsetzt: „Aber Mechthild, doch nicht in dem Kleid!" – Mechthild machte halt und sah mich vorwurfsvoll an. „Siehste!" sagte sie. Wir erzählten unsere Erlebnisse. Auch von der Himbeerernte erzählten wir. Mutti sagte zu Vati: „Dann müssen wir nächsten Sonntag noch einmal herfahren und Himbeeren pflücken! Es geht nichts über Himbeersaft und Himbeergelee!" Mechthild rief sofort: „Machen wir das wirklich, sag, Mutti, machen wir das ganz bestimmt?" – „Kommt aufs Wetter an!", erklärte Vati. Er ist nicht so begeistert vom Himbeerenpflücken, er sammelt höchstens Pilze. „Wir werden sehen!" Mit diesen Worten verschob Mutti die Entscheidung auf später.

Pünktlich zum Kaffeetrinken kamen wir wieder im Pfarrhaus an. Die Zwillinge hatten Spielhöschen an und saßen auf einem Sandhaufen. Fräulein Rosa und Steffens Mutter hatten den Kuchen schon aufgetragen und Kaffee gekocht. Onkel Franz saß im Gartenstuhl und hatte sein Gipsbein hochgelegt. Er winkte uns mit dem Stock entgegen und rief: „Habt ihr Kaffeedurst mitgebracht? Und wo bleibt überhaupt die Zirkusvorstellung?" – „Erst Kaffee trinken, dann darfst du sie sehen", sagte Mechthild, „beides gleichzeitig geht nicht!" Jeder wird verstehen, dass man vor einer Zirkusvorstellung, die man selbst gibt, nicht in Ruhe Kaffee trinken kann. „Nun geht schon ab, ihr Zappelvolk", sagte schließlich Onkel Franz, „ihr könnt ja doch nicht stillsitzen!" Fräulein Rosa stand mit uns auf und sagte: „Ich muss mich auch verabschieden fürs erste, ich bin als Garderobenfrau und Maskenbildner engagiert." Onkel Franz staunte mächtig. „Aber Sie gehen doch hoffentlich nicht mit der Truppe anschließend auf Reisen und lassen mich mit dem Gipsbein allein hier sitzen?", fragte er. „Nein, nein, es ist nur eine Sondervorstel-

lung für heute", tröstete ihn Steffen. Dann verschwanden wir alle im Schuppen. Unsere Sachen lagen dort bereit. Die Schminke war im „olle Heinrich" ausgebreitet. Fräulein Rosa fing gleich an, uns anzumalen. Das machte mächtigen Spaß. Die Erwachsenen langweilten sich in der Zwischenzeit bestimmt nicht. Sie haben ja immer etwas zu erzählen.
Schließlich begann unsere Vorstellung. Die Großen hatten ihre Stühle im Halbkreis um die Schuppentür gestellt. Der Platz vor der Schuppentür war unsere Manege. Ich

kann gar nicht alles erzählen, was wir machten. Es würde viel zu viel. Aber die wichtigsten Dinge will ich doch aufzählen.
Uwe kam mit Zylinder und Brille, mit Bart und schwarzer Jacke als Zirkusdirektor ganz groß an. Er sagte immer wieder: „Meine sehr verehrten Herrschaften, wertes Publikum! Wir bringen Ihnen heute eine ganz besonders großartige Nummer, wie sie noch nie da war! Sie werden mer-

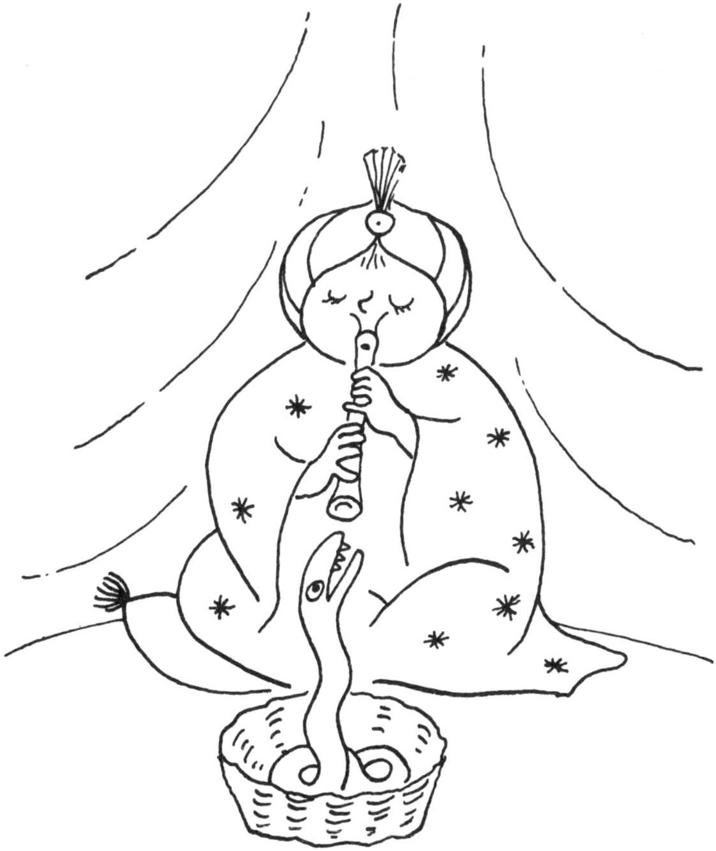

ken, dass wir uns für diesen besonderen Tag gewaltig angestrengt haben für Sie, das verehrte Publikum!" Uwe redete wie ein Wasserfall, und dabei machte er ganz große Worte. Sogar Fremdwörter kamen vor. Jedesmal, wenn er etwas sagte, klatschten alle Beifall, und dadurch wurde er immer noch mehr angespornt. Er erzählte schließlich sogar, er wäre mit seinen Artisten schon in Moskau und Prag, in London und Tokio gewesen. Hätten wir nicht immer wieder hinter dem Vorhang vor: „Los, weiter!" gezischelt, wären wir wahrscheinlich nicht mehr an die Reihe gekommen.
Ich trat als indischer Schlangenbeschwörer auf. Fräulein Rosa hatte mir einen ganz tollen Turban gebunden und ein großes Tuch als Schlangenbeschwörergewand umgehängt. Ich saß mit der Flöte und gekreuzten Beinen auf der Erde und hatte vor mir Fräulein Rosas runden Wäschekorb. Ich flötete, und da kam aus dem Korb eine Schlange herausgekrochen. Sie sah gefährlich aus. Wenn ich laut flötete, bewegte sie sich schnell, und wenn ich leise wurde, ging sie in den Korb zurück. Alle staunten über sie. Der Trick dabei war, dass die Schlange aus einem langen Strumpf gemacht war und an zwei Fäden hing. Die Fäden führten über den Vorhang in den Schuppen. Wenn Steffen daran zog, bewegte sich die Schlange. Das hatte uns Pater Fridolin beigebracht. Weil die Fäden dünn waren, sah man sie kaum. Ich bekam eine Menge Beifall, für das Flöten und die Schlange. Darauf ging ich zu Pater Fridolin und zog ihn nach vorn. Er musste sich auch mit vor dem Publikum verbeugen. Das tat er auch.
Steffen war der Faxenclown. Erst turnte er nur herum und erzählte lauter Unsinn. Er fiel immer dem Zirkusdirektor zwischen die Füße, der schimpfte, und Steffen trieb es immer schlimmer. Schließlich kam er mit einem

Eimer und einem großen Messer an und wollte einen Herrn rasieren. Sein Vater opferte sich auch wirklich und setzte sich auf den Stuhl. Fräulein Rosa hatte uns einen Haufen Badeschaum zurechtgemacht. Den schmierte Steffen nun seinem Vater ins Gesicht. Wir lachten uns halbtot, denn Steffens Vati schnitt ganz schreckliche Grimassen dabei. Am Ende fiel er vom Stuhl und Steffen obendrauf. Steffens Vater nahm beide Hände voll Schaum und setzte ihn Steffen auf den Kopf. Der wackelte nun hin und her und wischte ihn schließlich ab. Das Allerbeste an diesem Clown war die Glatze; man musste immer wieder lachen, wenn man nur hinsah. Mechthild trat als Seiltän-

zerin auf. Das Seil war natürlich nur ein Brett, doch sonst machte sie alles ganz echt. Wir haben einmal eine richtige Seiltänzerin gesehen. Sie balancierte mit einem Schirm, und das tat Mechthild auch. Am lustigsten war, dass plötzlich die Zwillinge kamen und auch mit auf dem Brett herumstolperten. Erst wollte Mechthild wütend werden. Aber dann tat sie so, als wären es ihre Lehrlinge. Das war eine zusätzliche Zirkusnummer.
Später kamen Steffen und Mechthild als Boxer und Turner, und Uwe trat mit einem Flohzirkus auf. Das machte

er sehr gut. Es waren nur gedachte Flöhe, aber Onkel Franz fing schon an, sich zu jucken. Daran sieht man, wie gut es Uwe machte.
Am Schluss hielt der Zirkusdirektor wieder eine große Rede an das Publikum. Dann traten wir alle zusammen vor den Vorhang und verbeugten uns. „O je, mir tun schon die Hände weh vom Klatschen!", stöhnte Onkel Franz. Wir waren mächtig stolz, als Pater Fridolin schließlich sagte: „Sehr geehrtes Artistenvolk! Sie haben uns eine große Freude und Überraschung bereitet. Wir danken Ihnen sehr dafür. Wer anderen Freude macht, ist auf dem richtigen Kurs. Deshalb unseren Artisten ein dreifaches Hoch – Hoch – Hoch!" Die Erwachsenen riefen alle mit. Wir stürzten auf sie zu und verwandelten uns wieder in die Kinder Rita, Mechthild, Uwe und Steffen. Steffen wollte seine Mutter küssen, aber die rief lachend: „Geh weg, geh weg, du schmierst mich ja voll Schminke!" Wir wuschen uns die Gesichter und zogen unsere richtigen Sachen wieder an. Als wir in den Hof zurückkamen, hatte sich Pater Fridolin die Gitarre umgehängt. Wir sangen alle miteinander die Lieder, die wir auswendig wussten. Uwes Mutter sang die zweite Stimme, das hörte sich schön an. Zu manchen Liedern konnte ich sie auch. Steffens Vater brummte ein bisschen, aber das machte nichts. Die Zwillinge hatten sich die Schlange geholt und zerrten daran herum.
Irgendwann sagte dann Mutti: „Wir müssen leider an die Heimfahrt denken!" Wir hatten über allem Schönen nicht gemerkt, wie schnell die Zeit vergangen war.

Vor der Abfahrt gab es viel Durcheinander. Wir vier Kinder packten unsere Sachen zusammen. Die Mütter halfen dabei. Steffens Vater kümmerte sich um die Zwillinge, die inzwischen müde waren und herumquengelten. Fräulein Rosa schmierte uns Brote für die Fahrt. „Ihr sollt nicht halbverhungert zu Hause ankommen!", sagte sie. Die Mütter von Uwe und Steffen machten sich Blumensträuße zurecht, weil sie zu Hause keinen Garten haben. Unser Vati hatte noch etwas mit Onkel Franz zu besprechen. Uwe rannte in den Schuppen, weil er seinen Zylinder dort vergessen hatte. Steffen fragte dauernd: „Darf ich das Zirkusplakat mitnehmen?" – „Habt ihr auch nichts vergessen?", sagte Mutti mehrmals. Wir schauten noch einmal in unserem Zimmer nach. Es sah ganz kahl darin aus. „Wir kommen bald mal wieder!" Mechthild sagte das so, als ob sie das leere Zimmer trösten wollte.
Schließlich standen wir mit unserem Gepäck auf dem Hof. Wir waren bereit zur Abfahrt. Pater Fridolin, Fräulein Rosa und sogar Onkel Franz waren zur Stelle, um uns Lebewohl zu sagen. „Nun verabschiedet euch!", sagte Mutti. Auf einmal fing Mechthild an zu weinen und fiel Fräulein Rosa um den Hals. „Nun ist alles zu Ende!",

schluchzte sie. Ich hätte am liebsten mitgeweint. „Aber Kind, wein doch nicht!", sagte Fräulein Rosa, und unser Vati brummte: „Na, nun sind die Schleusen mal wieder geöffnet!"
Pater Fridolin indessen ging zur Kirche und machte die Tür weit auf: „Hereinspaziert zu einem letzten Besuch!", sprach er. Wir gingen alle hinein. Sogar die Zwillinge nahmen wir mit. Steffens Eltern trugen sie vorsichtshalber auf dem Arm. Wir stellten uns um den Altar. Pater Fridolin betete: „Lieber Vater im Himmel! Du hast uns einen Freudentag geschenkt. Dafür danken wir dir. Wir danken dir auch dafür, dass wir so schöne Tage miteinander verlebt haben. Wir haben viel Schönes weiterzusagen. Hilf uns dabei!" Wir sangen alle: „Nun danket all und bringet Ehr!" Das können wir nämlich auswendig. Und es passte auch gut. Pater Fridolin drehte sich zu uns um und sagte: „Wenn wir Menschen kennen lernen und gern haben, können wir uns fest darauf verlassen, dass wir sie einmal wiedersehen. Wo, wissen wir nicht. IRGENDWO. Vielleicht in Kleckerhausen, vielleicht in einer anderen Stadt, ganz bestimmt aber beim himmlischen Hochzeitsmahl. Deshalb brauchen wir nicht traurig zu sein, wenn wir uns trennen. Wir sagen einfach: Auf Wiedersehen in IRGENDWO. Und nun bitten wir Gott noch um seinen Segen." Onkel Franz sprach den Segen, und wir machten alle das Kreuzzeichen. Die eine von den Zwillingsmädchen sagte an der Stelle: „Effen mit!" Das bedeutete, Steffen sollte mit nach Hause fahren. Und das sollte er ja auch wirklich.
Draußen gaben wir uns die Hand. „Auf Wiedersehen in Irgendwo!", sagte Uwe zu Pater Fridolin. „Hoffentlich ist Irgendwo nicht so weit weg." – Steffen schüttelte Onkel Franz ganz fest die Hand. „Vielen, vielen Dank für alles, und alles Gute für das Gipsbein!", sagte ich. Mechthild

lächelte Fräulein Rosa an: „Vielleicht kommen wir am nächsten Sonntag zum Himbeerenpflücken wieder!", meinte sie. „Na also!", antwortete Fräulein Rosa. Wir stiegen ein und riefen noch alles Mögliche hin und her. „Besuchen Sie uns bald!", riefen wir Fräulein Rosa zu. „Schreibt mir mal!", rief sie zurück. Wir vier Ferienkinder drängelten uns auf den hinteren Sitzen zusammen. Wir knieten auf den Plätzen, um nach hinten winken zu können.
Steffens Vater sagte: „In Gottes Namen fahren wir!" Das sagt er immer, ehe er losfährt. Der Wagen sprang an, wir winkten und winkten. Fräulein Rosa, Onkel Franz und Pater Fridolin winkten zurück. Dann fuhr der Wagen um die Ecke.
Wir setzten uns und schauten nach vorn. Es war einen Moment still. Dann rief Mechthild: „Leute, ich weiß was ganz Tolles!" – „Was denn?", fragten wir neugierig. Mechthild legte gleich los: „Wenn wir wieder zu Hause sind, frage ich unseren Pfarrer, ob er im nächsten Jahr mit allen Kommunionkindern zusammen eine Fahrt nach Kleckerhausen macht. Mit unserer ganzen Gruppe!" Wir waren begeistert und schrien: „Klasse!" und: „Bravo!", denn das war wirklich eine gute Idee. „Vielleicht könnt ihr sogar ein paar Tage dort zusammensein, wenn Onkel Franz für Übernachtungsmöglichkeiten sorgt!" Mutti ist immer gleich mit guten Ideen dabei, wenn ihr ein Vorschlag gefällt. Vati brummte nur: „Armer Franz! Armes Fräulein Rosa!" Aber das sagte er nur zum Spaß.
„Und was machen wir morgen?", fragte Steffen. „Morgen fange ich an, alles aufzuschreiben, was wir erlebt haben", erklärte ich und fragte gleich: „Helft ihr mir dabei?" – „Ist doch klar!", sagten die anderen sofort. Und dieses Versprechen haben sie wirklich gehalten.

KAPITEL 9

Kennt ihr Pater Fridolin?

Im vorigen Sommer haben wir – Mechthild, Uwe, Steffen und ich, die Rita, – Pater Fridolin kennen gelernt. Das war in den Ferien bei meinem Onkel Franz in Kleckerhausen. Wir hatten bis dahin noch nie einen echten Franziskaner gesehen. Ich hatte gedacht, Mönche beten den ganzen Tag. Nun wissen wir, dass das nicht stimmt. Pater Fridolin hat mit uns erzählt, gesungen, gelacht, gebetet. Die Ferien mit ihm waren einfach Spitze!

Als wir nach dem Urlaub wieder zu Hause waren, haben wir immer wieder von Pater Fridolin und der schönen Zeit mit ihm gesprochen. „Könnt ihr auch mal über was anderes reden?", hat mein großer Bruder gefragt. Es ging nicht. Es war unser schönster Urlaub. Und davon muss man schließlich reden, finde ich. Dann fing das neue Schuljahr an, und der Stress ging wieder los. Trotzdem vergaßen wir Pater Fridolin nicht. Wir haben uns gewünscht, ihn bald einmal wiederzusehen. „Auf Wiedersehen in Irgendwo!", hatte er zum Abschied gesagt. Wann würde das wohl sein? Aber nun verrate ich es euch jetzt gleich: Wir haben Pater Fridolin wirklich wiedergesehen! Wann das war und wie das war, davon will ich euch erzählen.

Aber mir fällt ein: Manche von euch kennen uns vielleicht noch gar nicht! Deshalb erzähle ich schnell noch,

wer wir sind. Also: Wir sind alle vier im Mai zur Erstkommunion gegangen. Wenn unser Onkel Franz, der in Kleckerhausen Pfarrer ist, mal zu Besuch kommt, fragt er immer zuerst: „Na, immer standhaft im Glauben?" Wir nicken dann und fragen ihn: „Wie geht es deiner Herde?" So nennt er seine Gemeinde. Wir gehören natürlich auch zu einer Gemeinde. Wir treffen uns beim Gottesdienst oder bei anderen Gelegenheiten. Zum Beispiel bei Festen. Unseren Pfarrer können wir ganz gut leiden, wenn er auch ein bisschen langweilig ist. Unser Diakon macht gern Späße. Das gefällt uns. Uwe und Steffen sind schon lange Messdiener. Mechthild wurde jetzt auch in die Messdienergruppe aufgenommen. Sie hat von Anfang an fürchterlich gedrängelt, dass sie endlich einmal das Weihrauchfass schwenken darf. Sie muss aber warten. Ich bin keine Messdienerin, weil ich in der Scholagruppe gebraucht werde. Ich kann am besten die Stimme halten, sagt unsere Organistin. Sie übt mit uns neue Lieder ein.

Unsere Erstkommunion war nach Ostern. Inzwischen ist Weihnachten schon vorbei. Seit dieser Zeit sind wir ein bisschen älter geworden. Sieben Monate machen was aus. Mechthild ist seitdem sehr gewachsen. „Du brauchst dauernd neue Hosen!", stöhnt meine Mutter. Aber das hat nicht nur mit Mechthilds Beinen zu tun, sondern auch damit, dass sie dauernd etwas zerreißt. Sie klettert gern über Zäune und auf Bäume. Ich bin leider nicht gewachsen. Mechthild hat mich mit Wachsen überholt. Wenn wir nebeneinander stehen, fällt es stärker auf, dass ich ein bisschen rund bin. Aber ich versuche, mich nicht darüber zu ärgern. Ich sitze oft an meinem neuen Schreibtisch und denke mir Geschichten aus. Das ist meine Lieblingsbeschäftigung. Aber ich koche auch gern.
Steffen ist immer noch Mechthilds bester Freund. Weil er leider nicht gewachsen ist, sagt sie manchmal zu ihm: „Na, mein Kleiner!", und fährt ihm durch seine fast weißen Lockenhaare. Dann wird er rot vor Wut und knufft sie. Aber sie werden schnell wieder Freunde. Die Zwillinge, Steffens kleine Schwestern, hatten neulich ihren dritten Geburtstag. Es war ein tolles Fest. Die beiden Kleinen können schon ganz gut sprechen, aber in der Kirche benehmen sie sich manchmal fürchterlich.
Uwe ist jetzt der Längste von uns. „Aber nicht der Größte!", sagt Mechthild. Zu Weihnachten hat ihm seine Mutter einen ausgedienten Computer geschenkt. Seitdem sehen wir ihn selten. Außerdem hat er mit seiner Mutter in den Herbstferien eine Englandreise gemacht. Meistens antwortet er nun bei Fragen nur noch „Yes" oder „No". Wir wissen inzwischen alle, dass das Ja und Nein heißt. Uwe und ich kommen im September in eine andere Schule. Uwe will unbedingt ins Gymnasium. Vielleicht melden mich meine Eltern auch dort an, ich käme gern mit Uwe in die gleiche Klasse.

Und nun fange ich endlich an zu erzählen, wie es kam, dass wir Pater Fridolin wieder begegnet sind und was wir mit ihm erlebt haben.

Das geheimnisvolle Weihnachtsgeschenk

Im Advent gibt es in unserer Familie alle möglichen Heimlichkeiten. Das war schon immer so. Aber diesmal gab es besondere Überraschungen. Beim Abendessen sagte Mechthild eines Tages: „Ich weiß einen Weihnachtswunsch, der nichts kostet." – „So?", meinte mein Vati, „da bin ich aber mal gespannt." Ich war natürlich auch neugierig. Mechthild hat manchmal tolle Ideen. „Ja", erklärte sie und fuhrwerkte mit Messer und Gabel herum, „wir schenken uns alle zusammen in den Weihnachtsferien eine Reise in den Wald!" – „Du hast wohl nicht alle Tassen im Schrank", meckerte mein großer Bruder gleich los. „In den Weihnachtsferien habe ich was anderes vor." – „Siehst du", sagte meine Mutter sofort, „wenn nicht alle einverstanden sind, ist das kein guter Vorschlag." Ich wunderte mich. Meine Mutter ist eigentlich für neue Ideen immer zu haben. Aber da fiel mir auf, dass sie meinem Vater einen ganz besonderen Blick zuwarf. Er hat zurückgeblickt. Und das kam mir sehr geheimnisvoll vor. Er fragte Mechthild gleich danach: „Wie ist denn überhaupt deine Mathearbeit ausgefallen?" Sie war gut ausgefallen, und Mechthild gab mit ihrer Zwei ganz groß an. Sie vergaß

den Wunsch sofort. Aber später habe ich zu ihr gesagt: „Hast du gemerkt, dass dein Vorschlag überhaupt nicht beachtet worden ist? Das hatte bestimmt einen Grund ..."
In den nächsten Tagen haben wir versucht, die Eltern auszuhorchen. „Wieso fandest du Mechthilds Vorschlag nicht gut?", habe ich Mutti gefragt. „Hol die Plätzchenformen heraus, wir wollen mit der Weihnachtsbäckerei anfangen", war die Antwort. – „Vati, was hast du für Weihnachtsgeschenke ausgedacht?", hat Mechthild gefragt. – „Sei nicht so neugierig!", war die Antwort. Dann habe ich gehört, wie Mutti mit Onkel Franz telefoniert hat: „Nein, diesmal werden wohl Rudolf und ich ein sehr ruhiges Fest haben", sagte sie gerade, als ich nach Hause kam. „Wir reden morgen weiter, Franz, jetzt geht es nicht. Mach's gut!" und dann legte sie den Hörer auf. Das bedeutete ganz bestimmt etwas! Aber was? Sicher hatte es mit einem Weihnachtsgeheimnis zu tun. Aber wir bekamen es nicht heraus.
Wir schrieben an verschiedene Leute Wünsche zum Weihnachtsfest. Ich schrieb auch an Pater Fridolin. Mechthild malte eine Krippe auf den Brief. „Hoffentlich kann er erkennen, was das sein soll," meinte Steffen. Er malte einen Weihnachtsbaum. Das ist leichter als eine Krippe. – „Willst du auch unterschreiben?", fragten wir Uwe. „Yes!", sagte der nur und nahm seinen Kugelschreiber zur Hand. Ganz unten hin schrieb er riesengroß: Es grüßt Uwe. An den letzten Buchstaben machte er einen Schnörkel. „Angabe!", sagte Mechthild. Wir schickten den Brief sofort ab. Er sollte unbedingt vor Weihnachten bei Pater Fridolin ankommen. An Onkel Franz und Fräulein Rosa hatten wir natürlich auch geschrieben. Vor Weihnachten gibt es immer viel zu tun. Trotzdem dauern die Tage vor Heiligabend sehr lange. Endlich ist es dann doch so weit.
Die beiden schönsten Erlebnisse zu Weihnachten sind die Christmette in der Kirche und die Bescherung zu Hause.

Bei uns schenkt jeder jedem etwas. Ich glaube, so muss es Weihnachten auch sein. Beim Geschenkeauspacken gibt es viel Spektakel. Alle lachen und reden und umarmen sich. Am Schluss spielten Mechthild und ich ein eingeübtes Flötenstück. Es klappte gut. Alle klatschten Beifall. Dann sagte meine Mutter: „Das Geschenk dort unterm Weihnachtsbaum wollt ihr wohl gar nicht anschauen, ihr Mädchen?" Mechthild und ich lagen sofort auf dem Bauch unter dem Baum. Wir fanden einen großen Briefumschlag. „Ich hab's ja gewusst, ich hab's ja gewusst, es gibt noch

eine besondere Überraschung!", rief ich. Mechthild tanzte mit dem Brief herum. „Er ist von Pater Fridolin – und er ist ziemlich dick!", schrie sie. Beinahe hätten wir den Umschlag in zwei Stücke gerissen. Mein Vater brachte Ordnung in die Sache. „Mechthild öffnet den Brief und Rita liest vor!", sagte er. So wurde es gemacht.
Ich las den Brief von Pater Fridolin laut vor: „Liebe Rasselbande! Nun feiern wir Weihnachten. Gott schenkt uns seinen Sohn. Das ist das größte Geschenk, das es gibt. Deshalb beschenken sich die Menschen auch gegenseitig. Ich möchte euch auch etwas schenken. Mit euren Eltern habe ich es schon besprochen." An dieser Stelle habe ich Mechthild angeschaut und gesagt: „Siehst du, ich habe es ja gleich gewusst!" – „Lies weiter, lies weiter", drängelte sie und die Eltern haben vor sich hin geschmunzelt. Ich las weiter: „Ich kenne eine Hütte im Wald. Dorthin möchte ich euch in den Winterferien einladen. Aber Achtung! Wir haben dort keine Köchin und auch keinen Fernsehapparat! Dafür gibt es jede Menge Bäume und viele Vögel. Und wie ihr wisst, passt das zu einem Franziskaner. Wenn ihr Lust habt, meiner Einladung zu folgen, freue ich mich. Ich würde euch dann am dritten Weihnachtsfeiertag gegen 8 Uhr zu Hause abholen und am 2. Januar wieder zurückbringen.
Ich wünsche eurer ganzen Familie ein frohes und gesegnetes Weihnachtsfest.
Euer Pater Fridolin."
Ich konnte es gar nicht glauben, was in diesem Brief stand. Mit fehlten einfach die Worte. Mechthild umarmte alle nacheinander und rief: „Ich werd' verrückt, ich werd' verrückt!" Wir hätten beinahe das Telefon überhört. Es war Steffen. „Habt ihr auch Post von Pater Fridolin?", fragte er aufgeregt. „Ich habe zu Weihnachten einen Fotoapparat bekommen. Soll ich ihn mitnehmen?" Wieder klingel-

te das Telefon. Meine Mutter nahm den Hörer ab. Sie sprach mit Uwes Mutter. Und meine Mutter sagte zu ihr: „Da hat sich Pater Fridolin ja wirklich etwas Schönes für unsere Kinder ausgedacht. Ob es ihm nicht zu viel Arbeit machen wird?" Aber ich glaube, wir sind für Pater Fridolin keine Arbeit.

An den Feiertagen hatten wir viel zu überlegen. Wie würde es in der Hütte sein? Betten würde es natürlich geben und Wasser auch. Vielleicht gab es dort kein elektrisches Licht? Dann würden wir Kerzen anzünden. Das wäre ge-

mütlich. „Wenn es nichts zu essen gibt, mache ich für alle Spaghetti und Tomatensoße", sagte ich. Das essen wir sowieso sehr gern. – „Auf Fernsehen kann ich leicht verzichten", erklärte Steffen. Er bastelt nämlich lieber. – „Hoffentlich gibt es dort ein besonders großes Bett, damit Pater Fridolins lange Beine reinpassen", sorgte sich Mechthild. Dabei kicherte sie ein bisschen. Uwe überlegte: „Nachts kann man von einer Hütte aus bestimmt die Sterne gut beobachten. In der Stadt geht so etwas gar nicht." Wo die Hütte lag, wussten wir nicht. Pater Fridolin hatte nichts davon geschrieben. Es würde lauter Überraschungen geben!

Am ersten Weihnachtsfeiertag rief Pater Fridolin an. Wir versammelten uns alle im Wohnzimmer neben dem Telefon. Meine Mutter stellte den Telefonlautsprecher an. So konnten alle verstehen, was Pater Fridolin sagte: „Na, ihr Lieben", rief er ins Telefon, „was sagt ihr zu meinem Geschenk?" Natürlich schrien alle durcheinander. Er konnte wahrscheinlich kein Wort verstehen. Trotzdem sagte er lachend: „Hab' schon verstanden! Ihr wollt mit mir in die Hütte fahren!" – „Ja, klar, natürlich, wir freuen uns schon, Spitzenidee!", riefen alle gleichzeitig. – „Gut", sagte er, „übermorgen geht's los! 8 Uhr bin ich bei euch. Also: Macht euch bereit, zieht euch warm an und packt kein unnützes Zeug ein!" Dann besprach er noch allerlei mit meiner Mutter.

Jeden Abend im Bett besprachen Mechthild und ich noch viele Dinge. Wir überlegten, was wir mitnehmen würden. „Ich ziehe natürlich meine neuen Schuhe an", sagte Mechthild. Die hat sie nämlich zu Weihnachten bekommen. Ich überlegte, ob ich ein paar Kochrezepte mitnehmen sollte. Ich habe nämlich ein Kinderkochbuch. Aber ob es dort auch einen Herd geben würde – oder wenigstens eine Kochplatte? Naja, wir würden es bald erfahren. Wir dachten auch immer wieder an unsere Weihnachtsgeschenke. „Das allergrößte Weihnachtsgeschenk ist das von Pater Fridolin", sagte Mechthild. – „Das größte Geschenk ist das Kind in der Krippe", sagte ich, „das hat Pater Fridolin im Brief extra geschrieben." – „Jaja", meinte Mechthild, „aber ich freue mich trotzdem wie verrückt auf unsere Reise." Im Bett habe ich gebetet: „Danke, lieber Gott, für alles, alles, alles. Es ist gut, dass es dich gibt und meine Eltern und Geschwister und Freunde und Pater Fridolin." Ich schlief ein und träumte von einer Hütte, in der lauter kleine Betten standen. Und Pater Fridolins lange Beine passten nicht in diese Betten hinein.

„In Gottes Namen fahren wir!“

Schneller als wir dachten kam der Abfahrtstag heran. Unsere Reisetaschen waren gepackt. Pünktlich 8 Uhr standen alle Väter, Mütter und Kinder in unserer Wohnung bereit zum Abschied. Sogar Steffens Vati hatte sich eine Stunde frei genommen. Die Zwillinge waren auch da und wirbelten umher. „Auch mit, auch mit!", schrie die eine, weil sie merkte, dass wir wegfahren wollten. – „Teffen auch mit!", sagte die andere und riss ihren Steffen am Bein. Der wehrte sie ab und fragte dauernd: „Soll ich jetzt mal ein Foto machen?" Er hatte den neuen Fotoapparat griffbereit umgehängt. „Wo ist mein Rosenkranz?", fragte Mechthild meine Mutter. „Er wird wohl dort sein, wo du ihn hingelegt hast", sagte meine Mutter. Mechthild stürmte in ihr Zimmer und kramte in den Kästen. Sie hatte den Rosenkranz bestimmt lange nicht benutzt, aber nun wollte sie bei Pater Fridolin damit angeben. Ich holte aus meinem Schrank den Text von unserem Krippenspiel. Ich wollte es Pater Fridolin zeigen. Ich glaube, alle Mütter und Väter waren ziemlich gestresst. Den Müttern fielen dauernd gute Ratschläge ein: „Benehmt euch!", sagten sie, und: „Vergesst nicht, die Zähne zu putzen!" und: „Ärgert Pater Fridolin nicht!" Die Väter waren ruhiger. Sie schauten nach, ob unsere Sachen festgeschnürt waren und sprachen vom Wetter, weil es kalt war und es vielleicht schneien würde. Meine Mutter umarmte plötzlich Mechthild: „Nun seid ihr nicht bei uns, wenn das neue Jahr anfängt ..." Es sah aus, als wollte sie weinen. Zum Glück hupte zur gleichen Zeit ein Auto. „Das ist Pater Fridolin!" Mechthild machte sich los und stürzte ans Fenster. Sie hatte

schon mindestens hundertmal nachgeschaut, ob das Auto endlich käme. Alle drängelten sich ans Fenster. „Er ist da, er ist da!", schrien wir. Es war wirklich Pater Fridolins Auto. Als es anhielt, kamen zuerst Pater Fridolins lange Beine heraus. Dann kam er selbst. Er winkte uns zu, und wir rannten so schnell wie möglich hinunter zur Haustür. Mechthild kam als erste dort an. Sie riss Pater Fridolin beinahe um. „Ich freue mich!", rief sie. „Frohe Weihnachten!" Sie wollte noch etwas sagen. Aber da war schon Steffen da und schüttelte dem Pater die Hand. Uwe nahm einfach die andere Hand und riss daran herum. Ich kam zuletzt an. Unsere Nachbarin kam gerade aus dem Haus. „Was ist denn heute bei euch los?", fragte sie. Sie hatte wahrscheinlich noch nie einen Franziskaner gesehen und wunderte sich über das braune Mönchskleid. Ich sagte nur kurz: „Das ist ein Freund von uns. Er holt uns ab." Inzwischen hatte Pater Fridolin eine Hand frei. Ich nahm sie und sagte: „Wir freuen uns alle. Vielen Dank für Ihr Geschenk." Er sah noch genauso aus wie im Sommer. Die Eltern kamen auch heran. Es war eine große Begrüßung. Sie kannten sich ja alle schon. „Nur euch erkenne ich kaum wieder!", sagte Pater Fridolin und schnappte sich die Zwillinge. Er nahm sie auf den Arm, auf jeden Arm einen. „Unterscheiden kann ich euch nicht!", lachte er. „Und wir", sagte er zu uns anderen Kindern, „wir haben während der Fahrt Zeit, uns in Ruhe zu unterhalten." Ehrlich gesagt, war ich schon ein bisschen eifersüchtig auf die Zwillinge gewesen. Aber es war nicht nötig.
Bei uns zu Hause gab es dann noch ziemlichen Tumult. Es wurden Butterbrote angeboten. Auch eine Kanne Kaffee war vorbereitet. Der Pater hatte ja schon eine Fahrt hinter sich. Die Erwachsenen erzählten alles Mögliche. Die Zwillinge spielten mit Pater Fridolins Kordel, die jeder echte Franziskaner am Gürtel trägt. Mechthild und ich,

Steffen und Uwe standen in der Gegend herum und warteten auf die Abfahrt. Wir sagten nicht viel. Wir hofften nur, dass es endlich los ginge. Meine Mutter hatte einen Picknickkorb für die Fahrt zurechtgemacht. Den nahm ich schließlich in die Hand. Vielleicht erinnerte es die Erwachsenen an die Abfahrt. Tatsächlich standen alle auf. Wir nahmen die Beutel und Taschen und gingen aus dem Haus. Unsere Mütter machten uns ein Kreuzchen auf die Stirn. Das machen sie immer, wenn wir fortgehen. Es gehört dazu. Man kann dann in Ruhe wegfahren. Wir versammelten uns am Auto. „Mein Auto heißt Christoffel", sagte Pater Fridolin. „Darf ich bekannt machen?" – Steffen winkte dem Auto zu, Uwe schlug ihm freundschaftlich auf den Kühler, Mechthild tanzte drumherum, und ich sagte: „Guten Tag, fahr uns gut!" Wir umarmten unsere Eltern und die Zwillinge zum Abschied. Pater Fridolin schachtelte uns mit allen Sachen in den Christoffel. Wir hatten gut

Platz. Er drückte den Erwachsenen die Hand und gab den Zwillingen einen kleinen Klaps auf den Po. „Ihnen allen eine gute Zeit", sagte er, „ich werde meine kostbare Fracht mit Gottes Hilfe wieder gut nach Hause bringen." Viele Leute aus unserem Haus schauten hinter dem Fenster unserer Abfahrt zu. Da winkte Pater Fridolin auch ihnen. Manche winkten zurück. Und dann stieg er ins Auto. Ehe er den Zündschlüssel ins Loch steckte, sagte er: „In Gottes Namen fahren wir." Es ging los. Wir winkten, solange wir unser Haus noch sehen konnten.

Ich saß im Auto vorn, weil ich die Älteste bin. Hinten saßen die drei anderen, in der Mitte Uwe. So konnten Mechthild und Steffen nicht so viel zappeln und herumkaspern, was sie ja gern tun. Kaum fuhren wir, fingen wir an zu fragen. Die wichtigste Frage war: „Wohin fahren wir?" Das erfuhren wir nun. „Zuerst fahren wir durch das flache Land, dann in die Berge. Dort ist die Hütte, in der wir wohnen. Wir brauchen ungefähr zwei Stunden Fahrzeit." Mir wurde beim Wort „Berge" ein bisschen unheimlich. „Muss man sich dort anseilen?", fragte ich vorsichtig. „Keine Angst", lachte der Pater, „es geht zwar bergauf – aber hohe Bergspitzen erklimmen wir nicht!" Ich war froh. „Wenn wir Glück haben, schneit es bald", hieß es weiter, „und dann können wir rodeln." – „Super!", riefen Mechthild und Steffen. Die beiden sind sehr sportlich. Uwe und ich haben für Sport nicht so viel übrig. „Und außerdem können wir wandern und spielen und erzählen ..." – „Ich bin gespannt auf die Hütte", sagte Mechthild. „Ist sie groß?" – „Das wirst du bald sehen!", sagte der Pater. Dann erzählten wir von allem, was wir seit dem Sommer erlebt hatten. Das war viel. Die Zeit verging schnell. Pater Fridolin fragte zwischendurch: „Sind die Erstkommunionkinder seitdem im Glauben gewachsen?" Weil wir regelmäßig im Gottesdienst waren und das

Abendgebet meist nicht vergessen haben, sagten wir ja. Steffen sagte es ein bisschen leise, weil er sich manchmal vor dem Ministrantendienst drücken will. „Ich spiele meistens mit den Zwillingen, wenn ich soll!", sagte er. – „Na, das ist doch was!", lachte der Pater.
Zuerst waren wir durch eine ganz flache, ziemlich langweilige Gegend gefahren. Dann ging es bergan. Man konnte schon Wälder sehen. Am ersten Waldrand machten wir eine Pause. Pater Fridolin sagte: „Mindestens 15 Kniebeugen sind fällig, wenn man so lange im Auto gesessen hat." Er fing als erster an. Den Leuten auf dem Parkplatz gefiel das gut. Aber sie machten trotzdem nicht mit. Mechthild machte natürlich mindestens 25 Kniebeugen. Dann gab es etwas zu essen aus dem Picknickkorb.

Meine Mutter hatte auch Tee eingepackt. Es schmeckte allen gut. Aber weil der Wind so pfiff, stiegen wir schnell wieder ins Auto. Die Straße wurde steiler. Dann kamen wir durch ein Dorf. Auf einem Teich schwammen Enten herum. Es sah lustig aus. „Dort ist auch eine Kirche!", rief Mechthild. Sie hatte den Kirchturm gesehen. „Hier beten die evangelischen Christen", sagte Pater Fridolin. „Viele Katholiken gibt es in dieser Gegend nicht." – „Wie bei uns", sagte ich. „Und außerdem gibt es auch viele Leute, die nicht an Gott glauben." – „Das ist hier auch so", sagte der Pater. Am Ende des Dorfes stand ein größeres Haus. Pater Fridolin zeigte hin und sagte: „Dieses Haus werdet ihr noch gut kennen lernen. Ich glaube, es wird euch dort gefallen." Wir fuhren weiter. Der Weg wurde immer schmaler und auch steiler. Und auf einmal hielt das Auto an. „Wir sind da!", sagte Pater Fridolin.

KAPITEL 10

Wir sahen die Hütte sofort. Sie stand zwischen hohen Bäumen und war aus lauter Baumstämmen aufgebaut. Die Fenster hatten Fensterläden, und die Tür hatte zwei Schlösser. „Ich war heute morgen schon einmal hier und habe die Heizung angestellt und die Fensterläden aufgemacht", erzählte Pater Fridolin, dabei holte er einen dicken Schlüsselbund aus der Tasche. „Die Hütte muss immer gut verschlossen sein", sagte er, „leider gibt's ja böse Buben, die gern einbrechen." – „In unserem Garten ist auch schon eingebrochen worden!", sagte Steffen. „Meine Eltern haben sich furchtbar geärgert." Ich weiß davon. Wir waren alle erschrocken, und mein Vati hat Steffens Eltern ein besonderes Sicherungsschloss eingebaut. Aber nun schauten wir erst einmal zu, wie Pater Fridolin einen großen dicken Schlüssel und dann zwei kleine Schlüsselchen ins Schlüsselloch steckte. Pater Fridolin machte die Tür weit auf: „Jetzt geht's erst mal hinein in die gute Stube", sagte er. „Ihr könnt euch überall umschauen. Später holen wir das Gepäck." Das war uns recht, denn wir waren sehr neugierig, wie es wohl in der Hütte aussehen würde. Wir drängelten uns ins Zimmer. Da standen wir nun.

„Willkommen, liebe Gäste", sagte der Pater. Wir sagten zuerst gar nichts. Wir sahen uns nur um und staunten.

Ich hatte mir alles ganz anders vorgestellt. Uwe war der Erste, der etwas sagte: „Mensch, hier ist ein Kamin!", rief er. „So einen gab es in England. Dürfen wir den anzünden?" Es lagen wirklich große dicke Holzscheite daneben in einem Kasten. „Wird sich alles finden", schmunzelte der Pater. Mechthild stürmte auf eine Bank los, vor der ein Tisch stand. „Das wird mein Platz", erklärte sie. „Steffen kann daneben sitzen, Uwe und Rita auf der anderen Seite und Pater Fridolin auf dem Präsidiumsplatz. Das ist bei uns der Platz von meiner Mutter, sie ist ja nicht hier. Und hier können wir prima Würfelspiele machen und essen und alles ..." Sie redete wie ein Buch. Plötzlich schnarrte etwas, und es rief: „Kuckuck!" – „Eine echte Kuckucksuhr!" Und schon sauste Steffen in die Ecke, in der die Kuckucksuhr hing. Nun umringten alle die Uhr.

„Sie geht sogar richtig", meinte Uwe mit einem Blick auf seine Armbanduhr. Als wir in die Hütte gekommen waren, war mir gleich ein großes Kreuz aufgefallen. Nun schaute ich es mir genauer an. Es war geschnitzt. Man konnte sogar die Nägel sehen, mit denen Jesus gekreuzigt worden war. Es war mit Tannenzweigen geschmückt. Auch ein paar Strohsterne waren aufgehängt. Solche Strohsterne haben wir im Advent mit unserem Diakon gebastelt. Auch

ein Leuchter mit einer Kerze hing daneben. Pater Fridolin sah, dass ich hinschaute: „In manchen Gegenden nennt man das geschmückte Kreuz in der Ecke des Zimmers den ‚Herrgottswinkel'", erklärte Pater Fridolin. „Das Kreuz im Winkel erinnert daran, dass Christen hier zu Hause sind." – „Dann passen wir gut hierher!", sagte ich zufrieden.
„Und wo bekommen wir etwas zu essen her?" Das fragte natürlich Uwe. Er hat immer den größten Hunger und kann viel essen. „Wir werden hier nicht verhungern müssen", lachte der Pater. „Ein Fräulein Rosa wie bei eurem Onkel Franz gibt es allerdings nicht." Fräulein Rosa hatte uns während der Ferien in Kleckerhausen immer gut versorgt. „Wisst ihr noch?", sagte ich. Uns fielen alle Erlebnisse ein, die wir damals hatten. „Hat diese Hütte hier überhaupt einen Namen?", fragte Uwe. „Nicht dass ich wüsste", antwortete der Pater. Diesmal hatte Steffen eine gute Idee: „Wir sollten sie ‚Hütte Rosa' nennen!", rief er. Das fanden alle gut. Wir nahmen uns gleich vor, Fräulein Rosa zu schreiben, dass unsere Hütte ihren Namen bekommen hat. Das würde sie sicher freuen. „Mir gefällt's hier!", sagte Mechthild. Alle waren einverstanden. Dann setzten wir uns zur Probe um den Tisch herum.
„Nun kommt, es gibt noch mehr zu sehen!" Pater Fridolin stand auf. „Und vor allem sollt ihr sehen, dass es hier auch etwas zu essen gibt." Wir gingen ihm nach. Im Zimmer war mir gleich ein Vorhang aufgefallen. Nun zog Pater Fridolin den Vorhang zurück. „Hier werden wir alle etwas zu tun haben!", sagte er. Und da war doch wirklich eine richtige Miniküche eingebaut. Es gab einen Elektroherd und eine Spüle. Die Miniküche war sehr klein, aber wir quetschten uns alle hinein. Ich dachte mir sofort, dass in den Schränken auch Geschirr und Töpfe waren. Pater Fridolin zeigte uns alles. „Mensch, da steht ein großer Topf!" Uwe hatte schon wieder Hunger. „Ob da was zu es-

sen drin ist?" Er hob neugierig den Deckel. Es roch gut. In dem Topf war wirklich eine Riesenportion Suppe. Mir lief gleich das Wasser im Mund zusammen. Den anderen ging es auch so.
„Und nun schaut euch an, wo ihr schlafen werdet." Drei Türen waren da. Pater Fridolin öffnete die erste davon: „Bitte sehr, meine Damen!" Er schob Mechthild und mich ins Zimmer hinein. Es gab darin ein Doppelstockbett, ein Waschbecken und auch einen Schrank. „Du schläfst oben!", sagte ich zu Mechthild. „Hätt' ich sowieso gewollt!", sagte die und schaute das Waschbecken an. Ehe sie fragen konnte, erklärte der Pater: „Nebenan gibt es auch eine Dusche. Die müssen wir uns teilen." – „Alles eine Frage der Planung!", sagte Uwe und ging mit Steffen in das Zimmer für die Jungen. Dort war auch ein Doppelstockbett. „Ich schlafe oben!", sagte Steffen. Uwe hatte nichts dagegen. „Wo ist Ihr Bett?", fragten wir, und Pater Fridolin zeigte auf die dritte Tür. Wir besichtigten auch die Dusche. Die Toilette hatten wir vorher schon gefunden. Es gab sogar zwei davon.
Dann ging es ans Auspacken. Das Auto Christoffel stand nicht weit von der Hütte. Wir trugen alle Sachen in die Zimmer. Weil jeder einen Schrank hatte, konnten wir alles gut unterbringen. Uwe hatte natürlich mehrere Bücher

mit. Er braucht so etwas immer. Steffen nahm zum erstenmal seinen Fotoapparat ab und legte ihn in sein Zimmer. Ich glaube, er hatte ihn während unserer Besichtigungen ganz vergessen. Mechthild hängte ihren Rosenkranz über den Bettpfosten. Er baumelte bis zu mir hinunter. „Morgen schmücken wir unseren Wohnzimmertisch ein bisschen", sagte ich. „Im Wald gibt es Zweige." – „Klar, hole ich vom Baum", erklärte meine Schwester. Die Lebensmittel, die uns die Eltern eingepackt hatten, kamen in die Küche. „Da ihr jetzt zu tun habt", sagte Pater Fridolin, „werde ich jetzt ein bisschen beten. Ihr wisst: Als Mönch hat man wichtige Pflichten. Ihr könnt euch ja auch ein wenig draußen umsehen. Und dann wird es Zeit zum Mittagessen sein. Ihr wisst ja, die Suppe ist vorbereitet."

Es wurde uns nicht langweilig. Mich interessierte vor allem die Küche. Ich schaute mir alles genau an. Es waren reichlich Teller, Tassen und Bestecke da. Auch einen Flaschenöffner fand ich in einem Schubkasten. Ein Flaschenöffner ist wichtig. Wir hatten ihn bei einem Ausflug einmal vergessen und mussten den Durst aushalten. Uwe fand in einem kleinen Regal ein paar Bücher. Er saß bald in einer Ecke und las. Mechthild und Steffen stromerten in der Gegend umher. Nach einer Weile kamen sie wieder an: „Neben unserer Hütte sind noch zwei andere Hütten", erzählten sie mir. „Bei der einen sind die Fensterläden zu, aber bei der anderen offen. Man sieht sogar, dass in einem Raum das Licht brennt." – „Ihr habt doch hoffentlich nicht die Nase an den Fensterscheiben platt gedrückt!", sagte ich erschrocken. – „Was denkst du denn von uns!?", ereiferte sich Mechthild, und Steffen sagte: „Ich habe ganz oben einen großen Vogel gesehen. Vielleicht war es ein Adler." Später haben wir erfahren, dass es in dieser Gegend keine Adler gibt. Währenddessen ging Pater Fridolin mit seinem Gebetbuch auf und ab. Wir störten ihn nicht. Wir wussten, dass Beten wichtig ist.

Die Überraschung des Tages

„Alle herkommen! Es gibt Mittagessen", rief ich den anderen zu. In der Küche hatte ich alles gefunden, was man zum Mittagessen braucht. Pater Fridolin hatte den Elektroherd angestellt, um die Suppe zu wärmen. Er rührte ab und zu darin herum. Da merkte ich, dass er etwas vom Kochen versteht. Meine Mutter macht es genauso. Ich suchte die Teller und Bestecke. Uwe half mir. Wir deckten den Tisch. Im Kühlschrank stand Pudding. Pater Fridolin holte ihn heraus, denn den Kühlschrank hatte ich bisher nicht angerührt. Steffen und Mechthild kamen heran. „Habt ihr auch die Hände gewaschen?", fragte ich vorsichtshalber. „Wissen wir selbst!" Mechthild kann es nicht leiden, wenn ich sie an etwas erinnere. Dann setzten wir uns um den Tisch. Pater Fridolin zündete die Kerze an, die schon bereit stand. Wir sangen: „Segne, Vater, diese Gaben!" Dann gaben wir uns die Hände und sagten: „Guten-Ap-pe-tit!" Pater Fridolin schöpfte jedem eine große Portion Suppe auf den Teller. Es schwammen Fleischstücke, Kartoffeln und Gemüse darin herum. „Wie zu Hause", sagte Steffen. Mechthild konnte nicht sofort anfangen zu essen, weil an ihrem Platz kein Löffel lag. Uwe wurde ein bisschen rot, sprang auf und legte ihr einen Löffel hin. „Danke!", sagte sie ganz verwundert, weil er so höflich war. Wir wussten ja nicht, dass er beim Tischdecken den Löffel vergessen hatte. Es gab reichlich dicke Suppe, und sie schmeckte. „Wie bei Fräulein Rosa!", sagte Steffen und aß noch zwei Teller davon.

Zwischendurch unterhielten wir uns. „Wer hat die Suppe gekocht?", wollte Mechthild wissen. – „Ich war es nicht!", schmunzelte der Pater, „und ich will gleich sagen, wer die Suppe und den Pudding vorbereitet hat. Könnt ihr euch an das große Haus erinnern, an dem wir heute morgen vorbeigekommen sind?" – „Klar", rief Mechthild, und die anderen nickten. „Dieses Haus ist der Tannenhof. Es gehört zur katholischen Kirche", erzählte Pater Fridolin. „Dorthin fahren alte und auch junge Leute, die miteinander über ihren Glauben sprechen oder ein paar Ferientage erleben wollen. Sie feiern dann dort auch Gottesdienste. Manchmal bringen sie ihren Pfarrer oder Diakon oder Gemeindereferenten mit. Ich bin auch schon öfters im Tannenhof gewesen und habe Vorträge gehalten. Deshalb kenne ich ihn gut. Ich kenne auch die beiden freundlichen Leiterinnen und ihre Gehilfen. Und eine davon hat die Suppe und den Pudding vorbereitet. Der Tannenhof ist ja nicht weit von hier. Aber", sagte Pater Fridolin weiter, „um den Abwasch und das Frühstück und das Abendessen müssen wir uns selbst kümmern." – „Machen wir alles", erklärte Mechthild, die sonst immer mault, wenn sie abwaschen soll. „Ich wasche ab, und Steffen hilft beim Abtrocknen." – Steffen runzelte die Stirn. Pater Fridolin sagte zum Glück: „Jeder kommt mit jedem dran! Könnt ihr auch Kaffee kochen?" Nun erzählte jeder, was er schon konnte. Sogar Uwe wusste etwas: „Ich kann Bratkartoffeln machen!" – „Ich habe schon mal Wackelpudding gemacht!" Das war Mechthild. Dass ich für unsere ganze Familie Spaghetti mit Tomatensoße vorbereiten kann, wissen alle schon. „Ich weiß, wie man Kartoffelplätzchen macht," sagte Steffen. „Aber ich brauche dazu das fertige Pulver." – „Na, dann müssen wir wirklich nicht verhungern", lachte der Pater. Wir erzählten immer weiter, bis die Suppe aufgegessen war und der Pudding drankam. Es war sogar Schokoladenpudding. „Mein liebster Pudding!" Steffen rieb sich den Magen. Auch vom Pudding gab es große Portionen. Dann waren wirklich alle satt. Gerade lehnte sich Uwe endlich auch zurück und sagte: „Nun kann ich nicht mehr!" Da klopfte es an der Tür.

„Immer herein spaziert!" rief Pater Fridolin. Er war überhaupt nicht verwundert, dass jemand anklopfte. Die Tür ging auf. Und wer da hereinkam, das hätte niemand von uns geglaubt. Wir trauten unseren Augen nicht. Vor uns stand ein echter Franziskaner, genau so einer wie Pater Fridolin. Er hatte eine braune Kutte an – wie Pater Fridolin. Er hatte einen weißen Gürtel mit Knoten – wie Pater Fridolin. Er war groß und schlank – wie Pater Fridolin. Aber es gab einen riesengroßen Unterschied zwischen beiden:

Der Besucher war schwarz und hatte dunkles Kraushaar. Wir saßen stumm da und starrten uns die Augen aus dem Kopf. Ich glaube, uns war auch der Mund offen geblieben. Pater Fridolin stand auf und gab dem schwarzen Pater die Hand: „Gott zum Gruß, lieber Bruder Bernhardin", sagte er. „Ich stelle dir jetzt die Rasselbande vor, von der ich dir schon erzählt habe. – Bleibt nur sitzen", sagte er zu uns, „wir sind ja noch nicht mit dem Mittagessen ganz fertig." Der schwarze Pater schüttelte nun jedem von uns die Hand. „Ich freue mich, euch zu sehen", sagte er. Man merkte gleich, dass er nicht aus Deutschland kam. Er sprach ein bisschen anders als wir. Wir nannten der Reihe nach unsere Namen. Zu Steffen sagte er: „Du hast weiße

Haare und ich schwarze!" Steffen wurde knallrot und strahlte über das ganze Gesicht. Ich sagte: „Ich wusste gar nicht, dass es schwarze Franziskaner gibt." – „Ja", sagte er und lachte mit seinen großen weißen Zähnen. „Unser Vater Franziskus hat seine Söhne überall hingeschickt." Mechthild rief ihm zu: „Das ist ja eine tolle Überraschung!", und schüttelte ihm wie wild die Hand. Dann zischte sie mir zu: „Hast du gesehen, dass er ganz helle Handflächen hat?" Inzwischen wissen wir alle, dass Afrikaner helle Handflächen haben. Uwe wurde dann gefragt: „Bist du ein Ministrant?" und er antwortete: „Yes!", obwohl er gar nicht wusste, ob der Pater englisch sprechen kann. Der setzte sich mit an den Tisch. „Ich helfe in dem großen Haus ein wenig", sagte er. „Ich muss noch viel lernen. Ich kann noch nicht sehr gut deutsch sprechen. Pater Fridolin hilft mir dabei." – „Wir können Ihnen auch helfen", sagte ich. „Zum Beispiel könnten wir Ihnen deutsche Wörter erklären. Sie kennen vielleicht noch nicht alle." – „Ich fürchte das", sagte er und lachte mich an. Uwe konnte ich ansehen, dass er am liebsten den schwarzen Pater noch alles Mögliche fragen wollte. Mechthild zappelte auf dem Stuhl herum. Sie war aufgeregt, weil sie einen schwarzen Franziskaner kennen gelernt hatte. Wir waren alle ein bisschen aufgeregt. Dieser Gast in Hütte Rosa war wirklich die Überraschung des Tages. „Jetzt beschließen wir den Mittagstisch", sagte Pater Fridolin. Wir sangen: „Dank dir, Vater, für die Gaben!" Der schwarze Pater sang auch ein bisschen mit.
„Mein Vorschlag", sagte Pater Fridolin, „zuerst wird in der Hütte Rosa Ordnung gemacht. Dann gibt es eine Miniwanderung und anschließend gehen wir ins Haus Tannenhof. Was sagt ihr dazu?" – „Hurra! Super! Okay!", schrien wir. Niemand drückte sich vor dem Abwasch. Wir waren schnell mit allem fertig. „Wie heißt der schwarze

Pater doch gleich?", fragte ich. In der Aufregung hatte ich seinen Namen total vergessen. Der hatte die Frage gehört und sagte: „Ich heiße Pater Bernhardin." – „Und wo kommen Sie her?", fragte Uwe. „Ich komme aus Burundi in Afrika." Uwe machte den Mund schon auf, um weiter zu fragen. – „Ihr könnt in den nächsten Tagen noch sehr viel fragen", mischte sich Pater Fridolin ein, „jetzt geht's erst mal an die frische Luft. Zieht euch warm an, es ist kälter geworden." Wir zogen uns an, und dann ging die Wanderung los.

Von Großmüttern, Großvätern und anderen Leuten

Wir gingen alle zusammen den Berg hinauf. Pater Fridolin ging vorn. Er kannte den Weg. Pater Bernhardin ging am Schluss. Wir Kinder gingen zwischen ihnen. Wir sprachen mal mit Pater Fridolin und mal mit dem schwarzen Pater. Im Wald standen große Tannen. „Wie ein Weihnachtswald!", sagte Steffen. Mir fiel unser Weihnachtsbaum zu Hause ein. Unter dem Weihnachtsbaum steht unsere Weihnachtskrippe.

„Haben Sie im Kloster auch eine Krippe?", fragte ich Pater Fridolin. – „Das will ich meinen", sagte der, „wir haben sogar einen ganzen Krippenberg." Die anderen wollten sofort wissen, was das ist. Und er erzählte beim Weitergehen: „Unser Krippenberg ist hinten in der Kirche aufgebaut. Da ist genügend Platz. In der Mitte steht der Stall, in dem Jesus nach seiner Geburt gelegen hat." – „Und bestimmt sind da auch Maria und Josef und die Hirten",

mischte sich Mechthild ein. Pater Fridolin nickte: „Natürlich. Und außerdem Schafe und viele andere Tiere und Leute, die auf dem Weg zur Krippe sind. Wir haben sogar einen Ziehbrunnen und ein paar Hütten aufgebaut. An den Feiertagen sind viele Kinder und Erwachsene in unsere Kirche gekommen, um sich alles anzuschauen und an der Krippe zu beten. Ihr müsst wissen, dass unser Vater Franziskus, von dem ich euch im Sommer schon erzählt habe, als Erster daran gedacht hat, eine Krippe aufzubauen. Das war vor vielen Jahren in Italien. Er hat damals in einer Höhle eine Futterkrippe aufgestellt und ein Jesuskind aus Wachs hineingelegt. Das sollte die Menschen an das große Geschenk Gottes erinnern. Inzwischen gibt es in der ganzen Welt Weihnachtskrippen." – „Wir haben in unserer Kirche auch eine Krippe, und für Heiligabend haben wir ein Krippenspiel eingeübt", erzählte ich. – „Gibt es bei Ihnen zu Hause auch eine Weihnachtskrippe?", fragte Uwe den schwarzen Pater. „Ja", antwortete der, „und unser Jesuskind hat eine schwarze Hautfarbe und Mutter

Maria auch." Wir erzählten immer weiter und merkten gar nicht, dass wir auf einmal oben am Berg angekommen waren. Von dort aus konnten wir bis ins Dorf sehen. „Seht ihr dort hinten das große Haus?" Pater Fridolin zeigte hin. „Das ist der Tannenhof, unser nächstes Ziel. Und nun geht's bergab." Ehe wir losgingen, holte Pater Fridolin aus seiner großen Mönchstasche eine Handvoll Schokoladenriegel. „Wegzehrung!", sagte er. Es reichte für alle. Steffen verteilte anschließend noch saure Bonbons. Die hat er immer vorrätig.

Es dauerte gar nicht lange, und wir standen vor dem Haus Tannenhof. Wir konnten es nicht übersehen; der Name stand mit großen Buchstaben direkt am Haus. Als wir ankamen, standen an der Tür schon zwei Frauen. „Wir haben Sie schon erwartet", sagte die eine. Sie sah sehr freundlich aus und war so dünn wie ein Strich. Pater Fri-

dolin sagte unsere Namen, und sie lachte uns an: „Nun habt ihr sicher Kaffeedurst. Elisabeth hat guten Kuchen gebacken.“ Sie zeigte dabei auf die zweite Frau. Die sah noch freundlicher aus als die erste und war kugelrund. Ich glaube, die meisten runden Leute können guten Kuchen backen. Beide Frauen gaben uns die Hand und führten uns ins Haus. Im Vorraum stand eine Weihnachtskrippe. Die Figuren hatten echte Kleider an. Die beiden Schafe hatten richtiges Fell. Wir kamen in einen Speiseraum. Dort war eine Kaffeetafel vorbereitet. Auf jedem Platz lag zur Begrüßung ein Lebkuchenherz. Wenn wir zu Hause Besuch haben, gibt es solche Überraschungen auch. Zuerst kamen wir uns in dem Speiseraum ein bisschen fremd vor, aber bald fühlten wir uns sehr wohl. Wir aßen den Teller Kuchen leer. Die Frau, die jeder „Elisabeth“ nannte, brachte noch einen zweiten gefüllten Teller, und wir aßen noch ein bisschen weiter. Außerdem gab es statt Kaffee Kakao, und das gefiel uns besonders gut. Die dünne Frau erzählte uns zwischendurch allerlei über das Haus Tannenhof. Sie erzählte auch, dass im Haus gerade eine Gruppe von Großmüttern und Großvätern zu Besuch wäre. Wir merkten gleich, dass sie im Haus Tannenhof so etwas wie eine „Chefin“ ist. Sie heißt Frau Vogt. Und Frau Elisabeth ist die Chefin in der Küche.
Während wir aßen und tranken, hörte man irgendwo Gitarrenspiel und lautes Singen. „Das sind unsere Gäste“,

erklärte Frau Vogt. „Sie haben gerade eine Liederrunde. Wenn ihr wollt, könnt ihr mitmachen." Dazu hatten wir große Lust. Mit den beiden Franziskanern gingen wir in einen anderen Raum. Dort saßen lauter Leute, die wie Großväter und Großmütter aussahen. Ein Mann spielte Gitarre. Als wir hereinkamen, stand er auf. „Nun kriegen wir Verstärkung", sagte er und schlug die Gitarre an. „Ihr könnt doch bestimmt Weihnachtslieder singen!" Das können wir natürlich. Pater Fridolin gab uns Plätze zwischen den Großvätern und Großmüttern. Eine Frau schlug vor, wir sollten singen: „Ihr Kinderlein, kommet!", und das passte ja wirklich gut. Wir sangen es sofort. Manche von den Hausgästen sangen sogar zweistimmig. Pater Fridolin sang auch mit. Pater Bernhardin war weggegangen. Er hatte sicher etwas anderes zu tun. Wir Kinder durften uns ein Lied wünschen. Ich wünschte mir: „Lasst uns miteinander, lasst uns miteinander, singen, loben, danken dem Herrn!" Es ist ein Kanon. Ich singe ihn besonders gern. Ein echtes Weihnachtslied ist es nicht, aber ich glaube, es

passst trotzdem zu Weihnachten. Die Großväter und Großmütter kannten das Lied von früher. Sie sangen alle mit. Nach dem Singen unterhielten sich alle miteinander. Ich saß neben einer Frau, die ziemlich lustig war. Sie machte zwischen den einzelnen Liedern Witze. Ich hatte gar nicht gleich gesehen, dass sie in einem Rollstuhl saß. Eigentlich ist es traurig, wenn man in einem Rollstuhl sitzen muss. Aber vielleicht kann man trotzdem lustig sein. Sie fragte mich nach meiner Familie und nach der Schule. „Ich war früher auch Lehrerin", sagte sie. Ich erzählte ihr etwas von meinen Eltern und von unseren Großeltern und von meiner Lieblingslehrerin. Mechthild und Steffen saßen ein Stück weiter weg. Ich konnte sie nicht sehen, aber gut hören. Die Frauen, die um die beiden herum saßen, lachten immer wieder laut. Auch Uwe unterhielt sich. Er spricht sonst mit Fremden nicht sofort. Vielleicht hatte einer das Wort „Computer" erwähnt. Wenn das vorkommt, fängt er sofort an, von seinen Kenntnissen zu erzählen.
Es kam uns gar nicht vor, als wäre viel Zeit vergangen. Aber auf einmal kam Frau Vogt herein und sagte: „In einer Stunde steht das Abendessen auf dem Tisch." Da standen allmählich alle auf. Die Frau aus dem Rollstuhl sagte zu mir: „Würdest du mich bitte bis zur Tür schieben? Ich möchte gern ein wenig in der Kapelle beten." Ich schob sie hin. Das ging ganz leicht, denn es gab keine Türschwellen. Ich sah bei der Gelegenheit auch gleich die Kapelle an. Sie gefiel mir gut. Es gab dort bunte Glasfenster. Pater Fridolin winkte Mechthild, Steffen und Uwe heran. Sie schauten sich auch die Kapelle an. „Habt ihr Lust, morgen dort den Gottesdienst mitzufeiern?", fragte der Pater leise. Wir nickten nur, denn wir wollten die Frau nicht stören, die betete.
„Nun wird's aber Zeit für den Rückweg!", hieß es dann. Die runde Elisabeth kam mit zwei Körben an. „Euer Abend-

essen!", sagte sie. „Ihr müsst es aber noch fertig vorbereiten. Guten Appetit und gute Nacht!" Ein paar von den alten Leuten standen am Fenster und sahen, dass wir fortgehen wollten. „Kommt bald wieder!", rief uns einer zu. Ich glaube, dazu hatten wir große Lust. Wir winkten zum Abschied. Auch Pater Bernhardin winkte uns noch zu. Draußen war es schon ziemlich dunkel. „Es riecht nach Schnee!", sagte der Pater. Ich roch nichts; aber er kannte die Gegend ja schon besser. Wir gingen mit unseren Körben zur Hütte. Wir konnten sie gut tragen. Pater Fridolin half mit. Der Weg war gar nicht weit. Wir kamen gut zu Hause an. Frau Elisabeth hatte gute Sachen eingepackt. Wir ordneten alles auf Platten. Dann brauchten wir nur noch den Tisch zu decken. Das Teewasser kochte schnell. Als wir dann Abendbrot gegessen und abgewaschen hatten, waren wir so müde, dass wir beinahe das Abendgebet vergessen hätten. Zum Glück betete Pater Fridolin mit uns gemeinsam. Weil wir so müde waren, machte er es kurz. Wir haben uns gewaschen und die Zähne geputzt. Ich hätte beinahe nicht daran gedacht, dass ich in dieser Nacht in einem fremden Bett schlafen würde. Ich habe nur noch gehört, wie Mechthild sagte: „Dieser Tag war Spitze!" Dann war ich eingeschlafen.

KAPITEL 11

Es schneit, es schneit!

Wir haben in der Hütte wunderbar geschlafen. Als ich wach wurde, wusste ich gar nicht gleich, wo ich war. Über mir sah ich Mechthilds Arm frei in der Luft hängen. Da fiel mir ein, dass wir im Doppelbett der Hütte Rosa lagen. Mechthild schlief noch. Es war ziemlich dunkel im Zimmer, denn Pater Fridolin hatte am Abend die Fensterläden geschlossen. Aber ich konnte trotzdem merken, dass es draußen schon hell war. Ich stand auf und

versuchte, durch die Spalten des Fensterladens zu spähen. Die Spalten waren sehr schmal, und ich musste zweimal hinsehen, um das glauben zu können, was ich sah. Die Welt sah neu aus. Alles ringsum war weiß. Und es schneite mit dicken Flocken. „Es schneit, es schneit!", rief ich und zwickte Mechthild in den Arm, um sie zu wecken. „Was ist denn? Lass mich schlafen!", brummte sie und drehte sich auf die andere Seite. „Hast du nicht kapiert? Es schneit. Alles ist weiß!" Sie grunzte noch etwas und rührte sich nicht mehr.

Ich ging ins Wohnzimmer. Dort waren die Fensterläden weit geöffnet. Ich stand da und sah eine herrliche Pracht. Die Tannen waren mit Schnee bedeckt. Vor der Hütte und um die Hütte herum lag ein dicker weißer Teppich. Und es schneite immer noch in großen Flocken. Es sah wunderbar aus. Ich ging ans Fenster auf der anderen Hüttenseite. Und da bekam ich einen riesigen Schrecken. Neben unserer Hüttentür stand ein großer Mann in einem schwarzen Overall mit einer Kapuze. Man sah seine Spur im Schnee. Er hatte den schönen Schneeteppich mit seinen Füßen völlig zerstört. Er stand still da. Ich dachte: „Das wird doch kein Einbrecher sein!? Solche Leute gibt es ja heutzutage immer öfter." Ich sauste zu Mechthild und zog sie einfach aus dem Bett. „Du", sagte ich, „vor der Hütte steht ein fremder Kerl – mitten im Schnee." Sofort war Mechthild hellwach. Ich zog sie ins Zimmer und hielt sie fest, damit sie nicht zu dicht ans Fenster ging. „So eine Menge Schnee!", rief sie. Der Schnee interessierte sie natürlich am meisten. „Schau doch nur – dort ist der fremde Mann", flüsterte ich ihr zu. Sie schaute hin. Und auf einmal fing sie wie wild an zu lachen. Sie ging dicht ans Fenster und klopfte an die Scheibe. Da drehte sich der fremde Mann um, und ich merkte, dass es gar kein fremder Mann war. Es war Pater Fridolin. Mechthild hatte ihn

sofort erkannt, obwohl er keine Franziskanerkutte anhatte. Er winkte uns zu. Ich schämte mich ein bisschen. Aber ich hatte den Pater ja noch nie in einem Overall gesehen. Er hatte bisher immer sein Mönchsgewand angehabt. Aber das war wohl für den Schnee nicht so geeignet.
Dann kam Pater Fridolin ins Zimmer. „Na, ihr Langschläfer", lachte er. „Wie gefällt euch der Schnee? Ich war schon im Tannenhof und habe Brötchen und allerlei mitgebracht. Und nun: Fertigmachen zum Frühstücken!" Mechthild und ich beeilten uns. Während sich Mechthild kämmte, sagte sie: „Was ist mit den Jungen los? Solche ollen Penner!" Sie klopfte so stark an die Wand, dass die Hütte zitterte. Steffen und Uwe erschienen. Sie hatten vom Schnee noch gar nichts gemerkt. Nun sahen sie die Überraschung. Am liebsten wären sie sofort ins Freie gerannt. Pater Fridolin hielt sie auf und schob sie in Richtung ihres Zimmers. Sie verschwanden und kamen nach einer Weile frisch gewaschen und gekämmt wieder an. „Nachher gehen wir sofort in den Schnee ..." – „Ich möchte wissen, wieviel Zentimeter Schnee schon gefallen sind!" – „Ob es immer weiter schneit?" – „Gibt es hier auch einen Schlitten?" Alle redeten über den Schnee, und während dieser Zeit wurde das Frühstück vorbereitet. Die Vorbereitung dauerte ziemlich lange, weil immer wieder einer zum Fenster ging, um zu sehen, ob der Schnee wirklich noch da war. Als wir endlich am Frühstückstisch saßen, fragte Pater Fridolin: „Wie sieht es denn mit dem Morgengebet aus?" Wir senkten den Kopf, und einer schielte zum anderen hin. Pater Fridolin merkte sofort, wie es mit dem Morgengebet ausgesehen hatte. Schuld war natürlich der Schnee. Aber weil wir auch Schuld waren, holten wir das Morgengebet gemeinsam nach. Wir dachten dabei auch an unsere Eltern. Am Ende rief Mechthild: „Lieber Gott, ich danke dir auch schön für den tollen Schnee. Hoffentlich bleibt er lange

liegen. Amen." Ehe es in den Schnee ging, wurden Aufgaben verteilt. So etwas muss sein, wenn man in einer Gruppe zusammen ist. Keiner drückte sich. Steffen fiel leider beim Abtrocknen eine Tasse aus der Hand. Zum Glück zerbrach sie nicht; sie bekam nur einen Sprung.
Wir zogen unsere dicken Wintersachen an, und dann ging es hinaus. Hinter der Hütte lag völlig unberührt ein Schneeteppich. Ich dachte: „Es ist schade, darauf herumzulaufen. Es sieht so schön aus." Kaum hatte ich das gedacht, schrie Mechthild: „Los, Steffen, wir machen den Adler!" Wie man im Schnee einen „Adler" macht, weiß jedes Kind. Mechthild sprang in die Mitte des schönen Teppichs, legte sich lang hin und breitete die Arme aus. Steffen lag sofort daneben. Sie drückten die Arme immer wieder in den Schnee – jedesmal ein bisschen höher zum Kopf hin. Als sie aufgestanden waren, lagen auf dem weißen Teppich wirklich Spuren, die wie Adler aussahen. „Noch mal!", rief Steffen. Nun machte ich auch mit. Schließlich waren ganze Schwärme von Adlern hinter der Hütte zu sehen. Pater Fridolin hatte einen Schneeschieber gefunden und fing an, um Hütte Rosa herum Bahn zu machen. „Ich helfe auch mit", erklärte Mechthild, „aber Sie müssen vorher auch den Adler machen." – Pater Fridolin ließ sich gar nicht lange bitten. Wir suchten einen guten Platz für ihn aus. Er legte sich in den Schnee. Sein Adler war natürlich der Schönste. Es war ja auch der Größte.
Auf einmal sprang Pater Fridolin auf und machte – ruckzuck – ein paar Schneebälle. Er warf sie Uwe auf den Rücken. Uwe hatte sich bis dahin noch nicht in den Schnee geworfen. Er war damit beschäftigt, die großen Schneeflocken zu betrachten. Er wollte eine davon einfangen, aber wenn er endlich eine in der Hand hatte, schmolz sie ihm weg. Das ärgerte ihn bestimmt, weil er immer alles

untersuchen will. Nun traf ihn Pater Fridolins Schneeball. Es gab eine tolle Schneeballschlacht. Jeder raffte Schnee zusammen, machte Bälle davon und versuchte, irgend jemanden zu treffen. Diese Schneeballschlacht war herrlich. Sie war außerdem sehr laut. Ein Mann aus der Nachbarhütte machte das Fenster auf, um zu sehen, woher der Lärm kam. Ich dachte schon, er würde schimpfen, aber er machte das Fenster schnell wieder zu. Auf einmal rief Steffen: „Und was ist mit dem Auto Christoffel? Es ist bestimmt vollkommen eingeschneit!" Über dem Schnee hatten wir das Auto vergessen. Von der Hütte aus konnte man es nicht sehen.
Wir machten uns sofort auf den Weg. Weit war es ja nicht. Aber wir mussten durch den Schnee waten, um hinzukommen. Das Auto war vollkommen eingeschneit. Mechthild wollte gleich anfangen, mit den Fingern „Christoffel" auf die Kühlerhaube zu schreiben. Steffen puffte sie und sagte: „Lass das! Das macht Kratzer in den Lack!" Steffens Onkel ist Kraftfahrzeugmeister. Von dem weiß er so etwas. Inzwischen war Pater Fridolin auch herangekommen. „Na, du bist ja gut eingepackt", sagte er zu Christoffel. „Aber wie ich dich kenne, macht dir das nichts aus!" Wir gingen wieder zur Hütte und halfen beim Schneeschippen. „Das macht Spaß!", rief Mechthild und schwitzte,

weil Schneeschippen ziemlich anstrengend ist. „Ja, jetzt noch!", sagte Pater Fridolin und schaute zum Himmel. Von oben kamen noch viele Flocken geschwebt. „Nichts von Sternen zu erkennen!", maulte Uwe, aber Steffen lachte ihn aus: „Seit wann gibt's denn am Tag Sterne zu sehen!?" Pater Fridolin stellte den Schneeschieber in die Ecke. Dann sagte er: „Was haltet ihr von gemischtem Gemüse und Fleischklößchen?" Es war wirklich schon Mittagszeit. Am Vordach schüttelten wir den Schnee aus den Sachen und klopften die Schuhe aus. Dabei sangen wir so laut wie möglich: „Wir haben Hunger, Hunger, Hunger!" Und das stimmte wirklich.

Ideen muss man haben

Beim Mittagessen sprachen wir über tausend Dinge. Vor allem interessierte uns, wann wir Pater Bernhardin, den schwarzen Pater, wieder sehen würden. „Ich habe ihn viel zu fragen!", rief Uwe, während er sich schon das dritte Fleischklößchen aus der Schüssel nahm. – „Wenn ihr heute nachmittag den Gottesdienst im Tannenhof mitfeiert, ist vielleicht Gelegenheit dazu", sagte Pater Fridolin. – „An unserer Hütte fehlt ein Namensschild", erklärte Mechthild. „Das könntest du mit deiner schönsten Schrift malen, Rita, was meinst du dazu?" – Die Idee fand ich gut. HÜTTE ROSA. Es würde bestimmt gut aussehen. Uwe meinte: „Wenn ich meinen Computer hier hätte …" – „Hast du aber nicht", bremste ihn Mechthild ab. An dieser Stelle muss man Uwe bremsen, sonst spricht er unaufhörlich weiter von seinen Computer-Erfahrungen. Mir fiel noch etwas ein. „Ich finde es schade, dass es in unserer Hütte keine Weihnachtskrippe gibt", sagte ich. „Weihnachtskrippen gehören zum Weihnachtsfest dazu. Stimmt's?" – „Yes", sagte Uwe und nahm das vierte Fleischklößchen. Steffen zwinkerte Uwe zu und fragte: „Schmeckt's?" Der ließ sich nicht aus der Ruhe bringen und sagte noch einmal: „Yes." – „Aber woher sollen wir eine Weihnachtskrippe nehmen?", fragte Mechthild. Sie sprang vom Stuhl auf und schrie: „Ich hab's! Wir basteln eine!" Ich drückte sie auf den Stuhl zurück. „Wir haben doch kein Bastelmaterial", meinte Steffen. Er ist einer unserer besten Bastler. „Ich wüsste einen Rat", mischte sich Pater Fridolin ein. „Frau Elisabeth im Tannenhof bastelt gelegentlich mit den Gästen des Hauses. Sie hat bestimmt Bastelvorräte im Schrank." – Pater Fridolin weiß einfach immer einen Rat. Am liebsten wären wir nun gleich zum Tannenhof gerannt, um mit Frau Elisabeth zu sprechen. Aber es gab nach dem Mittagessen noch anderes zu tun. Ich war mit dem Abwasch dran. Uwe sollte abtrocknen. Er musste erst gesucht werden, weil er in einem Buch las. Mechthild und Steffen hatten ‚Stubendienst'. Damit war gemeint, dass sie den Tisch abwischen und überhaupt alles in Ordnung bringen mussten. Pater Fridolin räumte alle Essenreste gut weg und packte Sachen in den Korb, die nicht mehr gebraucht wurden. „Sie machen das wie eine echte Hausfrau!", lobte ich

ihn. – „Wie ein Hausmann", lachte er. „Wir haben das bei uns im Kloster gelernt."
Schließlich hatte jeder seine Aufgaben erfüllt. „Geht's jetzt los?", fragte Mechthild. Sie wollte sich bestimmt gleich wieder im Schnee herumwälzen. Als hätte Pater Fridolin meine Gedanken gelesen, sagte er: „Wir gehen geradewegs zum Gottesdienst in den Tannenhof. Der beginnt ungefähr in einer Stunde. Möchte jemand Messdiener sein?" Außer mir meldeten sich alle. „Diesmal kommen Uwe und Steffen dran", entschied Pater Fridolin. „Frau Vogt wird euch alles zeigen. Und du kommst beim nächsten Mal dran, Mechthild. Wie ich weiß, bist du ja noch neu im Amt – und jeder muss sich erst hocharbeiten." Zuerst hatte Mechthild einen Flunsch gezogen, aber als Pater Fridolin sie ansprach, nickte sie ihm zu. – „Nach dem Gottesdienst gibt's Kaffee, und dann könnt ihr eure Krippenidee mit Frau Elisabeth besprechen. Ich schlage vor, dass ihr unterwegs keine Adler und Schneebälle macht, damit wir im Tannnenhof nicht wie die Schneemänner ankommen. Übrigens: morgen werden die Schlitten herausgeholt!" – „Hurra!", riefen Mechthild und Steffen.
Der Weg zum Tannnenhof war schmal und voller Schnee. „Und wenn es nun immer weiter schneit?", fragte ich. „Kommen wir dann überhaupt noch durch?" – „Keine Angst", war die Antwort. „Wenn es noch mehr schneit, wird der Weg mit der Schneefräse freigeräumt." – Niemand von uns wusste, was eine Schneefräse ist. Bei uns zu Hause braucht man so etwas nicht. Der Schnee schmilzt immer gleich weg. „Die Schneefräse ist ein elektrisches Fahrzeug. Sie wirft den Schnee nach rechts oder links und macht so den Weg frei." – „Hoffentlich sehen wir das mal!", wünschte sich Uwe. Wir sahen die beiden Hütten, die in unserer Nachbarschaft standen. In der einen rauchte der Schornstein. Das erinnerte uns an den Kamin in Hütte Rosa.

„Wann zünden wir ihn an?", fragte Steffen. – „Kommt Zeit, kommt Rat", war die Antwort. Wir kamen vorbei an Christoffel, der inzwischen aussah wie ein Schneeberg. Dann gingen wir im Gänsemarsch den Weg entlang. Vorn ging natürlich Pater Fridolin. Mit seinen großen Füßen machte er für uns die Bahn frei. Trotzdem mussten wir die Beine mächtig heben.
Im Tannenhof trafen wir die Großelterngruppe wieder. Alle waren auf dem Weg zur Kapelle. Ich ging gleich auf die Frau im Rollstuhl zu: „Guten Tag", sagte ich, „geht es Ihnen gut?" Sie lachte mich an und sagte: „Ganz gut. Hier im Haus muss es einem ja gut gehen!" Ich schob sie bis in die Kapelle. Die Jungen waren verschwunden. Mechthild setzte sich in die erste Bankreihe. Ich blieb neben der Frau im Rollstuhl sitzen. Es war ziemlich eng in der Kapelle, aber unser Onkel Franz sagt immer: „Besser eine kleine Kirche, die voll ist, als eine große Kirche, die leer bleibt!" Der Gottesdienst verlief so, wie wir es bei uns auch gewöhnt sind. Nur einen Franziskaner als Pfarrer haben wir nicht und erst recht keinen schwarzen Franziskanerpfarrer. Als der Gottesdienst anfing, kamen die beiden Franziskanermönche an den Altar, unsere Jungen vorneweg. Sie machten alles richtig, obwohl Pater Fridolin sie an manchen Stellen ein bisschen hierhin oder dorthin schieben musste. Das kam daher, dass sie in dieser Kapelle noch nie Messdiener gewesen waren. Wir haben alle zusammen gebetet und gesungen, und die meisten sind zur Kommunion gegangen. Pater Bernhardin brachte der Frau neben mir die Hostie bis zum Rollstuhl. Frau Vogt und Frau Elisabeth waren auch da. Am Schluss sangen wir: O du fröhliche! Davon kann ich alle Strophen auswendig.
Beim Kaffeetrinken sahen wir Frau Elisabeth wieder. Sie setzte sich zu uns an den Tisch. Wir erzählten ihr von

unserer Idee, eine Krippe zu basteln. „Die Idee ist gut", sagte sie gleich. Sie dachte ein bisschen nach und dann machte sie sofort einen Vorschlag: „Im Keller haben wir einen Raum, in dem manchmal gebastelt wird. Dort sind meine Bastelvorräte gespeichert. Ich helfe euch gern, wenn ihr wollt." – „Klar!", riefen wir und beeilten uns mit dem Kaffeetrinken. Pater Fridolin kam heran und fragte, wie es aussähe mit unseren Plänen. Auch Pater Bernhardin war

da. „Gute Idee", sagte der, „ich möchte später eure Krippe sehen." Pater Fridolin nickte Pater Bernhardin zu: „Wir beide können uns jetzt zurückziehen", sagte er. Vielleicht wollten sie zusammen beten oder über wichtige Dinge sprechen. Wir vier gingen jedenfalls mit Frau Elisabeth in den Keller. Schon unterwegs meinte sie: „Ich könnte mir gut vorstellen, dass ihr die Krippenfiguren modelliert. Ich habe Material dafür sofort zur Hand." Wir stritten nicht lange herum, sondern überlegten sofort, welche Krippenfiguren man für eine Weihnachtskrippe unbedingt braucht.
Im Kellerraum gab es einen großen Tisch, auf dem man Bastelsachen ausbreiten konnte. Frau Elisabeth brauchte gar nicht lange zu suchen. Sie griff sich einen großen Karton. Darin lag Modelliermasse. Es gab viel davon in allen Farben. „Das trocknet schnell und wird fest", erklärte sie uns. Steffen sagte sofort: „Ich knete den heiligen Josef." Ich meldete mich gleich für die Mutter Maria. Uwe entschied sich für einen Hirten. „Ich weiß ja, wie Hirten aussehen!," erklärte er.- „Und ich fabriziere das süße kleine Jesusbaby." Solche Redensarten sind meiner Schwester ähnlich. „Ihr müsst euch zuerst überlegen, wie groß die Figuren sein sollen", riet uns Frau Elisabeth. Das war ein guter Rat. Vielleicht hätte Steffen sonst einen riesigen Josef geknetet und ich eine kleine Maria. Das hätte nicht zusammengepasst. Wir gingen an die Arbeit. Es wurde ganz still. Das ist immer so, wenn sich Leute anstrengen. Frau Elisabeth ging von einem zum anderen und gab noch ein paar Tipps. Meine Mutter Maria bekam am Schluss einen weißen Umhang und ein blaues Kleid. „Sie sieht aus wie du!", lästerte Mechthild, weil meine Maria ziemlich rund geraten war. Steffens Josef hatte einen Korb am Arm. „Was ist denn da drin?", fragte ich. „Entweder Kartoffeln oder Eier", entschied Steffen. Er hatte viele kleine

Kugeln geformt. „Kartoffeln gab es damals noch gar nicht!", erklärte Uwe. „Was in dem Korb ist, müssen also Eier sein." Der Hirt hatte einen Pelz um. Den Pelz hatte Uwe mit einem Stäbchen aus Modelliermasse geformt. „Der hat krumme Beine!" Damit meinte Mechthild nicht Uwe, sondern die Hirtenfigur. „Es gibt Menschen mit krummen Beinen!" Uwe ließ sich wieder einmal nicht aus der Ruhe bringen. – „Mein Jesuskind braucht eine Krippe!" Mechthild suchte nach einem geeigneten Material, aus dem man eine Krippe basteln konnte. Frau Elisabeth gab ihr eine kleine Schachtel. „Die kannst du mit trockenem Moos auspolstern", sagte sie. Nachdem wir mit unseren Figuren fertig waren, merkten wir, dass Schafe fehlten. Frau Elisabeth zeigte uns, wie man möglichst schnell Schafe bastelt. Es sollten weiße und schwarze dabei sein. So arbeiteten wir einfach weiter. „Zum Glück kommen die heiligen drei Könige mit ihren Kamelen erst am 6. Januar", sagte Mechthild. „Ich bin jetzt erst einmal geschafft!"
Als Pater Fridolin und Pater Bernhardin zu uns in den Keller kamen, konnten wir ihnen unsere Krippenfiguren vorstellen. Sie lobten uns sehr. „Fleißige Leute müssen belohnt werden", sagte Pater Fridolin. „Ich gebe jetzt ein

Ferngespräch zu euren Eltern frei!" Das gab ein großes Hallo. Ehe wir telefonierten, setzten wir unsere Figuren vorsichtig nebeneinander auf den Basteltisch. Frau Elisabeth sagte: „Hier steht schon ein Karton für den Transport. Aber eure Figuren müssen über Nacht bei uns bleiben. Sie müssen erst total trocken werden." Dann telefonierten wir mit unseren Eltern. Jeder kam an die Reihe. Pater Fridolin stoppte ab, wenn einer zu lange sprach. Ich glaube, unsere Eltern merkten alle, dass es uns in Hütte Rosa und im Tannnenhof gut gefiel. Und dass es uns gefiel, mit Pater Fridolin zusammen zu sein, das hatten sie vorher schon gewusst.

Besuch bei guten Nachbarn

„Und nun: Auf zu Hütte Rosa!", rief Pater Fridolin. Wir zogen die Anoraks an. Frau Elisabeth kam aus der Küche und rief: „Vergesst eure Abendverpflegung nicht!" In der Diele stand ein vollgepackter Campingbeutel. „Da ist bestimmt was Gutes drin!", sagte Uwe und schnupperte an dem Beutel herum. Er konnte nicht herausbekommen, was drin war. Der Sack war dicht. „Wie wäre es, wenn du unser Abendbrot gleich auf den Rücken nehmen würdest? Du stehst am dichtesten dran", schlug Pater Fridolin vor. Uwe hatte nichts dagegen. Wir halfen ihm, den Campingbeutel auf die Schulter zu nehmen. Er war nicht zu schwer. „Auf los geht's los!", sagte unser Pater, und wir gingen los.

Wir probierten diesmal den Weg aus, der an der Kirche vorbeiführt. Bei unserer Ankunft hatte Pater Fridolin gesagt: „In dieser Kirche beten die evangelischen Christen." Wir wollten gerade vorbeigehen, da blieb Mechthild stehen und rief: „Horcht doch mal! Da drin orgelt jemand." Wir blieben stehen. Wir hörten wirklich ein paar Orgelklänge, aber ob ein Lied gespielt wurde, konnten wir nicht herauskriegen. „Vielleicht übt jemand!", sagte ich. In unserer Gemeinde gibt es einen Jungen, der das Orgelspielen lernt. Er darf manchmal auf unserer Orgel üben. Später soll er unsere Organistin unterstützen. Mechthild sagte: „Wir könnten doch mal reingehen und ein bisschen zuhören. Dürfen wir?" Pater Fridolin sagte sofort: „Eine gute Idee! Ihr wisst ja gar nicht, wie es in dieser Kirche aussieht." – „Sie gehört aber den evangelischen Leuten!" Das hatte sich Steffen bei der Herfahrt gut gemerkt. „Ja, das stimmt", nickte Pater Fridolin, „und die evangelischen und die katholischen Leute sollen gute Nachbarschaft halten und sich füreinander interessieren. Also vorwärts, machen wir einen Besuch." – Hoffentlich ist die Tür nicht abgeschlossen", rief ich. Mechthild klinkte die Tür auf. „Nicht abgeschlossen!", rief sie. „Wir können rein!" In der Kirche waren keine Leute zu sehen. Der Organist spielte immer noch. Wir gingen leise in die Kirche hinein, Steffen als erster. Am Eingang wollte er sofort die Hand ins Weihwasserbecken stecken, um dann ein Kreuzzeichen zu machen. Aber es war kein Weihwasserbecken da. Es stand nur ein geflochtenes Körbchen da. Da steckte Steffen den Finger einfach in dieses Körbchen hinein. Es war natürlich kein Weihwasser drin, und Steffen machte ein ziemlich dummes Gesicht. Mechthild hätte beinahe laut gelacht. Ich knuffte sie schnell, damit sie uns nicht blamieren konnte. „Wir setzen uns erst einmal hin und hören dem Orgelspiel zu", schlug Pater Fridolin vor und suchte sich die zweite

Bank in der ersten Reihe aus. Wir gingen ihm nach und setzten uns alle in eine Reihe. Die Bank wurde voll. Uwe nahm den Campingbeutel ab und legte ihn neben sich. Er nahm ihn in den Arm wie einen Freund. Steffen wollte sich hinknien, wie wir es bei uns immer machen, wenn wir in die Kirche kommen. Er wäre beinahe auf den Fußboden gefallen. Das kam, weil es keine Kniebänke gab. Er kam mit rotem Kopf unter der Bank vor und setzte sich ordentlich hin. Ich musste Mechthild schon wieder stupsen, sonst hätte sie vielleicht laut gelacht.
Wir saßen da und schauten uns um. Neben dem Altar stand ein großer Weihnachtsbaum. Er war mit silbernen

Kugeln und vielen Kerzen geschmückt. Eine Krippe war nicht zu sehen. Wir hörten dem Orgelspiel zu. Dazu brauchten wir uns gar nicht umzudrehen, denn ich hatte gleich gemerkt, dass in dieser Kirche die Orgel vorn über dem Altar steht. Bei uns steht sie hinten. Den Organisten konnten wir nicht sehen, aber sein Spiel gefiel mir sehr gut. Er spielte keine Lieder, sondern andere Musikstücke. Manche waren ganz zart und leise, andere mächtig laut. Unsere Organistin hat mir erzählt, dass in jeder Orgel ganz verschiedene Töne sein können. In dieser Orgel hier gab es Töne, die wie eine Flöte klangen, und dann gab es andere, die brummten oder schnarrten. Orgeln gefallen mir gut. Vielleicht lerne ich später auch, darauf zu spielen. Dann war der Organist fertig. Ich hätte am liebsten Beifall geklatscht. Aber ich wusste nicht, ob das richtig gewe-

sen wäre. Wir klatschen ja in der Kirche nach dem Gottesdienst auch nicht, wenn unsere Organistin zum Schluss etwas Schönes vorspielt. Dann hörte man, wie die Orgel abgeschlossen wurde und jemand die Treppe hinunterkam. Es war der Organist. Er hatte lange Haare. Sie waren mit einem Band zusammengebunden. Er war bestimmt schon so alt wie mein Vati. Ich dachte schon, er würde einfach an uns vorbeigehen. Aber als er uns da sitzen sah, blieb er stehen und sagte freundlich: „Ihr seid bestimmt Gäste in unserem Ort. Wie hat euch das Orgelspiel gefallen?" – „Gut!", riefen wir, und Mechthild sagte noch: „Wir haben zu Hause auch eine Orgel in der Kirche." Pater Fridolin gab dem Mann die Hand und sagte: „Es geht nichts über ein gutes Orgelkonzert. Alles zum Lobe Gottes, nicht wahr?" Der Organist nickte und sagte: „Ich bereite mich auf mein Orgelexamen vor. Da heißt es üben, üben, üben!" Dann winkte er uns zu und ging hinaus.
Wir schauten uns noch ein bisschen in der Kirche um. „Habt ihr überhaupt schon einmal eine evangelische Kirche besucht?", fragte Pater Fridolin. „Ich nicht", sagte Steffen, „wir gehen immer in die katholische Kirche." – „Trotzdem weiß ich, wie es in einer evangelischen Kirche aussieht", erklärte Mechthild, „im Urlaub schauen wir uns alle Kirchen an, an denen wir vorbeikommen. Manche sind katholisch und manche evangelisch. Mein Vati sagt immer, man kann nie genug Neues kennen lernen." – „Da hat dein Vati recht", nickte Pater Fridolin ihr zu. Mechthild redete immer weiter: „Ich weiß auch, dass es in der evangelischen Kirche kein Weihwasser gibt und keine Kniebänke. Und es gibt auch keinen Tabernakel, in dem das geweihte Brot aufgehoben wird, und kein ewiges Licht und nicht so viele Bilder" … – „Und du gibst wieder einmal mächtig mit deinem Wissen an!", bremste ich sie. „Pah!", machte sie nur. „Und du, Uwe", fragte Pater Fridolin,

„warst du auch schon einmal in einer evangelischen Kirche?" – „Yes", rief er, „und ich war in England mit meiner Mutter sogar in einer angli-ka-ni-schen Kirche. Da hingen lauter Fahnen." – „Komisch", sagte Mechthild. „Aber interessant war es trotzdem!", rief Uwe. Der Altar dort war riesig und das goldene Kreuz auch!" – „Das Wichtigste ist, dass in allen Kirchen gebetet wird und jeder seinen Glauben ernst nimmt", meinte Pater Fridolin und zeigte auf das Kreuz über dem Altar. „Das Kreuz ist das Zeichen aller Christen. Ich schlage vor, wir beten jetzt einmal für alle Menschen, die in dieser Kirche ihren Gottesdienst feiern." – „Die sind aber evangelisch!", sagte Steffen. Pater Fridolin legte ihm die Hand auf den Kopf: „Sie sind Kinder Gottes wie wir! Sie beten das gleiche Vaterunser, das wir jetzt auch beten wollen." Wir falteten die Hände. Weil wir ziemlich laut beteten, klang es durch die ganze Kirche. Es war richtig feierlich.

Dann schulterte Uwe den Campingbeutel, und wir gingen noch ein bisschen in der Kirche umher. Ein Stapel Gesangbücher lag da. Uwe nahm sofort eines davon in die Hand und blätterte darin herum. „Ich will mal sehen, ob auch Weihnachtslieder drin stehen!", sagte er. Er fand wirklich welche und sagte zufrieden: „‚O du fröhliche' wird hier auch gesungen." Ich glaube, am liebsten hätte er das ganze Buch durchgelesen. Aber so viel Zeit war nicht. Steffen winkte uns. Wir merkten, dass er uns etwas zeigen wollte, und gingen zu ihm hin. „Hier gibt es ein echtes Taufbecken!", sagte er. „Es sieht beinahe so aus wie das in unserer Kirche. Meine kleinen Schwestern sind dort getauft worden. Und ich durfte die Taufkerze tragen." Das sagte er zu Pater Fridolin. Wir anderen wussten das schon. Das Taufbecken in dieser Kirche war aus Stein und sah sehr alt aus. „Bestimmt sind hier schon viele Kinder getauft worden!", sagte Uwe. „Ja, und Erwachsene bestimmt

auch", sagte ich. In unserer Kirche war im Advent eine Erwachsenentaufe. Wir waren dabei.
Inzwischen war es ziemlich dunkel geworden. Wir gingen aus der Kirche heraus. Ich hätte beinahe zum Weihwasserbecken gefasst, das gar nicht da war. Aber ich habe mich rechtzeitig beherrscht, sonst hätte meine Schwester mich stundenlang ausgelacht. Als wir die Kirchentür zugemacht hatten, sagte Uwe: „Hoffentlich schließt hier jemand ab. Sonst kommen vielleicht Diebe und klauen einen Leuchter." Er hatte es gerade gesagt, da kam mit großen Schritten ein Mann auf die Kirche zu. Er klapperte mit einem Schlüsselbund. „Wir haben schon gedacht, hier würde gar nicht abgeschlossen", sagte Mechthild. Aber der Mann schloss sofort zu. Dann sagte er zu Pater Fridolin: „Ich habe Sie lange nicht mehr gesehen, Herr Pater." Pater Fridolin schüttelte ihm die Hand: „Ich bin mal wieder zu Besuch hier", sagte er, „und die vier Kinder sind meine Gäste." Er schaute uns an und schmunzelte: „Nachdem ihr heute die evangelische Kirche angeschaut habt, seht ihr nun vor euch auch noch einen echten evangelischen Pfarrer! Das ist Pfarrer Wiegand." Pfarrer Wiegand gab uns die Hand. Mechthild platzte heraus: „Sie sehen gar nicht wie ein Pfarrer aus!" – „So?", lachte der Pfarrer, „du dachtest wohl, ich hätte immer einen Talar an?" Er fragte uns dann noch, woher wir kämen. Wir sagten es ihm. Er erzählte uns, dass er unsere Stadt kennt. Dann verabschiedeten wir uns. „Er ist nett!", sagte Mechthild. Aber das konnte er nicht mehr hören.
Auf dem Heimweg sprachen wir darüber, warum es verschiedene Kirchen gibt. Uwe wusste alles Mögliche darüber zu sagen. Pater Fridolin wusste natürlich das meiste. Er sagte dann: „Ich hoffe darauf, dass es eines Tages nur noch eine Kirche für alle gibt." Ich hoffe das auch. Denn ich würde gern jeden Sonntag mit meiner Schulfreundin

Renate zum Gottesdienst gehen. Aber sie ist evangelisch und hat einen ganz anderen Kirchenweg.

Ungebetene Gäste

Nach dem Abendessen fragte Pater Fridolin: „Wie wäre es mit einer kleinen Wanderung?" Wir schauten aus dem Fenster. Draußen war es schon dunkel. Es hatte aufgehört zu schneien. „Ein toller Sternenhimmel!", rief Mechthild und presste die Nase an die Fensterscheibe. Ich wusste gleich, was Uwe sagen würde: Endlich kann ich Sterne beobachten! Er sagte das im gleichen Moment wirklich. Wir hatten alle Lust, im Dunkeln durch den Schnee zu wandern. „Soll ich den Fotoapparat mitnehmen?", fragte Steffen. Ich glaube, er hatte den Fotoapparat bis dahin ganz vergessen. „Lass ihn da", sagte Pater Fridolin, „es ist zu dunkel." – „Morgen fotografiere ich unsere Hütte – und die Weihnachtskrippe – und euch alle – und vor allem den schwarzen Pater ..." – „Ja, ja", sagten wir und zogen die dicken Sachen an. Dann ging es los. Unsere Spur von der Hütte zum Weg war noch da. Wir kamen wieder an den beiden Nachbarhütten vorbei. In einer davon brannte ein Licht, das wurde mal hell und mal dunkel. „Die haben den Fernseher an", sagte der kluge Uwe. Auch in der anderen Hütte war ein Fenster hell. „Da ist jemand zu Hause. Man sieht eine Schneespur, und an der Wand hängen Skier." Wir stapften durch den Schnee den Weg entlang. Es war nicht sehr dunkel. Das machten der weiße Schnee und die vielen Sterne. Wir waren im Sommer schon einmal mit Pater Fridolin im Dunkeln gewandert. Das Auto hatte damals eine Panne. Ich erinnerte die anderen daran.

„Wisst ihr noch, wie Steffen gedichtet hat?", kicherte Mechthild. Er fand und fand damals keine Reimwörter. „Ich kann es jetzt gut", meldete sich Steffen. Er blieb stehen und rief: „Mechthild, diese Gute – ist manchmal eine Pute." Mechthild nahm einen Schneeball und versuchte, ihn Steffen in den Kragen zu schieben. Er rannte weg, so schnell er konnte. Auf einer kleinen Anhöhe machten wir Halt. Die Sterne blinkerten am Himmel. „Wenn ich groß bin, würde

ich gern mal dort oben herumfahren", sagte Uwe. „Vielleicht klappt das mal." Er blieb dauernd stehen und schaute nach oben: „Dort ist die Milchstraße!", erklärte er uns und wäre bald auf die Nase gefallen. Als eine Wolke kam und ihm die Sicht verdeckte, wurde er ärgerlich. „Dort bewegt sich ein Stern!", rief Steffen plötzlich aufgeregt. Es war aber ein Flugzeug. Es flog hoch oben über den Himmel. Pater Fridolin sagte: „Seid mal ganz still und bewegt euch nicht. Wir wollen die Welt ein bisschen belauschen!" Wir standen still im Wald. Irgendwo knackten Äste. In den Büschen raschelte es; vielleicht war es ein Fuchs. Dann hörte man einen Vogel rufen. „Das ist ein Käuzchen", erklärte der Pater. „Es sucht Futter." – Allein wäre ich nie im Dunkeln in den Wald gegangen. Aber weil wir alle zusammen waren, hatte ich keine Angst. Als unsere Füße schließlich kalt wurden, gingen wir den Weg zurück. Weil ich über eine Wurzel stolperte, fiel ich der Länge nach in den Schnee. Es tat zum Glück nicht weh. Mechthild sang: „A-B-C, die Rita liegt im Schnee!"

Der Tag ging zu Ende. Pater Fridolin und Uwe machten die Fensterläden zu. Wir erzählten noch ein bisschen. „Müde?", fragte Pater Fridolin. Das waren wir inzwischen wirklich. Wir machten uns fertig fürs Bett. Dann saßen wir im Schlafanzug neben dem Kreuz im Wohnzimmer und bedankten uns bei Gott für den schönen Tag. Wir sangen auf Mechthilds Vorschlag noch: „Zu Betlehem geboren ist uns ein Kindelein." Es ist ihr Lieblingsweihnachtslied. Jeder sagte dann Gott noch eine Bitte, auch Pater Fridolin. „Amen", sagte er am Schluss. – „Morgen haben wir eine Krippe in unserer Hütte", freute sich Mechthild. „Und wo ist überhaupt das Schild HÜTTE ROSA geblieben?", fragte sie dann. Das hatte ich ganz vergessen. „Wird noch gemacht!", sagte ich. „Und außerdem dürfen wir die Karte an Fräulein Rosa nicht vergessen." Wir gingen ins Bett und schliefen sehr schnell ein.

Mitten in der Nacht wurde ich wach. Ich hatte etwas gehört. Ich richtete mich auf und horchte. Mechthild schlief fest. Ich hörte ein Tappen. Dann hörte ich noch ganz schnelle Schritte. Aus dem Jungenzimmer kamen sie nicht. Auch nicht aus dem Zimmer von Pater Fridolin. Mir wurde ganz heiß. Ich machte das Licht an. Zuerst blieb alles still, aber dann kamen die Schritte wieder. Es hörte sich

außerdem noch so an, als hätte jemand etwas fallen gelassen. Ob es hier wohl Einbrecher gab? Nun weckte ich Mechthild. Das war schwierig, denn sie hat einen festen Schlaf. Als ich sie endlich wach hatte, fragte sie ärgerlich: „Was ist denn los?" Ich sagte es ihr. Sie horchte mit. „Da ist wirklich jemand in der Hütte", stellte sie fest. „Und ich glaube, die Geräusche kommen von oben." Über unseren Zimmern war ein Dachboden. Wir hatten ihn noch nicht besichtigt. Die Geräusche hörten nicht auf. Es war unheimlich. Ich wurde immer ängstlicher. „Wir wecken Pater Fridolin!", sagte Mechthild. „Er soll sich das mal anhören." Sie hat bei solchen Gelegenheiten nie Angst. Statt bei Pater Fridolin anzuklopfen, schrie sie nach ihm. Das weckte die Jungen. Und bald waren Pater Fridolin, Uwe, Steffen, Mechthild und ich in unserem Zimmer versammelt. Vielleicht waren die Einbrecher durch den Krach ausgerissen. Aber Pater Fridolin machte das Licht aus und hielt den Finger auf die Lippen: „Pssst!", machte er. Nun war es so still wie vorher im Wald. Und tatsächlich fing es über unseren Betten wieder an zu huschen und zu rumpeln. „Ja, meine Lieben", sagte der Pater, „da haben wir wirklich Hausgäste. Und ich ahne auch, wer das ist!" Ich war froh, dass er bei diesen Worten lächelte. Es war sicher kein Einbrecher in der Nähe. „Die Marder suchen immer gern ein ungestörtes Plätzchen", sagte er weiter. „Abends werden sie lebendig. Zu uns in die Zimmer kommen sie ganz bestimmt nicht. Stört es euch sehr, wenn sie ein bisschen über unseren Köpfen herumlaufen?" – „Nein, nein", riefen wir, und Mechthild fragte mich noch: „Oder hast du Angst, Rita?" Nachdem ich wusste, was da herumlief, hatte ich keine Angst mehr. „Na, dann in Gottes Namen in die Betten!", sagte Pater Fridolin. Alle verschwanden, die Lichter gingen aus. Zum Schluss sagte Mechthild noch: „Am liebsten würde ich morgen auf den Dachboden gehen und die Marder anschauen." Dazu hatte ich keine Lust. Aber Angst hatte ich auch nicht mehr.

KAPITEL 12

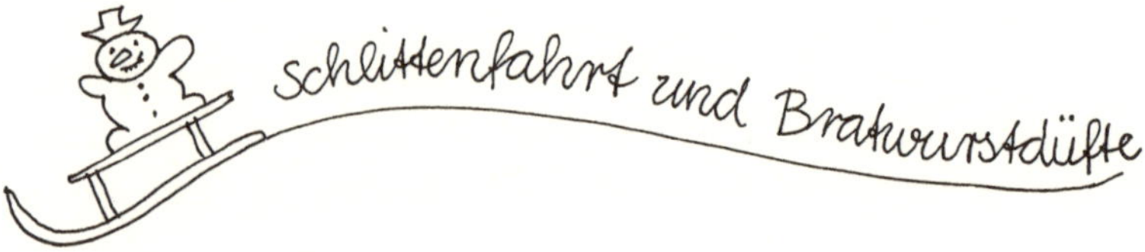

Schlittenfahrt und Bratwurstdüfte

Am nächsten Vormittag schneite es wieder. Nach dem Frühstück sagte Pater Fridolin: „Ich werde jetzt einen Ausflug in die Höhe machen!" Er wollte doch nicht etwa allein losgehen? Das konnte ich nicht glauben. Aber er meinte eine ganz andere Höhe: „Ich steige jetzt auf den Oberboden. Dort kommt man nur hin, wenn man eine Leiter hat", erklärte er. „Dort oben werden Schlitten aufbewahrt, wie mir Frau Vogt sagte. Und ohne Rodelschlitten keine Rodelpartie!" Es dauerte gar nicht lange und Pater Fridolin kam mit einer langen Leiter an. Wir hatten sie nicht gesehen, weil sie quer hinter der Hütte stand. Über der Haustür gab es ein unauffälliges Holzfenster. Es war kaum zu sehen. Aber es hatte einen Riegel. Wir halfen alle, die Leiter aufzustellen. „Ihr haltet sie fest, und ich sehe nach, ob ich die Schlitten finde." So wurde es gemacht. Pater Fridolin stieg hinauf. „Vielleicht sehen Sie dort oben die Marder!", rief Mechthild. Sie wäre am liebsten auch mit hinaufgestiegen, aber der Pater füllte das ganze Holzfenster aus. Es war kein Platz für sie. Pater Fridolin steckte Kopf und Arme durch das Fenster. Seine Beine blieben draußen. „Was sehen Sie, was sehen Sie?", riefen wir. „Da haben wir es ja!" Pater Fridolin stieg zwei Leitersprossen rückwärts und zog dabei einen Schlitten aus dem Oberboden. „Achtung!", rief er, und der Schlitten flog in den Schnee. Steffen und Mechthild stürzten

darauf los. Uwe und ich hielten zum Glück die Leiter fest. „Vorsicht!", rief der Pater wieder, und der zweite Schlitten kam herab. Der Pater riegelte das Fenster zu und kam zu uns herunter. Wir mussten ihn ein bisschen abputzen. Sein Kopf und seine Sachen waren ziemlich staubig geworden. „Den Mardern scheint's da oben recht gut zu gefallen", sagte er. Wir stellten gemeinsam die Leiter auf ihren Platz. Ehe unsere Schlittenfahrt losgehen konnte, gab es noch allerlei zu tun. Das Frühstücksgeschirr war lästig, trotzdem musste es abgewaschen werden. Die Schlitten wurden sauber gemacht. Das hatten sie sehr nötig. Die Marder sind nämlich kein bisschen stubenrein. „Ekelhaft!", sagte Mechthild und putzte allen Unrat weg. Ich packte mit Pater Fridolin allerlei Essbares in unsere Camping-

beutel. Die anderen gingen zu Christoffel und befreiten ihn vom Schnee. Es hatte sich allerhand aufgehäuft. Wir brauchten das Auto, um schneller beim Rodelberg anzukommen. Als ich aus der Hütte kam, sah ich, dass auf dem neugefallenen Schnee mit großen Buchstaben neben der Hütte stand: HÜTTE ROSA. Das hatte Mechthild gemacht. Ich malte gleich noch ein großes Kreuz daneben und sagte: „Nun brauche ich kein Schild zu malen. Es fehlt mir sowieso ein großes Plakat." – „Wir könnten auch noch …", sagte Uwe, aber Pater Fridolin meinte: „Abfahrt in 10 Minuten! Die Mützen und die Handschuhe nicht vergessen!" Ich hätte die Handschuhe glatt im Schrank gelassen, wenn er das nicht gesagt hätte. Mechthild und Steffen zogen die Schlitten. „Hoffentlich springt das Auto an", sagte Steffen, als wir beim frisch geputzten Christoffel ankamen. Wir stiegen ein und brachten auch die Schlitten unter. „In Gottes Namen!", sagte Pater Fridolin. Und Christoffel bewegte sich sofort. Wir fuhren durch den Wald. „Hoffentlich ist die Rodelbahn steil!", meinte Steffen. „Da macht es viel mehr Spaß!" Ich hoffte, dass sie nicht zu steil wäre, aber ich sagte es nicht. „Am besten wird es sein, Rita und ich sind ein Rodelteam und die Jungen das andere", sagte Mechthild. Ich war einverstanden. Uwe erklärte aber: „Dann sind die Mädchen im Vorteil. Was mehr wiegt, fährt schneller." Ich wollte mich gerade ein bisschen ärgern, da waren wir schon am Rodelberg angelangt. Zum Glück war er nicht sehr steil.
Es wimmelte von Rodlern aller Art. Auch Erwachsene waren dabei, die ihre kleinen Kinder vor sich auf dem Schlitten hatten. Alle schrien und lachten und riefen: „Bahn frei!", wenn jemand im Weg war. Ich saß auf unserem Schlitten vorn und Mechthild hinten, sie musste steuern und bremsen. Uwe saß bei der ersten Fahrt hinten, und Steffen schrie: „Pass auf, wir fahren in die Büsche,

nach links, nach links …" Er wollte noch etwas sagen, aber da kullerten sie schon vom Schlitten. Steffen schob mit krebsrotem Kopf Uwe nach vorn und nahm die Fahrt selbst in die Hand. „Vom Computer verstehst du ja was, aber vom Schlittenfahren nicht", hörte ich ihn brummen. Wenn man einmal mit dem Rodeln anfängt, kann man gar nicht wieder aufhören. Leider muss man immer wieder den Berg hinaufsteigen, um eine neue Fahrt zu machen. Ich glaube, es gibt auch Rodelbahnen, bei denen man hinauf gezogen wird. So eine gab es hier nicht. Aber es machte uns trotzdem riesigen Spaß. Wir winkten Pater Fridolin zu, der sich mit ein paar Erwachsenen unterhielt. Als wir wieder einmal bei ihm ankamen, rief Mechthild: „Pater Fridolin, bitte, rodeln Sie mal mit mir!" Pater Fridolin lachte und zwängte seine langen Beine auf den Schlitten hinter Mechthild. Er musste sie nach oben aus-

strecken, damit sie nicht im Schnee schleiften. Als sie wieder unten angekommen waren, sagte Mechthild: „Sie sind ein toller Steuermann!" Nun wollte jeder einmal mit ihm fahren. Steffen fing an, auf seinem Schlitten allerlei Unfug zu machen. Er setzte sich rückwärts, er legte sich

vorwärts hin und machte dazu Grimassen. Als er sich schließlich auf den Schlitten stellen wollte, fiel er auf die Nase. Ich glaube, es tat weh, aber er tat so, als wäre nichts. Auf dem Schneehügel war ein Mann mit einem ganz besonderen Schlitten; der war so lang, dass mehrere Kinder darauf Platz hatten. Mechthild sah das. Sie pirschte sich immer näher an den Mann heran. Dann fragte sie ihn: „Ob wir wohl ein einziges Mal Ihren Schlitten ausborgen dürften? Dann könnten wir mit unserem Pater Fridolin zusammen eine Fahrt machen!" So etwas kann sie ganz reizend sagen, wenn sie einen besonderen Wunsch hat. Der Mann antwortete: „Was will ich schon mit dir machen? Nimm ihn dir!" Pater Fridolin kam heran und sprach mit dem Mann. Der sagte: „Sie sind ein Pater? Sieht man Ihnen gar nicht an!" Wir setzten uns der Reihe nach auf den Schlitten: Pater Fridolin, Uwe, ich, Steffen und Mechthild. Dann ging es mit Halli und Hallo den Berg hinunter. Er war die schönste Schlittenfahrt von allen. Dann bedankten wir uns bei dem Mann und nahmen unsere beiden Schlitten wieder.

„Ich glaube, jetzt habt ihr genug!", sagte Pater Fridolin irgendwann. „Habt ihr überhaupt keinen Hunger?" – „Ich schon!", sagte Uwe. „Ich auch!", sagten wir anderen. „Ich rieche, rieche Bratwurstdüfte." Mechthild zog die Nase kraus. Sie hatte recht. Bratwurstduft wehte an uns vorbei. In der Nähe stand ein Kiosk mit allerlei guten Sachen. Wir aßen zuerst unseren Proviant aus dem Campingbeutel. Die Bratwürste schmeckten uns anschließend trotzdem gut. „Du siehst aus, als könntest du noch eine vertragen", sagte Pater Fridolin zu Uwe. Der nickte, und die Wurst verschwand in seinem Magen. Wir tranken Tee und aßen Schokoladenkekse. Es ging uns mächtig gut. Dann verabschiedeten wir uns vom Rodelberg. „Was machen wir nachher?", fragte Steffen. „Wir holen unsere Krippe ab!", erklärte Mechthild. „Ich möchte Ansichtskarten kaufen", sagte ich. „Ich möchte lesen", sagte Uwe. Es ist nicht zu glauben, wie schnell die Zeit manchmal vergeht. Im Auto fragte Pater Fridolin: „Wisst ihr, was wir heute Abend machen? Wir zünden das Kaminfeuer an, und Pater Bernhardin erzählt uns etwas über seine Heimat." – „Super!", riefen wir und winkten dem Mann, der gerade mit anderen Kindern auf den großen Schlitten stieg.

Am Nachmittag fragte ich Pater Fridolin: „Wo kann man hier Ansichtskarten kaufen?" Uwe war in ein Buch vertieft, Steffen und Mechthild tobten im Schnee herum. So hatte ich Zeit, ein paar Einkäufe zu machen. Meine Mutter schickt mich oft in die Kaufhalle. Manchmal sagt sie dann: „Du kaufst billiger ein als ich!" Das kommt davon, weil ich immer die Preise überprüfe; meine Mutter nimmt sich dazu keine Zeit. Pater Fridolin sagte: „Gleich neben dem Tannenhof ist eine Kaufhalle. Ich gehe ein Stück mit dir bis zur Kreuzung. Die übrige Rasselbande bleibt solange hier." Die anderen waren einverstanden. Mechthild

rief mir nach: „Bring mir was Schönes mit!" Und Steffen schrie: „Nimm dich vor dem bösen Wolf in acht!" Das war natürlich Spaß. Ich nahm den Einkaufsbeutel und schaute nach, ob ich den Brustbeutel für das Geld bei mir hatte. Taschengeld bekommen wir immer; aber diesmal gab es für die Reise noch einen besonderen Zuschuss. Ich ging mit Pater Fridolin los. Er brachte mich bis zu der Stelle, wo das Dach vom Tannenhof schon zu sehen war. „Mach's gut! Wir sehen uns nachher wieder!", sagte er dann und kehrte um. Ich winkte ihm zu und ging allein weiter. Es gefiel mir, einmal ohne die anderen durch den Ort zu gehen. Ich kam am Tannenhof vorbei. Dort war kein Mensch zu sehen. Ich schaute mich nach einer Kaufhalle um. Weil ich keine sah, fragte ich eine Frau, der ich begegnete: „Bitte, wo ist hier die Kaufhalle?" – „Ach, du meinst die Sardinenbüchse," sagte sie freundlich. „Dreh dich um, dann siehst du sie." Ich drehte mich um und sah ein flaches Haus, das wirklich wie eine große Sardinenbüchse aussah. Es war nämlich genauso silbern. „Unser Ort ist klein, da brauchen wir keine riesige Kaufhalle", sagte die Frau noch, „aber was wir brauchen, finden wir hier meistens."
Ich ging in die Sardinenbüchse hinein und nahm mir einen Einkaufskorb. Es waren sehr viele Sachen gestapelt. Ein paar Leute legten allerlei in ihre Körbe, an der Kasse sprachen sie mit der Verkäuferin. Man konnte leicht erkennen, dass sich die meisten kannten. Ich hörte, wie sie von einer kranken Frau sprachen. Ich ging umher und schaute mir erst einmal alles an. Auch einen Stand mit Ansichtskarten gab es. Während ich die schönsten Karten aussuchte, lief mir ein größerer Junge in den Weg. Er hatte hohe schwarze Stiefel an und sah ziemlich unordentlich aus. Ich mag solche Jungen nicht, weil sie oft gemein zu kleineren Kindern sind. Ich ging deshalb auf die andere Seite. Ich sah, wie der Junge mal dies und

mal das aus dem Regal nahm und es wieder hinstellte. Ich wollte ihn eigentlich gar nicht weiter beachten. Aber auf einmal sah ich, dass er etwas aus dem Regal nahm und in seine Jacke steckte. Ich hatte es ganz genau gesehen. Mir wurde heiß. Ich habe sicher sehr auffällig hingeschaut, denn der Junge kam auf mich zu und stieß mich in die Seite. Dabei sagte er ganz leise: „Wenn du petzt, geht's dir schlecht!" Ich stand da wie angenagelt. Der Junge nahm seinen Korb, in dem gar nichts drin war, und ging aus der Sardinenbüchse hinaus. Mir fiel auf einmal gar nicht ein, was ich einkaufen wollte. Ich legte die Ansichtskarten in den Korb und dazu noch ein Paket Süßigkeiten von der Sorte, die wir gern essen. Ich zitterte ein bisschen. Sollte ich der Verkäuferin etwas von dem Diebstahl sagen? Was würde der Junge mit mir machen, wenn ich ihn verraten würde? Als ich bezahlen wollte, fragte die Verkäuferin: „Geht es dir nicht gut? Du siehst

ganz blass aus!" Beim Bezahlen verwechselte ich die Geldstücke und brachte kein Wort heraus. Das kommt sonst nie vor. Nicht einmal „Danke!" und „Auf Wiedersehen!" habe ich gesagt.
So schnell ich konnte, ging ich zum Tannenhof, wo wir uns treffen wollten. Der Junge mit den Stiefeln war nicht zu sehen. Uwe, Steffen und Mechthild fand ich im Tannenhof nicht. Sie waren noch nicht gekommen. Im Vorraum begegnete ich Pater Bernhardin. Ich glaube, er merkte gleich, dass mir etwas passiert war. Er zog mich in ein Zimmer, und ich fing an zu weinen. Er wartete, bis ich aufhörte und meine Tränen abgetrocknet hatte. Dann sagte er: „Erzähl mir, was geschehen ist!" Weil er mich so freundlich anschaute, erzählte ich alles von Anfang bis Ende. Er hörte still zu. Am Ende fragte er: „Was war am schlimmsten?" Ich dachte erst nach, und dann sagte ich: „Das erste Schlimme war, dass der Junge geklaut hat. Das zweite

Schlimme war, dass er mir gedroht hat. Und das Allerschlimmste war, dass ich mich nicht getraut habe, ihn zur Rede zu stellen." Pater Bernhardin sah mich mit seinen großen schwarzen Augen an: „Es gibt im Leben schlimme Dinge. Das musstest du heute erleben. Der Junge hat Unrecht getan. Er war größer als du und hätte es besser wissen sollen. Eigentlich muss er uns leid tun. Du warst nicht sehr mutig. Aber dein Mut wird wachsen." Obwohl Pater Bernhardin gar nicht sehr gut deutsch spricht, fielen ihm die richtigen Sätze für mich ein. „Danke!", sagte ich. Er nahm mich an der Hand und ging mit mir ins Speisezimmer. Dort waren die anderen versammelt. „Es gibt frische Pfannkuchen", riefen sie mir zu. Ohne das Gespräch mit Pater Bernhardin hätte ich bestimmt nichts heruntergekriegt, aber nun schmeckte es mir. Ich erzählte, was ich in der Sardinenbüchse erlebt hatte. „Wenn wir alle dabei gewesen wären, hätten wir den Burschen gemeinsam verprügelt!", rief Mechthild. „Prügeln ist nicht die beste Lösung", sagte Pater Fridolin. – „Aber wir hätten der Verkäuferin gemeinsam gesagt, was er gemacht hat. Sie muss bestimmt den Schaden selbst bezahlen", meinte Uwe. – „Und was hast du uns überhaupt mitgebracht?", fragte Steffen. Ich zeigte die Ansichtskarten und teilte die Schokoladenkekse aus. Dann aßen wir Pfannkuchen und waren lustig. Trotzdem musste ich immer wieder an mein Erlebnis in der Sardinenbüchse denken. Ich glaube, ich gehe nicht noch einmal dorthin.

Als wir uns satt gegessen hatten, stiegen wir mit Frau Elisabeth in den Keller und schauten nach unseren Krippenfiguren. Wir fühlten sie an; sie waren tatsächlich trocken und fest. „Ich finde, sie sind sehr gut gelungen", sagte Mechthild. „Eigenlob stinkt!", meinte Steffen sofort. „Ich finde, ihr habt eure Sache gut gemacht." Frau Elisabeth half uns, alles in den vorbereiteten Karton zu stellen. „In der Hütte finden wir bestimmt eine Blumenvase, in die wir Tannenzweige stellen können. Das gehört zu einer Krippe", schlug ich vor. Uwe nickte und sagte: „Eine Kerze fehlt auch noch!" Ehe wir losgingen, lief ich noch einmal zu Pater Bernhardin und sagte: „Danke!" Er wusste bestimmt, warum ich das noch einmal sagte. Wir nahmen den Karton und die Essenkörbe und machten uns auf den Weg. Den Jungen, der gestohlen hatte, sah ich unterwegs nicht. Da war ich froh. Ich ging neben Pater Fridolin her und dachte: „Nun haben wir sogar zwei Paterfreunde. Das ist ein großes Glück." Ehe wir an der Hütte ankamen, rief Steffen: „Pass auf, Rita, eine Überraschung!" Obwohl es schon ein bisschen dunkel war, sah ich gleich, was er meinte. Als ich weggegangen war, hatten die anderen das Schild HÜTTE ROSA mit Tannenzweigen umkränzt. Es sah so wirklich gut aus. „Niemand darf drauf treten!", rief Mechthild. Das hätten wir sowieso nicht gemacht.

Gespräche am Kamin

In der Hütte packten wir zuerst unsere Krippenfiguren aus. Auf einem Regal neben dem Kamin bekamen sie einen guten Platz. Auch einen kleinen Leuchter mit einer Kerze und eine Vase fanden wir. Pater Fridolin gefiel alles sehr gut. Ich denke, jeder Franziskanerpater freut sich, wenn eine Krippe im Haus ist. „Schade, dass unsere Eltern das nicht sehen können", sagte ich. – „Wir können ihnen zu Hause alles erzählen", tröstete Mechthild, und Steffen erklärte: „Und außerdem fotografiere ich alles." Er hatte allerdings bisher kaum Zeit gehabt, den Fotoapparat in die Hand zu nehmen. „Ich schreibe jetzt Ansichtskarten", sagte ich zu den anderen. „Sonst werden sie noch vergessen." Zuerst schrieb ich an Fräulein Rosa:

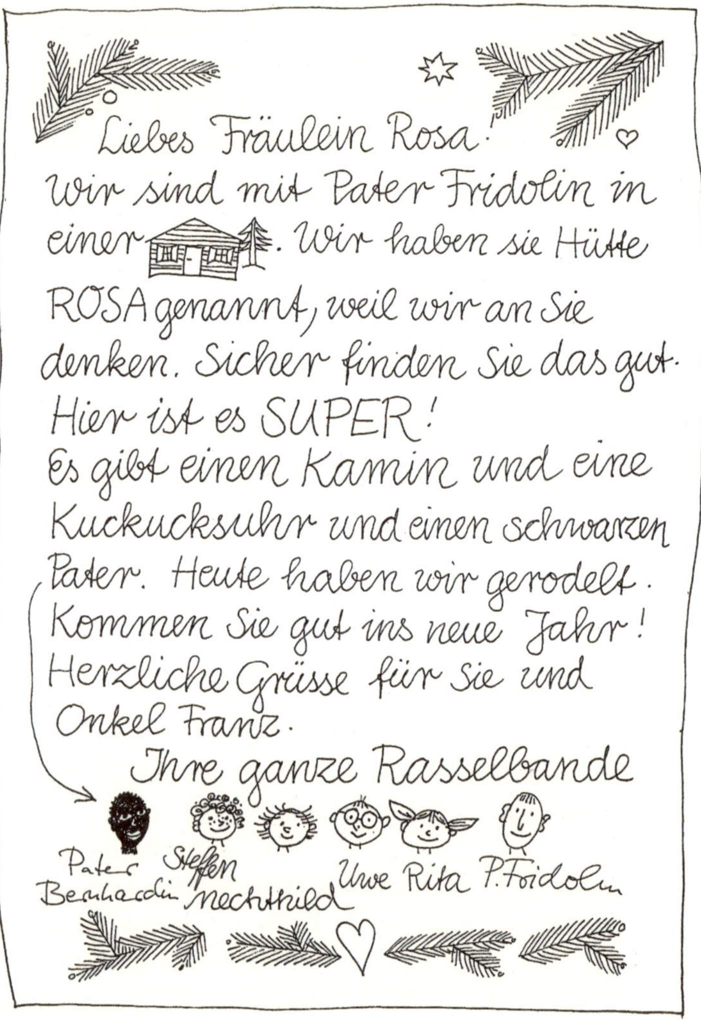
Liebes Fräulein Rosa!
Wir sind mit Pater Fridolin in
einer . Wir haben sie Hütte
ROSA genannt, weil wir an Sie
denken. Sicher finden Sie das gut.
Hier ist es SUPER!
Es gibt einen Kamin und eine
Kuckucksuhr und einen schwarzen
Pater. Heute haben wir gerodelt.
Kommen Sie gut ins neue Jahr!
Herzliche Grüsse für Sie und
Onkel Franz.
Ihre ganze Rasselbande
Pater Bernhardin Steffen Mechthild Uwe Rita P. Fridolin

Dann war die Karte voll. Trotzdem quetschte jeder noch seinen Namen in irgendeine Ecke, auch Pater Fridolin. Uwe schrieb an seinen besten Freund. „Dear friend", schrieb er, „hier ist es good und okay! Dein Uwe." Mechthild und Steffen hatten keine Lust, Karten zu schreiben. Aber sie mussten es ja auch nicht tun. Sie waren damit beschäftigt, Pater Fridolin immer wieder zu fragen: „Machen wir jetzt das Kaminfeuer an?" Das wurde ziemlich lästig, und Pater Fridolin sagte schließlich: „Wenn ihr euch jetzt nicht sofort daran macht, Abendessen vorzubereiten, garantiere ich für gar nichts!" Da sausten sie sofort in unsere Miniküche und schrien Uwe und mich an: „Den Tisch frei machen! Wir brauchen Platz für das Geschirr!" Auf diese Weise wurde alles schnell fertig.

Nach dem Abendessen fragte Steffen: „Soll ich jetzt die Holzscheite in den Kamin schichten?" – „Finger weg!", sagte der Pater, „erst musst du lernen, wie man ein Kaminfeuer vorbereitet." Er nahm kleine Holzspäne und schichtete sie zu einem kleinen Berg. Über diesen Spanberg legte er größere Holzstücke, als wollte er ein Zelt bauen. Alle schauten zu. „Uwe, du hast in England schon einmal an einem Kamin gesessen", sagte der Pater dann. „Hier hast du ein Streichholz. Du darfst das Feuer anzünden." „Yes, okay", sagte Uwe, und ich sah, dass er sehr stolz auf diese Aufgabe war. Das Streichholz war besonders groß. Uwe zündete es an, und das Feuer brannte sofort hell auf. Bald knisterte und knackte es. Später durfte jeder von uns noch andere Holzscheite zulegen. Wir saßen um den Kamin herum. Es war gemütlich und warm. Mir gefiel es sehr gut, den anderen auch. „Vielleicht kann man auch in einer Wohnung einen Kamin einbauen", meinte Steffen. „Ich schlage es meinen Eltern vor, wenn wir wieder zu Hause sind." Wir warteten auf Pater Bernhardin und stellten einen Stuhl für ihn zurecht. Auch Tee hatten wir vorbereitet.

Dann hörten wir, wie jemand vor der Hütte den Schnee von den Schuhen abklopfte. „Das ist er!" Uwe machte die Tür auf. Unser Gast kam herein.
Als alle saßen, sagte Pater Fridolin zu dem schwarzen Pater: „Die Rasselbande möchte gern wissen, wie ihr in Afrika lebt." – „Ja, und ob es Kirchen gibt", mischte sich Uwe ein. Pater Bernhardin fing an zu erzählen. Er erzählte, wie er früher mit seiner Familie in einem kleinen afrikanischen Dorf gelebt hatte, in dem es noch keine Christen gab. Er sagte ungefähr das: „Dann kamen Mönche aus Deutschland zu uns. Als erstes haben sie geholfen, einen Trinkwasserbrunnen zu bauen. Bei uns gibt es wenig Wasser; deshalb ist es kostbar. Die ersten Mönche haben

mit den Bewohnern gesprochen und ihnen bei Krankheiten und in der Not geholfen. Sie haben auch von Gott erzählt, der alle Menschen liebt. Unsere Dorfbewohner kannten ja Gott noch nicht. Schließlich haben sich manche von ihnen taufen lassen. Auch meine Mutter war dabei. Als ich getauft wurde, war ich schon zwölf Jahre alt. Gott hat mir den Glauben geschenkt. Später hat er mich gerufen, ein Mönch zu werden. Ich habe Ja gesagt. Dann musste ich vieles lernen. Ich habe eine Zeit lang in Deutschland studiert. Dort begegnete ich Pater Fridolin. Später möchte ich in meine Heimat zurückkehren." – „Gibt es in Ihrem Land viele Kinder?", fragte Mechthild. „Oja, viele, viele, viele! Hier bei euch sehe ich nur wenige", antwortete Pater Bernhardin. „Zum Glück habe ich die Rasselbande Pater Fridolins kennen gelernt." Er lachte ein bisschen, als er das sagte. „In unserem Land gibt es viele Kinder, aber wenige Schulen. Das ist schlimm. Es gibt viele Straßenkinder, die für sich allein sorgen müssen." – „Haben sie keine Eltern?", fragte ich entsetzt. „Es gibt viele Menschen, aber wenige können einen Beruf lernen. Die Eltern haben oft nichts zu essen für die Kinder." Pater Bernhardin erzählte weiter: von den Klosterschwestern, die sich um kranke Kinder kümmern, von einer Schule, in der sogar Erwachsene lesen lernen, von einem neuen Brunnen, an dem viele mitbauten, und auch von einer kleinen Kapelle im Dorf, in der sich die Christen zum Gottesdienst versammeln. „In unseren Gottesdiensten wird gesungen, geklatscht und getrommelt", sagte er. „Ach", seufzte Uwe, „da ist es bestimmt schöner als bei uns." Pater Bernhardin machte ein ernstes Gesicht: „Leider gibt es auch bei uns Krieg. Verschiedene afrikanische Stämme vertragen sich nicht. Jeder will der Stärkste sein. Es gibt immer wieder Streit und Schießereien. Sogar das Haus des Bischofs wurde schon beschossen, obwohl der keinem etwas zuleide tut. Nicht alle Menschen handeln gut." Der schwarze Pater hatte ganz traurige Augen, als er das sagte. „In unserer Stadt ist neulich auch jemand erschossen worden", rief Steffen, „es stand in der Zeitung." Mir wurde ganz unheimlich bei diesen Beispielen. Aber da sagte Pater Fridolin: „Überall auf der Welt gibt es Schlimmes, das uns ängstigen kann. Aber wisst ihr, worauf es vor allem ankommt?" Niemand wusste gleich eine Antwort. Ich dachte: Pater Fridolin weiß sicher eine. Er fing an zu singen: „Fröhlich sein, Gutes tun, und die Spatzen pfeifen lassen!" Weil wir das Lied kennen, sangen wir gleich mit. Pater Bernhardin kannte das Lied nicht. Es gefiel ihm. „Die Menschen bei uns in Afrika sind oft arm, aber trotzdem sehr fröhlich und haben guten Mut. Und Vögel, die pfeifen, gibt es auch", sagte er. „Alle Menschen dürfen sich freuen, dass Gott sie liebt – die Weißen und die Schwarzen."- „Und die Gelben, die Braunen und die Roten", erklärte Uwe sofort. Dann tranken wir Tee und aßen ein paar Weihnachtsplätzchen. Pater Bernhardin beantwortete noch viele Fragen. Dann fragte er auch uns allerlei. Er wollte wissen, ob wir starke und mutige Christen werden wollen und ob wir immer wieder für die Menschen beten, die Gott noch nicht kennen. „Das Gebet soll uns verbinden – überall in der Welt", sagte er. Er sprach mit uns nicht wie mit kleinen Kindern. Genauso macht das Pater Fridolin. Es gefällt uns besonders gut.

Das Holz im Kamin war inzwischen heruntergebrannt. Wir standen auf und gingen an die Krippe. Steffen zündete die Kerze an. Pater Fridolin sagte: „Eines der wichtigsten Gebete der Christen ist das Vaterunser. Es wird in vielen Sprachen gebetet. Wir beten es jetzt in unserer Sprache – in Deutsch. Dann wird es Pater Bernhardin in seiner Sprache beten." So wurde es gemacht. Als Pater Bernhardin betete, dachte ich: „Ich verstehe die Worte nicht. Aber Gott versteht jeden." Und ich war froh, dass es auch in anderen Ländern Menschen gibt, die an Gott glauben. Pater Bernhardin ging dann durch den Wald nach Hause. Es hatte bestimmt keine Angst. Denn Gott war ja bei ihm.

KAPITEL 13

Ein neuer Freund

„Das ist schon unser vierter Tag in Hütte Rosa!", sagte Mechthild am Morgen verwundert, als sie aus dem Bett stieg. „Es ist gar nicht zu glauben, wie schnell die Zeit vergeht, wenn was Schönes passiert!" Sie hatte recht. „Los, wir wollen nichts verpassen!", drängelte sie. „Ist der Schnee noch da?" Natürlich war der Schnee noch da, und es sah nicht so aus, als würde es bald tauen. Bald saßen wir am Frühstückstisch. Wir sangen: „Alle guten Gaben, alles, was wir haben, kommt, o Gott, von dir." Dann wurde der Kaffee eingeschenkt. „Eeeks!", schrie Mechthild, als sie einen Schluck genommen hatte. Es war nämlich nur heißes Wasser in der Kanne. Uwe war es ein bisschen peinlich, er hatte die Aufgabe gehabt, Kaffee zu kochen. Er machte den Schaden sofort wieder gut. „Sei froh, wenn du Wasser hast", sagte er zu Mechthild. „In Afrika fehlt es manchmal ganz." Das stimmt. Uns fiel ein, was Pater Bernhardin erzählt hatte, und wir sprachen davon. „Was ist heute auf dem Plan?", fragte Pater Fridolin dann. Mechthild redete sofort los: „Rita ist dran mit dem Abwaschen, Uwe mit dem Abtrocknen, Steffen und ich gehen sofort raus in den Schnee. Und Sie wollen bestimmt jetzt beten!" Das sagte sie zu Pater Fridolin. Der lachte ein bisschen: „Du weißt inzwischen gut Bescheid im Leben eines Mönches." Mechthild war stolz, aber sie schielte zu Stef-

fen hin, weil sie einfach über ihn bestimmt hatte. Zum Glück hatte dem ihr Vorschlag gefallen. Er aß in aller Ruhe noch ein Marmeladenbrot.
Es wurde alles so gemacht, wie Mechthild vorgeschlagen hatte. Sie und Steffen zogen sich warm an und sausten aus dem Haus. „In Reichweite bleiben!", rief ihnen Pater Fridolin noch zu. Uwe und ich machten Ordnung in der Küche. Pater Fridolin half ein bisschen. Dann schaute ich nach unserer Krippe. Alles war in Ordnung. Nur ein paar Tannennadeln lagen zwischen den Figuren herum. Mir fiel unser Krippenspiel in der Kirche wieder ein. Ich erzählte Pater Fridolin davon: „Mechthild und Steffen spielten Maria und Josef. Uwe war ein Hirt. Aber er hatte nicht viel zu sagen, weil noch andere Hirten da waren. Lieder gab es auch." Pater Fridolin setzte sich auf einmal hin und schaute mich an: „Wie wäre es, wenn ihr euer Krippenspiel den Großeltern im Tannenhof vorspielen würdet? Die würden sich bestimmt sehr darüber freuen!" Ich dachte nach: „Ich glaube, die anderen wären einverstanden. Die Texte habe ich zum Glück mitgenommen. Aber ob sie ihre Texte noch wissen?" Das glaubte ich nicht. „Du kannst ihnen ja vorsagen", schlug der Pater vor. „Wir werden den Plan im Auge behalten."
Als Uwe und ich draußen ankamen, schlitterten Steffen und Mechthild mit Lachen und Rufen einen kleinen Abhang hinunter. Sie hatten die Bahn schon ordentlich glatt getreten. Mechthild schrie: „Eine Super-Schlitterbahn! Los, macht mit!" Steffen wollte uns zeigen, wie wunderbar man dort herunterschlittern konnte, und vergaß, wie glatt die Bahn war. Er kam auf dem Bauch unten an und lachte sich dabei halb tot. Uwe und ich versuchten nun auch unser Glück. Uwe mit seinen langen Beinen sah dabei aus wie ein Storch im Salat. Ich kauerte mich vorsichtshalber auf den Po und kam gut unten an. „Nochmal!", rief

Steffen. Wir hatten gar nicht gemerkt, dass uns jemand zusah. Es war der Mann aus der Nachbarhütte. Wir erkannten ihn, weil er seine Skier geschultert hatte. Vorher hatten sie neben seiner Hütte gelegen. Er stieß die Skier in den Schnee und fragte: „Darf ich auch mal?" Wir sahen ihm zu. Er konnte es gut. Mechthild fragte: „Sie sind wohl ein Sportler?" – Er nickte: „Ja, ich komme oft hierher. Ich

trainiere Sprunglauf. Die Schanze ist dort oben!" Er zeigte irgendwohin in die Luft. Mechthild und Steffen rückten sofort näher zu ihm hin. „Sie springen von einer richtigen Sprungschanze?", fragte Steffen. „Ist ja toll." Ich hatte das Skispringen im Fernsehen schon öfters gesehen. Aber ich hatte noch nie einen echten Skispringer kennen gelernt. „Machen Sie auch ein Kreuzzeichen, ehe Sie abspringen?", fragte ich ihn. Ich hatte genau gesehen, dass manche Sportler ein Kreuzzeichen machen, ehe sie starten. „Ja", antwortete er, „und dabei denke ich: In Gottes Namen." – „Das sagt Pater Fridolin auch, ehe er den Zündschlüssel ins Loch steckt", erklärte Steffen. – „Ich habe euch gestern mit dem Franziskanerpater gesehen", sagte der Skispringer. „Ich kenne Franziskaner. In unserer Nachbarschaft haben sie ein Kloster. Ich bin übrigens auch katholisch. Ihr könnt Klaus zu mir sagen." Nun sagten wir auch unsere Namen. Dann schlitterten wir noch ein bisschen gemeinsam auf unserer Schlitterbahn.
Klaus wollte gerade seine Skier wieder schultern, da kam Pater Fridolin zu uns. „Wir haben einen Skispringer kennen gelernt!", rief ihm Steffen entgegen. „Er heißt Klaus!", rief Mechthild. Pater Fridolin gab dem neuen Bekannten die Hand: „Guten Tag und guten Weg, Klaus. Ich bin Pater Fridolin. Mit der Rasselbande hier haben Sie sich ja schon bekannt gemacht." – „Er macht ein Kreuzzeichen, ehe er springt", erklärte ich unserem Pater. „Sehr gut", sagte der, „an Gottes Segen ist alles gelegen, nicht wahr? Das gilt immer, auch beim Skispringen. Wir fünf sind leider keine echten Wintersportler." – „Aber es interessiert uns sehr!", rief Uwe. Es war gut, dass er das rief. Unser neuer Freund Klaus sagte nämlich: „Wenn es euch interessiert: Heute mittag 14 Uhr ist Skispringen angesagt. Die Schanze am Haselberg ist leicht zu erreichen." – „Dürfen wir hin? Wir möchten es sehen! Dürfen wir? Geht es?" Wir sprachen

wieder einmal alle durcheinander. „Das trifft sich gut", sagte Pater Fridolin und zwinkerte Klaus zu. „Ich möchte es nämlich auch sehen!" – „Hurra!", riefen wir, und Mechthild sang, so laut sie konnte: „Halleluja!" Pater Fridolin ließ sich noch genau erklären, wie man zur Sprungschanze kommt. „Vielleicht können wir Pater Bernhardin mitnehmen? Oder die Großväter und Großmütter? Oder Frau Elisabeth und Frau Vogt?", schlugen wir vor. Pater Fridolin nickte uns zu: „Da wir nachher zum Mittagessen in den Tannenhof eingeladen sind, kann das alles an Ort und Stelle geklärt werden." Klaus nahm seine Skier und verabschiedete sich: „Na dann, bis nachher!", rief er uns noch zu. Und wir kugelten uns vor Freude im Schnee herum.

Die Sprungschanze am Haselberg

Vor dem Mittagessen erzählte ich den anderen vom Plan, bei den Großeltern unser Krippenspiel aufzuführen. Mechthild umarmte Steffen und rief: „Ja, mein lieber Josef, das machen wir auf alle Fälle!" Er schüttelte sie ab: „Ich weiß den Text gar nicht mehr." – „Ich helfe dir", tröstete ich ihn, „es wird schon klappen." Wir redeten über das Krippenspiel und über unseren neuen Freund Klaus und über die Fahrt zur Sprungschanze. Pater Fridolin sagte: „Ich glaube, ihr habt Schlabberwasser getrunken!" Darüber mussten wir lachen, und Steffen machte Grimassen

und sang: „Schli-Schla-Schlabberwasser, das ist super-super-lich!" Mechthild machte natürlich gleich mit. Als es Zeit zum Mittagessen war, zogen wir uns an. „An der Sprungschanze gibt es keine Heizung und auch keinen Kamin", sagte Pater Fridolin. „Zieht euch also besonders warm an. Vor allen Dingen denkt an die Ohren!" Wir zogen die dicksten Mützen an, die wir hatten.
Außerdem hatte jeder von uns eine Kapuze am Anorak. „Ihr seht aus wie Polarforscher!", lachte Pater Fridolin, als er uns sah. Er hatte auch eine Kapuze. Wir gingen zu Christoffel. Er musste uns ja zur Sprungschanze bringen. Uwe spähte zur zweiten Nachbarhütte hinüber: „Ich glaube, die haben schon wieder den Fernseher an!", sagte er und runzelte die Stirn. „Ob die gar nichts anderes zu tun haben?" – „Ich kenne Leute, die auch am liebsten immer am Fernseher hingen", sagte ich. Mechthild wusste sofort, wen ich meinte. Aber sie sagte nichts dazu. Wir stiegen ins Auto, und die Fuhre ging los.
Sehr vergnügt kamen wir im Tannenhof an. Wir waren noch nicht ganz aus dem Auto ausgestiegen, da rief Mechthild schon laut: „Fahren Sie mit zur Sprungschanze?" Sie hatte nämlich zwei Frauen gesehen, die gerade aus dem Haus kamen. Die lachten sie an: „Ich bin dabei", sagte die eine, „ich war früher eine gute Skifahrerin." Ich konnte mir das gar nicht vorstellen, weil sie ziemlich dicke Beine hat. Aber die hatte sie vielleicht erst später bekommen. Im Haus trafen wir noch andere Großeltern. Manche sagten: „Ich kann nicht mit." Andere freuten sich schon auf die Fahrt. Frau Vogt erklärte Pater Fridolin: „Heute ist herrliches Winterwetter. Wir fahren mit unserem Kleinbus. Elisabeth nimmt außerdem ihren eigenen Wagen. So können alle mit, die Lust zu diesem Ausflug haben. Auch Pater Bernhardin fährt mit. Aber", sagte sie mit einem Blick auf uns, „heute gibt es nur Eintopf, damit die Küchenar-

beit schneller fertig wird." – „Wir essen gern Eintopf!", sagten wir; denn wir hatten ja schon Erfahrungen mit Frau Elisabeths Eintöpfen gemacht. Wir wurden beim Mittagessen zwischen die Großeltern gemischt. Das mach-

te Spaß. Ich saß wieder neben der Frau im Rollstuhl. „Ich kann leider nicht mitfahren", sagte sie ein bisschen traurig. Da tröstete ich sie schnell: „Steffen hat einen Fotoapparat mit. Er fotografiert, und wir zeigen Ihnen später die Bilder." Darüber freute sie sich, und ich dachte: ‚Hoffentlich wird aus Steffens Bildern was!' Nach dem Essen bereiteten sich alle auf die Fahrt vor. Die Großeltern, die mitfahren wollten, mussten sich natürlich auch warm anziehen. Das dauerte eine Weile. Pater Fridolin schlug vor: „Was haltet ihr davon, in die Kapelle zu gehen und dem lieben Gott ‚Guten Tag' zu sagen!?" Wir gingen hin und sangen einen Kanon. Als die Leute im Haus das hörten, kamen gleich ein paar in die Kapelle und sangen mit. Weil es so schön klang, sangen wir gleich noch ein Lied. Dann betete Pater Fridolin: „Vater im Himmel, wir danken dir für alle Freude. Wir bitten dich besonders für alle Menschen, die Freude nötig haben. Segne uns auf unserem Weg." Und wir sagten alle zusammen: „Amen."
Die drei Autos standen bereit. Mechthild rief: „Ich schlage vor, dass wir uns alle mischen." Der Vorschlag wurde

angenommen. Es dauerte erst ein bisschen, bis jeder einen Platz gefunden hatte, aber dann konnte es losgehen. Pater Fridolin, Frau Vogt und Frau Elisabeth waren die Fahrer. Ich saß neben einem Opa. Er hatte eine glänzende Glatze. „Ich darf mein Haar nicht erkälten", lachte er und zeigte mir eine dicke Pudelmütze. Die zog er später auf den Kopf. Wir waren nicht die einzigen, die zur Sprungschanze wollten. Es waren viele Autos unterwegs. Zum Glück gab es einen großen Parkplatz, auf dem die Autos abgestellt werden konnten. Wir stiegen aus. Frau Vogt zeigte auf eine Bergspitze: „Das ist der Haselberg", erklärte sie. „Dort werden öfters Skispringen veranstaltet. Schön, dass wir heute einmal dabei sein können." – „Immer schön zusammenbleiben", sagte Pater Fridolin. Wir fanden einen guten Platz. Wir konnten sehen, wo sich die Springer oben abstießen und wo sie unten ankamen. „Meine Güte, der Schanzentisch ist ja mächtig weit oben!", sagte eine Frau. Ich dachte: ‚Nie würde ich mich auf so einen Tisch stellen und dann auch noch hinunterspringen.' Das Zuschauen ist herrlich. Es kommt einem vor, als wollten die Skispringer davonfliegen. Die Leute klatschten, wenn wieder einer gut unten angekommen war. Ich konnte mir gar nicht vorstellen, wie man von so einer Höhe gut herunterkommen kann. Aber es geht. Einmal stürzte einer, und alle machten: „Oooooh!" Zum Glück stand er wieder auf und nahm seine Skier, die weggeflogen waren. Ich sah genau, dass Pater Bernhardin der einzige schwarze Besucher war. Leider war keine Zeit, anderen zu erzählen, dass er und Pater Fridolin Franziskanermönche waren. Das hätte vielleicht gar keiner geglaubt. Mechthild schaute sich die Augen aus noch unserem Freund Klaus. „Hoffentlich erkennen wir ihn!", sagte sie. Aber es war sehr schwer, die einzelnen zu unterscheiden. Steffen fotografierte. Aber ich fürchte, es gelang kein Bild; die Springer waren schnel-

ler als er. Uwe sagte nicht viel. Er überlegte bestimmt, wie hoch die Sprungschanze war. Wie weit jeder sprang, konnte man auf einer Tafel lesen. Diese Tafel ließ er nicht aus den Augen. Zwischendurch kam ein Händler durch die Zuschauerreihen und bot etwas Warmes zu trinken an. Der Opa mit der Glatze spendierte mir einen „Kindergrog". Er schmeckte gut. Am liebsten hätte ich den Händler nach dem Rezept gefragt. Aber dazu war keine Zeit. Auch die anderen bekamen warme Getränke. Das wärmte uns, und weil außerdem noch die Sonne schien, musste niemand frieren. Die Großväter und Großmütter verteilten Schokolade und Kekse, und Steffen bot saure Bonbons an. Mechthild fragte gerade: „Wo ist nur Klaus geblieben?", da kam wieder ein Springer von der Schanze herunter. Alle klatschten, weil er es gut gemacht hatte. Er fuhr noch einen Bogen zu den Zuschauern hin, genau dahin, wo wir standen. Dann winkte er. „Das ist Klaus!", rief Mechthild, und wir riefen alle zusammen: „Hallo, hallo, bravo, bravo!" Er winkte noch einmal und kam ziemlich dicht bei uns vorbei. Wir winkten wieder und waren stolz, dass wir einen echten Skispringer zum Freund hatten.
„Nun wird's Zeit", sagte nach einer Weile Frau Vogt. „Wir müssen uns auf den Heimweg machen." Das war schade. Die Sonne schien nicht mehr, es war kälter geworden. „Ich sammle meine Schäfchen jetzt ein", sagte Pater Fridolin, „wir machen noch eine kleine Wanderung für uns allein. Ich glaube, die Rasselbande muss noch richtig müde gemacht werden." Alle lachten, wir auch. Wir verabschiedeten uns von den Großeltern und den anderen und winkten den Tannenhof-Autos zu. Dann stiegen wir in den Christoffel. „Ich ...", sagte Uwe. – „ ...habe Hunger!" riefen wir im Chor. Pater Fridolin hatte an alles gedacht. Wir fanden in unserem Picknickkorb Butterbrote, Tee und Bananen. „Von Frau Elisabeth, der Guten!", sagte der Pa-

ter. Wir ließen es uns schmecken. „Hoffentlich sehen wir Klaus noch einmal wieder", sagte ich. „Wir wollen ihm noch sagen, dass es uns am Haselberg gut gefallen hat." – „Ja, und dass er ein guter Skispringer ist", meinte Mechthild. „Vielleicht wünsche ich mir zu Weihnachten auch ein Paar Skier." Ich erinnerte sie daran, dass erst in einem Jahr wieder Weihnachten sein wird. „Dann wünsche ich sie mir eben zu Ostern!", sagte sie, und darüber wollte sich Steffen schieflachen.

Das  an der Straße

Wie Pater Fridolin vorgeschlagen hatte, machten wir noch eine kleine Wanderung. Zum Glück ging es nicht bergauf. Wir gingen einen ebenen Weg entlang. Es gab viel Schnee, aber er war festgetreten. Das Wandern ging leicht. Zuerst gingen wir alle ordentlich in einer Reihe. Das war Steffen und Mechthild aber bald langweilig. Sie gingen vom Weg ab und stöberten durch das Dickicht. Steffen schleppte einen dicken Ast heran. „Ich schnitze was draus!", sagte er und zog ihn hinter sich her. Mechthild kletterte auf einen Baum, aber Pater Fridolin holte sie wieder herunter: „Überlass das den Eichhörnchen!", sagte er. Ich ging neben Pater Fridolin her und unterhielt mich mit ihm. Uwe schaute immer wieder nach oben. Er kann es nicht lassen, den Himmel zu beobachten. Es waren nur Wolken zu sehen. Aber die fand er auch sehr interessant. Wir kamen an einem Platz vorbei, wo der Schnee weggeräumt war. „Seht ihr die Futterraufen für das Wild?" Pater Fridolin zeigte hin. Die Futterraufen sahen aus wie große Weihnachtskrippen. „Seht ihr dort die Tierspuren?" Wir sahen große und kleine Spuren. Pater Fridolin wusste, zu welchen Tieren sie gehörten. „Und wo sind die Tiere?", fragte Steffen. „Frag' nicht so blöd! Die haben sich doch längst verzogen, weil sie uns gehört haben!" Pater Fridolin nickte: „Ja, wer im Wald Tiere sehen will, muss sich ganz still verhalten und lange warten, bis sie sich herantrauen." – „Förster stehen auf dem Anstand, bis Tiere aus dem Wald kommen; das dauert manchmal stundenlang", wusste Uwe zu berichten. Er hatte es gelesen. Er liest ja dauernd. Nun musste wieder erklärt werden, was ein Anstand ist. Mechthild und Steffen hatten noch nie davon gehört. Nun schauten sie sich dauernd um, weil sie solch einen Anstand finden wollten. Immer wieder gab es etwas Neues zu sehen. Pater Fridolin wusste über den Wald und die Tiere gut Bescheid.

Wir gingen und gingen. Mechthild rannte meist ein Stück voraus. Auf einmal blieb sie stehen und bückte sich zum Waldrand. „Hier hat jemand ein echtes Kreuz hingestellt!", rief sie uns zu. Wir gingen hin. Tatsächlich stand neben der Straße ein Kreuz. Es war nicht groß, aber auch nicht klein. Es sah beinahe so aus wie das Kreuz auf dem Grab unserer Oma. Das Kreuz an der Straße war mit Schnee verweht. Mechthild wischte es ab. Nun sah man, dass auf dem Kreuz Buchstaben waren. Es war ein ganzer Satz. „Hier starb unsere Johanna", las ich vor. Es war auch eine Zahl da, aber die konnte man nicht lesen. Daneben hing ein vertrockneter Blumenstrauß. „Ist das ein echtes Grab?", fragte Steffen. Ich konnte es nicht glauben. Gräber sind auf dem Friedhof und nicht im Wald. „Ich habe an der Autobahn schon einmal so ein Kreuz gesehen", erinnerte sich Uwe. „Jemand war zu schnell gefahren, und es hatte einen tödlichen Unfall gegeben." – „Aber hier im Wald fährt doch niemand schnell Auto", wunderte sich Steffen, und Uwe sagte: „Hier ist bestimmt etwas anderes passiert.

Was sollte sonst das Kreuz bedeuten?" Pater Fridolin schaute uns ernst an: „Ich erinnere mich, davon gehört zu haben, was damals hier geschehen ist. Im Tannenhof wurde davon gesprochen. Ich will es euch erzählen, obwohl es eine schreckliche Geschichte ist. Ein kleines Mädchen aus dem Ort kam eines Tages nach der Schule nicht nach Hause. Die Schulfreundinnen hatten gesehen, dass sie mit einem Mann ins Auto gestiegen war. Niemand wusste, warum. Alle suchten nach ihr – vergeblich. An dieser Stelle hier hat man sie später gefunden. Sie war tot. Der Mann hatte sie umgebracht. Sie wurde auf dem Friedhof beerdigt. Die Eltern haben zur Erinnerung an ihre kleine Johanna dieses Kreuz aufgestellt." Mechthild sagte leise: „Das ist ja schrecklich!" Sie hatte sofort Tränen in den Augen. Pater Fridolin legte ihr die Hand auf die Schulter: „Es gibt im Leben viel Schönes, aber auch Schreckliches", sagte er. „Ich habe euch diese Geschichte erzählt, obwohl sie schrecklich ist. Aber sie soll euch warnen. Geht niemals mit einem fremden Mann mit und steigt auf keinen Fall in ein Auto – ganz egal, was euch versprochen wird. Versprecht ihr mir das?" Wir nickten, und ich sagte: „Unsere Mutter hat uns auch schon davor gewarnt." Wir standen still neben dem Kreuz und dachten an die kleine Johanna. Mir wurde ganz kalt. Ich kann mir nicht vorstellen, dass es Menschen gibt, die Kindern etwas Schlimmes antun. „Warum sind manche Menschen so gemein?", fragte schließlich Uwe. – „Das kann ich auch nicht verstehen", antwortete Pater Fridolin. „Vielleicht gibt es niemanden, der für sie betet. – Aber was die kleine Johanna betrifft – die ist längst bei Gott angekommen und dort froh und glücklich." Als er das sagte, machte er wieder ein frohes Gesicht. „Und da wollen wir doch eines Tages auch alle hin, nicht wahr?", fragte er noch. „Klar", sagte Mechthild, „aber nicht jetzt gleich. Wir wollen erst noch ein bisschen hierbleiben." – „In Ordnung", nickte Pater Fridolin. „Gott wird alles einrichten, wie es gut für uns ist!" Dann machten wir uns auf den Weg zu Christoffel. Wir waren noch ein bisschen traurig, aber dann fing Pater Fridolin an zu singen, und wir wurden wieder froh. Wir fuhren nach Hause. Als wir an den Nachbarhütten vorbeikamen, sahen wir bei Klaus die Skier vor der Tür. „Bei den anderen Nachbarn wird mal wieder in die Röhre geguckt!", sagte Uwe. Nach dem Abendessen beteten wir für alle Kinder in der Welt. Wir dankten Gott auch für alle Erlebnisse des Tages – für die schönen und die aufregenden. Ehe ich später einschlief, dachte ich noch: ‚Für die kleine Johanna braucht man bestimmt nicht zu beten. Sie ist ja schon bei Gott.' Mechthild beugte sich noch einmal aus ihrem Bett zu mir hinunter und sagte: „Rita, stell dir vor. Morgen ist der letzte Tag dieses Jahres!" Daran hatte ich gar nicht gedacht.

KAPITEL 14

Als ich am Morgen wach wurde, fielen mir gleichzeitig viele verschiedene Dinge ein. Erstens dachte ich daran, dass um Mitternacht ein neues Jahr anfangen würde. Zweitens dachte ich an das Krippenspiel für die Großelterngruppe, das wir vorhatten. Dabei wurde mir ganz warm. Drittens dachte ich an meine Eltern und an meinen Bruder, die ich ja erst im nächsten Jahr wiedersehen würde. Viertens war ich gespannt darauf, ob wir bis Mitternacht aufbleiben dürften. Das hoffte ich sehr. Als ich das alles gedacht hatte, fiel mir das Morgengebet ein. Wir sind inzwischen ziemlich große Kommunionkinder. Wir müssen schon selbst an so etwas denken, finde ich. Noch im Bett machte ich ein Kreuzzeichen und sprach mit Gott über alles, worüber ich vorher nachgedacht hatte. Ich war gerade fertig, als Mechthild wach wurde. „Ob wir heute um Mitternacht mit Raketen knallen werden?", fragte sie. An so etwas hatte ich noch gar nicht gedacht. „Vergiss das Morgengebet nicht!", sagte ich nur. Sie ist ein Jahr jünger als ich; als große Schwester muss ich sie an Wichtiges erinnern, wenn sie das auch gar nicht mag. „Ja, ja", sagte sie. Dann war es eine Weile still. Schließlich stieg sie aus dem Bett. „Heute werde ich noch einmal die Mutter

Maria sein", sagte sie. „Aber wo soll ich eigentlich mein Jesuskind hernehmen? Das aus unserer Hüttenkrippe ist viel zu klein!" – „Frau Elisabeth wird schon Rat schaffen." Ich wusste genau, dass sie uns helfen würde. Dann machten wir uns fertig zum Frühstücken. Wir hörten die Jungen rumoren. „Zum letztenmal in diesem Jahr frühstücken!", sagte Mechthild. Uwe war gerade ins Zimmer gekommen. „Aber nicht zum letztenmal abwaschen", maulte er. Er würde nämlich abends noch einmal drankommen. Pater Fridolin kam von draußen. Er hatte Schnee geschippt. „Es schneit wieder!", sagte er. „Euer Türschild aus Schnee ist ziemlich zugeweht." – „Bringen wir nachher wieder in Ordnung!", rief Steffen.

„Was machen wir heute Abend?", fragte Mechthild, noch ehe sie ins Brötchen biss. Pater Fridolin schmunzelte: „Erst kommt der Tag, dann der Abend. Aber eins verrate ich dir jetzt schon –", er beugte sich zu Mechthild hin und machte ein geheimnisvolles Gesicht, „heute Abend gibt's hier eine Silvesterparty!" Er sagte es zu Mechthild, aber er zwinkerte uns dabei zu. Wir waren sofort begeistert. „Alles Nähere wird noch bekannt gegeben. Auf alle Fälle werden wir gegen Abend in der Kapelle mit allen, die im Haus sind, Gott für das vergangene Jahr danken", sagte der

Pater noch. Steffen schaute aus dem Fenster. „Wollen wir heute endlich einmal einen Schneemann bauen?", schlug er vor. „Aber so einen richtigen fetzigen großen mit Stock und Hut! Es ist genug Schnee da!" Er rannte aus der Hütte und kam mit einem Schneeball in der Hand wieder an: „Der Schnee pappt gut", sagte er. – „Wisst ihr was?" Pater Fridolin hatte wieder eine gute Idee, „ihr könntet den Schneemann in den Hof vom Tannenhof stellen. Die Großväter und Großmütter würden sich bestimmt darüber freuen." – „Wie kriegen wir ihn dorthin? Er wird ziemlich schwer werden!", sagte Steffen. Mechthild tippte ihm sofort an die Stirn: „Mensch, bist du so dumm oder tust du nur so? Wir bauen ihn natürlich dort im Hof auf!" – Ich rief: „Das wird das Silvestergeschenk für alle, die im Tannenhof wohnen!" Und Uwe meinte: „Hoffentlich taut es vorläufig noch nicht!" Aber so sah es nicht aus. Es schneite immer noch.

Wenig später waren wir unterwegs zum Tannenhof. Frau Vogt begegnete uns vor der Haustür. „Wir wollen gerade …" rief Steffen. Aber Mechthild gab ihm einen Rippenstoß und rief: „Überraschung, Überraschung!" Da war er still. Mit Pater Fridolin überlegten wir, an welcher Stelle der Schneemann stehen sollte. Er half uns gleich, einen guten Platz für unsere Überraschung freizuschaufeln. „Kommt ihr allein zurecht?", fragte er dann. „Wenn ihr Hilfe braucht, sind Pater Bernhardin und ich zur Hilfe bereit. Pater Bernhardin hat wahrscheinlich noch nie einen Schneemann gebaut." – „Nun geht's los!", rief Uwe. „Aber zuerst machen wir noch einen Plan!" Wir überlegten, aus welchen Teilen der Schneemann bestehen sollte. „Er muss einen Hut haben", sagte ich. „Und einen Stock und eine Nase und Augen!" Es fiel uns noch viel mehr ein. Der Plan wurde fertig. Schließlich ging ich zu Frau Elisabeth und erzählte ihr im Vertrauen, was wir alles brauchten. „Aber komm wieder!", rief Mechthild mir nach. Als ich wiederkam, hatten die anderen schon ein paar große Schneekugeln gerollt. Ich half sofort mit. Nie hätte ich geglaubt, dass Schnee so schwer ist. Die Schneeflocken sehen eigentlich ganz leicht aus. Wir schwitzten bei der Arbeit mächtig. Aber wir machten trotzdem immer weiter. Hinter den Fensterscheiben schauten einige Großeltern uns zu. Aber die störten uns nicht bei der Arbeit. Wenn Pater Fridolin und Pater Bernhardin uns nicht geholfen hätten, wär unser Riesenschneemann vielleicht nicht fertig geworden. Zum Glück waren die beiden so groß und stark, dass sie den Kopf, das Oberteil und die Arme des Schneemanns auf sein Unterteil stellen konnten. Am Ende war der Schneemann größer als Pater Fridolin. Frau Elisabeth brachte uns einen Stock und einen wunderbaren Hut. „Prächtig!", rief sie, als sie den Schneemann aus der Nähe sah. „So einen tollen Schneemann hatten wir hier noch nie!" Da waren wir wirklich stolz. Als Pater Bernhardin dem Schneemann noch eine Möhrennase und Augen aus schwarzen Steinen ins Gesicht gedrückt hatte, war der Schneemann noch viel schöner. Der Pater sagte: „Bei uns in Afrika werden die Menschen mit Ohrringen und Ketten geschmückt!" – „Daran soll's auch diesem Schneemann nicht fehlen!", rief Frau Elisabeth und brachte ein paar dicke glänzende Ketten an. „Das ist bestimmt der erste Schneemann, der wie ein Afrikaner geschmückt ist", sagte Pater Fridolin und lachte. „Wenn das die Menschen in meiner Heimat sehen würden!", meinte Pater Bernhardin. Schließlich legten wir dem Schneemann noch den Stock in den einen Arm und einen Zweig in den anderen. „Haben Sie noch einen schönen großen Strohstern?", fragte Mechthild Frau Elisabeth. Die hatte wirklich einen. Der wurde an den Zweig gehängt. „Nun ist es ein Weihnachtsschneemann", sagte ich und war sehr zufrieden darüber. Frau Vogt kam

und bewunderte den Schneemann. Dann sagte sie: „Ihr habt am letzten Tag des Jahres eine Überraschung für unseren Tannenhof ausgedacht. Nun überrasche ich euch mit Kartoffelsalat und warmen Würstchen." Über der Arbeit hatten wir unseren Hunger ganz vergessen.
Beim Mittagessen saßen wir alle zusammen. Nach dem Tischgebet stand Pater Fridolin auf und sagte: „Die Ras-

selbande hat für Sie alle eine Überraschung vorbereitet. Was vor dem Haus steht, ist ein Geschenk für Sie. Wer Lust hat, kann es sich nach dem Essen anschauen." Wir Kinder gingen gleich hinaus. Die Großväter und Großmütter kamen der Reihe nach auch an. Alle freuten sich über den Riesenschneemann. Sie lachten und bewunderten ihn sehr. Ich dachte: Er hat gar nichts gekostet und doch so viel Freude gemacht. Pater Fridolin schlug vor: „Steffen, nun ist deine Stunde gekommen: Du musst unbedingt den Schneemann fotografieren." Steffen machte ein unglückliches Gesicht. Der Fotoapparat lag in der Hütte. Ein Großvater meldete sich: „Kein Problem", sagte er und holte seinen Fotoapparat heraus. Der Schneemann wurde fotografiert. Dann wurden wir Kinder mit dem Schneemann fotografiert. Dann wurden Pater Fridolin und Pater Bernhardin rechts und links vom Schneemann aufgestellt und fotografiert. Am Schluss wurden alle, die da waren, um den Schneemann herumgestellt und fotografiert. Es war ein Riesenspaß. „Bekommen wir Fotos?", fragte ich. „Natürlich", sagte der Großvater, der fotografiert hatte. „Frau Vogt ist bestimmt bereit, dafür zu sorgen, dass jeder ein Schneemannbild bekommt." Die nickte sofort.

„So, und nun geht's in die Hütte zurück!" Pater Fridolin sagte zu Frau Vogt: „Wir sehen uns heute noch einmal wieder. Aber erst stecke ich die Rasselbande ins Bett. Wer in später Nacht eine Party feiern will, muss ausgeschlafen sein." Mir war das recht. Einen Schneemann zu bauen ist anstrengend. Ich war müde. Nicht einmal Mechthild stritt gegen den Vorschlag, am Tag zu schlafen. Als wir in der Hütte angekommen waren und im Bett lagen, schlief sie als erste sofort ein.

Mit Trommelwirbel und Zimbelklängen

Als ich wach wurde, dachte ich zuerst, ich hätte die Silvesternacht verschlafen. Zum Glück stimmte das nicht. Mechthild stand an der Tür. „Hörst du das? Hörst du das?", rief sie. Und dann war sie weg. Ich hörte wirklich etwas. Es klirrte und klingelte irgendetwas. Im Handumdrehen machte ich mich fertig und ging ins Wohnzimmer. Dort standen alle um einen großen Sack herum. Auch Pater Bernhardin war da. Aus dem Sack hatte er schon etwas herausgenommen. Es waren Gegenstände, mit denen man Töne machen konnte. Ich erkannte Klanghölzer und Zimbeln. Die anderen kannte ich nicht. Jeder hatte schon eines davon in der Hand. Es klingelte und rasselte. Die ganze Hütte war voll von diesen Tönen. Pater Bernhardin nahm dann eine kleine Trommel aus dem Sack. Er schlug mit seiner Hand ganz regelmäßig darauf. Unsere Organistin macht es manchmal auch so, wenn sie erreichen will, dass wir im Takt bleiben. „Denkt an den Rhythmus!", sagt sie dabei. Daran musste ich jetzt denken. Pater Bernhardin sagte gar nichts, sondern trommelte immer weiter. Und auf einmal fingen die anderen an, mit ihren verschiedenen Instrumenten den gleichen Takt zu schlagen. Pater Fridolin klatschte im Takt in die Hände. Er hielt sie so zusammen, dass es ganz dumpfe Töne gab. Ich holte mir schnell auch etwas aus dem Sack. Ich fand Klanghölzer. Solche kannte ich schon aus dem Kindergarten. Ich nahm zwei davon und schlug sie genau so regelmäßig im Takt, wie die anderen das taten. Ohne mit Trommeln aufzuhören, sagte Pater Bernhardin im Takt: „Weih – nachts – zeit – schö – ne – Zeit." Wir merkten sofort, dass wir mitsprechen sollten. Wir sagten den Satz noch mehrmals und vergaßen dabei unsere Instrumente nicht. Als Pater Bernhardin nichts mehr sagte, probierte ich auch ein Wort. Ich sagte: „Tan – nen – hof, Krip – pen – spiel." Nun versuchten es die anderen

auch. Uwe wählte einen ganzen Satz aus: „Yes – I – can!" Das heißt auf Deutsch: Ja, ich kann. Alle sagten nun mehrmals diesen englischen Satz im Takt. Es machte viel Spaß. Steffen kam dran: „Fri – do – lin!", rief er, und Mechthild legte gleich los mit: „Bern – har – din!". Wir fanden immer neue geeignete Worte. Es endete erst, als Pater Fridolin sagte: „Jetzt – ist – Schluss – Kaf – fee – Zeit!" Da war es mit dem Rhythmus zu Ende. Alle sprachen durcheinander. Die Instrumente wurden weggelegt. Der Kaffeetisch war wunderbarerweise schon gedeckt. Während wir Kakao tranken, rief Steffen auf einmal: „Ka – ka – o, Ka – ka – o!" Es klang ausländisch. Wir mussten alle darüber lachen.

Als wir fertig waren, probierten wir der Reihe nach alles aus, was in dem Sack lag. Ganz unten fanden wir eine besonders große Trommel. Steffen rief sofort: „Mit der möchte ich trommeln!"

Pater Bernhardin sagte uns, wie die verschiedenen Instrumente heißen. Mechthild gefielen vor allem die Zimbeln. „Erstens ist das ein schönes Wort, und zweitens klingen Zimbeln gut." Ich probierte die kleine Trommel aus. Pater Bernhardin sagte: „Du kannst auch einen anderen Rhythmus ausprobieren!" Er machte es mir vor. Ich probierte es. Es ging gut. Wir hätten bestimmt noch lange die Instrumente ausprobiert. Pater Fridolin sorgte dann für Ruhe und sagte: „Die Sache mit den Instrumenten hat Pater Bernhardin ausgedacht. Er hat sie selbst hierher getragen." Wir klatschten. Wer gerade ein Instrument in der Hand hatte, benutzte es für den Beifall. Pater Bernhardin winkte ab: „Wenn mir Frau Elisabeth nicht von den Instrumenten im Haus erzählt hätte ..." Er musste nichts weiter sagen. Wir klatschten noch einmal. „Vielleicht können wir das später noch einmal gebrauchen", dachte ich. Später zeigte sich, dass ich recht hatte.

„Nun müssen wir das Krippenspiel noch einmal üben", mahnte Mechthild, „sonst gibt es eine Pleite." Ich holte den Krippenspieltext aus dem Schrank. Es ging an die Arbeit. Jeder musste noch einmal seinen Text vorlesen. Mechthild wusste ihn noch auswendig. Den beiden Jungen konnte ich durch Vorsagen helfen. „Da ist Vorsagen zu etwas gut", sagte Uwe. „Eigentlich wäre es schön, wenn Sie auch mitspielten", sagte ich zu Pater Fridolin und Pater Bernhardin. Die schauten sich an: „Was tun wir?", fragte Pater Fridolin. Pater Bernhardin antwortete: „Wir sind dabei!" Das hatten wir gar nicht anders erwartet. Sie bekamen eine Rolle als Hirten. Pater Bernhardin und ich wurden zuständig für die Lieder und den Takt dazu. „Wir singen, aber Instrumente brauchen wir nicht", sagte ich. – „Aber am Schluss könnte ich als Josef die Trommel schlagen – aus Freude über die Geburt!", meinte Steffen. Mechthild sagte nur: „Aber nicht so laut, sonst erschrickt das Kind."
Es wurde Zeit, zum Tannenhof aufzubrechen. „Kommen Sie heute abend auch zu unserer Hüttenparty?", fragten wir Pater Bernhardin. „Zuerst bleibe ich bei der Großelterngruppe", sagte er. „Er hat ‚zuerst' gesagt", wisperte Mechthild mir zu. „Vielleicht kommt er doch noch." Wir zogen uns an, um zum Tannenhof zu gehen. Auf dem Weg trafen wir einen einsamen Wanderer. „Das ist ja Klaus!", rief Steffen. Er war es wirklich. Wir begrüßten uns. „Wir haben wohl den gleichen Weg?", fragte Pater Fridolin. – Klaus nickte: „Das alte Jahr beende ich mit Gott, das neue Jahr beginne ich auch so." – „Eine gute Gewohnheit!", sagte Pater Fridolin. Mechthild fragte Klaus: „Und was machen Sie heute abend?" – „Ich werde wohl allein in meiner Hütte bleiben", sagte er. Uwe rief: „Kommen Sie doch mit zu unserer Party!" – „Ja, bitte, bitte", riefen auch wir anderen. Pater Fridolin meinte: „Sie sind herzlich eingeladen!" –

„Ich komme!", sagte Klaus. „Vielleicht kommen die Leute aus der anderen Hütte auch!?", wünschte ich mir. Aber Klaus winkte ab: „Denen habe ich schon früher erzählt, dass es hier Gottesdienst gibt. Aber sie haben mir klipp und klar gesagt: Wir wollen damit nichts zu tun haben." Pater Bernhardin hatte das gehört. Er sagte: „Wir wollen heute Abend für diese Nachbarn beten. Auch sie brauchen Gott, und Gott liebt sie." Bei uns zu Hause gibt es viele Menschen, die nichts von Gott wissen. Unser Diakon sagt öfters: „Wir Christen sind ein Zeichen dafür, dass Gott da ist." Ich nahm mir vor, an diesem Abend für alle zu beten. Dann gingen wir in die Kapelle, wo alle anderen schon versammelt waren. Uwe blickte noch schnell auf seine Armbanduhr: „In sechs Stunden fängt das neue Jahr an!", sagte er. Mir war ganz feierlich zumute. Alle waren gekommen, das alte Jahr zu verabschieden: Die Großmütter und Großväter, Frau Vogt und Frau Elisabeth, unser Freund Klaus und wir Kinder. Pater Fridolin und Pater Bernhardin standen am Altar. Die Kerzen am Christbaum waren angezündet. Wir dankten Gott für das alte Jahr. Pater Fridolin sagte: „Wir wollen jetzt darüber nachdenken, was Gott uns in diesem Jahr geschenkt hat." Ich dachte sofort an unsere Erstkommunion und an die Ferien in Kleckerhausen. Mir fiel aber auch ein, dass mein Vati nach dem vergangenen Herbst ins Krankenhaus gekommen war. Wir hatten große Sorgen. Ich dachte auch an das Mädchen in meiner Klasse, das Krebs hat und vielleicht bald sterben muss. Die anderen dachten bestimmt auch darüber nach, was sie erlebt hatten. Es war ganz still in der Kapelle. Pater Fridolin sagte dann: „Das alte Jahr hat uns Gutes und Schlimmes gebracht. Gott war immer bei uns. Dafür danken wir ihm." Wir sangen gemeinsam: „Nun danket alle Gott." Und weil fast noch Weihnachten war, sangen wir zum Schluss: „O du fröhliche Weihnachtszeit." Steffen sang besonders laut, weil das sein Lieblingslied ist. Nach dem Gottesdienst gab es ein ziemliches Durcheinander, weil im Vorraum jeder dem anderen zum letztenmal im Jahr die Hand geben wollte. Frau Elisabeth war zuerst nicht zu sehen; aber dann kam sie und brachte allerlei Sachen an: „Für eure Silvesterparty!", sagte sie. Sie ist wirklich eine tolle Frau. „Möchte vielleicht jemand zum letztenmal im Jahr mit seinen Eltern sprechen?", fragte Pater Fridolin. „Ja, ich!", schrien wir alle. Wir merkten sofort, dass Pater Fridolin diesen Anruf mit unseren Eltern besprochen hatte. Sie waren deshalb alle bei uns zu Hause am Telefon zu erreichen. Jeder von uns erzählte etwas. Ich kam als letzte an die Reihe: „Kommt gut ins neue Jahr!", sagte ich am Schluss.

Eine Silvesterparty

Ehe die Party losgehen konnte, hatten wir noch viel zu tun. Steffen und Uwe bekamen die Aufgabe, den Raum zu schmücken und für das Kaminholz zu sorgen. Steffen sagte: „Schade, dass wir keine Girlanden haben!" Aber Uwe erklärte ihm sofort: „Girlanden gibt's Fasching, jetzt feiern wir erst mal Silvester!" Steffen brummte ein bisschen, aber dann kam er mit kleinen Zweigen an und schmückte damit den Tisch. Er schmückte auch den Kamin und die Regale. Sogar zur Kuckucksuhr kletterte er hinauf: „Der Kuckuck soll auch merken, dass heute etwas los ist!", sagte er. Uwe bereitete den Kamin vor. Er hatte ja gesehen, wie

Pater Fridolin das gemacht hatte. Wir Mädchen und Pater Fridolin kümmerten uns um das Essen. Natürlich hatte Frau Elisabeth allerlei leckere Sachen in die Körbe gelegt. Wir hatten gar nicht viel Arbeit, weil alles so gut vorbereitet war. Es gab verschiedene Salate, kleine Würstchen, Kindergrog und ein interessantes gefülltes Brot, von dem man Scheiben abschneiden konnte. Auch Minibrötchen gab es und ein besonderes Obst, das ich noch nie gegessen hatte. Am liebsten hätte ich es gleich gekostet, aber ich beherrschte mich. Wenn Mechthild und ich zu Hause eine gemeinsame Aufgabe haben, zanken wir uns meistens. Diesmal passierte das nicht. In den Ferien ist alles anders. Wir legten Aufschnittplatten und Schüsseln für den Salat zurecht. Pater Fridolin schnitt das Brot in Scheiben und gab uns ein winziges Scheibchen zum Kosten. „Mmmmh!", machte Mechthild. Das hörten die Jungen. Sie ließen alles stehen und liegen und wollten auch kosten. Das durften sie. Schließlich waren wir fertig. Es sah alles lecker aus. „Na, da wird keiner hungern müssen", sagte Pater Fridolin, „und partymäßig sieht unsere Hütte auch aus. Aber ihr seht noch nicht partymäßig aus, finde ich." Wir waren wirklich ziemlich zerstrubbelt. Schnell verschwanden wir in unsere Zimmer. Ich zog meinen neuen Pullover an, Mechthild schlang einen Schal kunstvoll um die Schulter. Gewaschen und gekämmt gingen wir ins Zimmer. Dort hatte Pater Fridolin schon Kerzen angezündet. Die Jungen kamen herein. Uwe hatte das Shirt angezogen, auf dem riesengroß EUROPA steht. Steffen hatte sich so gut gewaschen, dass sein Gesicht krebsrot war. Wir sahen wirklich alle sehr feierlich aus. Klaus kam pünktlich an, und die Party konnte losgehen.
Wir aßen und tranken, und dann setzten wir uns um den Kamin herum. Pater Fridolin zauberte aus seiner großen Mönchshosentasche einen Minirecorder. So hatten wir so-

gar Musik. Es waren Lieder, über die man lachen konnte. Der Pater zeigte uns, wie man dazu Bewegungen machen kann. Wir legten sofort los. Dann machten wir verschiedene Spiele. Manchmal lachten wir dabei so sehr, dass der Bauch weh tat. Als wir ziemlich abgekämpft waren, sagte Klaus: „Bei uns zu Hause wird am Silvesterabend Blei gegossen." Das kannten wir nicht. Nur Pater Fridolin nickte ihm zu. Klaus holte einen grauen Kloß und einen verbogenen Löffel aus der Tasche. „Was kann man damit spielen?", fragten wir neugierig. „Bringt mir eine Schüssel mit Wasser und eine Kerze", sagte er geheimnisvoll. Mechthild rannte los und holte eine kleine Schüssel mit Wasser aus der Küche. „Und nun?", fragten wir. Klaus erklär-

te: „Es gibt bei uns die alte Sitte des Bleigießens. Jeder darf ein bisschen Blei auf den Löffel legen und es über eine Kerze halten. Wenn es geschmolzen ist, lässt man es ins Wasser fallen. Wenn es abgekühlt ist, wird es herausgeholt. Dann sieht man nach, was man sich für einen Gegenstand gegossen hat. Es ist ein Spaß und bleibt ein Andenken für das neue Jahr." Schnell saßen wir um den Tisch herum. „Klaus fängt an!" Das Blei wurde schnell flüssig. Es glitschte ins Wasser. Klaus wartete ein bisschen. Dann holte er das Bleiklümpchen heraus. „Es sieht aus wie ein Schuh", meinte Uwe. „Ein Skischuh. Ein Skischuh", rief Mechthild. „Passt zu Klaus", stellte Uwe fest, „darf ich jetzt?" Was er schließlich aus dem Wasser holte, war sehr klein. „Es ist eine Erbse", kicherte Mechthild. „Nein, es ist ein Globus!", rief ich. „Vielleicht ist es auch ein Stern", sagte Steffen. „Jedenfalls passt es zu Uwe." Ich kam dran und goss eine echte Kartoffel. Daran konnte niemand zweifeln. „Passt!", sagte ich nur. Steffens gegossener Gegenstand zerfiel sofort in zwei Teile. „Das sind deine Zwillingsschwestern!", erklärte Mechthild gleich. „So sehen sie aber nicht aus!", brummte Steffen. „Gilt trotzdem!" – „Du bist dran!" Mechthild hätte sich beinahe die Finger verbrannt, weil sie zu voreilig war. Aber dann sagte sie stolz: „Das ist natürlich ein Tennisschläger, sieht doch jeder!" Wir sahen es zuerst nicht, aber dann erkannten wir es auch. Zuletzt kam Pater Fridolin an die Reihe. Wir steckten die Köpfe vor, um zu sehen, was er gegossen hatte. „Es ist ein kleines Kreuz!", sagte Steffen erstaunt. „Wie haben Sie das gemacht?" – „Gemogelt habe ich nicht", lachte der Pater, „aber es passt wirklich gut zu mir!" – „Das Bleigießen macht Spaß", sagte ich zu Klaus. „Im nächsten Jahr machen wir so etwas zu Hause auch!"

Wir hatten gar nicht gemerkt, wie die Zeit vergangen war. „Noch eine Stunde bis Mitternacht!", sagte Uwe plötzlich. – „Ich denke, in dieser letzten Stunde sollten wir noch ein wenig über unser Leben nachdenken", schlug Pater Fridolin vor. Er zündete die Kerzen an der Krippe an. „Singen wir noch ein Weihnachtslied?", fragte Mechthild. Wir stellten uns um die Krippe herum und sangen. „Erinnert ihr euch daran, was ich euch geschrieben habe, ehe wir zur Hütte fuhren?", fragte der Pater. Mir fiel es sofort ein: „Gott hat uns seinen Sohn geschenkt. Das ist das größte Geschenk", sagte ich. Und Mechthild sagte gleich: „Und das zweitgrößte Geschenk war Ihre Einladung in die Hütte." Pater Fridolin lachte ein bisschen. „Wir haben miteinander schöne und frohe Tage erlebt", sagte er dann. „Gott hat sie uns geschenkt. Dafür sind wir dankbar. Aber wir wollen auch nicht jammern, wenn einmal Tage kommen, die nicht so schön sind." – „Wenn wir zum Beispiel im Diktat eine Fünf einfangen", meinte Steffen. – „Oder wenn sich irgendeiner über uns lustig macht, weil wir in die Kirche gehen", rief Mechthild. „In unserer Klasse ist ein Mädchen, die macht das. Sie glaubt nicht, dass Gott da ist." Uwe legte den Kopf zur Seite: „Yes", erklärte er dann, „sogar in England gibt es Leute, die nicht an Gott glauben. Meine Mutter kennt solche. Aber ich glaube auf alle Fälle, dass es ihn gibt!" – „Ich auch!", sagten wir im Chor.

Dann schaute Uwe auf seine Armbanduhr: „Noch eine Viertelstunde, und das neue Jahr ist da!", rief er. Wir redeten alle durcheinander. Klaus schenkte Kindergrog ein. Sekt gab es nicht. Sportler brauchen keinen Alkohol und ich glaube, Mönche auch nicht. „Gleich stoßen wir auf das neue Jahr an!", sagte Klaus. „Ich freue mich, dass ich mit euch feiern kann." Dann saßen wir still und starrten auf die Kuckucksuhr. Die Viertelstunde war sehr lang. Dann ging das Türchen auf. Der Kuckuck rief schnell hintereinander zwölfmal sein „Kuckuck!". – „Prosit Neujahr!", rief Mechthild und steuerte mit ihrem Glas auf Pater Fridolin zu. Wir andern machten es ihr nach. Jeder stieß mit jedem an und wünschte ein gutes neues Jahr. Ich dachte an meine Eltern und meinen Bruder, die wahrscheinlich auch gerade auf das neue Jahr anstießen.
Dann zogen wir die Jacken an und gingen hinaus in Freie. Draußen knallte und zischte es. Das waren Feuerwerkskörper und andere Knaller. Man konnte sie über den Bäumen sehen. Es sah schön und festlich aus. Wir hörten auch die Glocke der evangelischen Kirche läuten. Auf einmal kam jemand auf unsere Hütte zu: „Pater Bernhardin!", rief Uwe. Er war es wirklich. Wir wünschten ihm ein gutes neues Jahr. Er sagte: „Gottes Segen für uns alle!" Wir standen alle um ihn herum. Wir merkten nicht, dass Pater Fridolin ins Haus gegangen war. Er kam aber schnell wieder. In der Hand hatte er ein paar längliche Gegenstände. Wir sahen, dass es Wunderkerzen waren. „So, meine Lieben", sagte er und drückte jedem von uns eine davon in die Hand, „nun machen wir zur Feier des neuen Jahres auch ein kleines Feuerwerk." Ehe wir die Kerzen anzündeten, rief Mechthild: „Jeder darf sich für das neue Jahr etwas Besonderes wünschen!" – „Aber geheim!", sagte Uwe. Diesen Vorschlag fand ich gut. Wir zündeten die Wunderkerzen an. Auch Pater Fridolin, Pater Bernhardin und

Klaus hatten eine in der Hand. Die Kerzen knisterten ein bisschen und warfen viele Funken über uns und in den Schnee. Wir waren still, denn jeder wünschte sich heimlich etwas. Ich hatte gleich zwei Wünsche. Ich wünschte mir, dass wir alle gesund bleiben und dass es mir in der neuen Schule gefallen wird. Dann waren die Wunderkerzen ausgebrannt. Wir schauten zur Nachbarhütte, aber dort machte niemand das Fenster auf. Es wurde Zeit, schlafen zu gehen. Klaus half noch mit, in der Hütte Ordnung zu machen. Dann sagte er: „Auf Wiedersehen, es war schön, mit euch zu feiern!" Und schon war er weg.

Pater Fridolin und Pater Bernhardin gingen noch ein bisschen miteinander den Weg entlang. Im Bett sagte Mechthild zu mir: „Ich verrate dir, was ich mir vorhin gewünscht habe: dass ich im Sport immer besser werde und dass ich in diesem Jahr endlich mal das Weihrauchfass schwingen darf." Ehe ich ihr meine Wünsche verraten konnte, war sie schon eingeschlafen.

KAPITEL 15

Ein guter Rat fürs neue Jahr

Zum Glück begann der Neujahrsgottesdienst erst um 11 Uhr. Wir konnten also ausschlafen. Beim Frühstück waren wir aber alle wieder putzmunter. Uwe schaute aus dem Fenster und stellte fest: „Die Leute aus der Nachbarhütte stehen vor ihrer Tür!" – „Wir sollten ihnen ein gutes neues Jahr wünschen", schlug Pater Fridolin vor. – „Wir kennen sie doch gar nicht!", sagte Steffen. – „Gute Wünsche kann jeder gebrauchen", mischte ich mich ein. „Los, wir gehen hin!" – „Am besten wird es sein, wir singen ein Lied", schlug Mechthild vor, „was sagt ihr zu dem Kanon: Viel Glück und viel Segen?" Dieses Lied singen wir in der Schule, wenn jemand Geburtstag hat. Es passt auch zu einem neuen Jahr. Nach dem Frühstück gingen wir sofort los. Pater Fridolin war auch dabei. Es war niemand mehr draußen zu sehen. Wir klopften an die Tür und sangen einfach los. Da ging die Tür auf. Die Leute aus der Nachbarhütte waren mächtig erstaunt über unseren Besuch. „So etwas ist uns noch nie passiert!", sagte die Frau, und der Mann holte gleich seine Geldtasche heraus. Dabei wollten wir gar kein Geld haben. „Es sollte nur eine Neujahrsüberraschung sein!", rief Mechthild. Pater Fridolin fing ein kleines Gespräch an. Ich glaube, die beiden Leute wunderten sich mächtig, dass ein Mönch mit ihnen sprach. „Vielen Dank für den Besuch!", sagte dann die Frau. Der

Mann sagte gar nichts. Wir gingen wieder fort. Ich sagte: „Vielleicht haben sie sich ein bisschen gefreut, das ist die Hauptsache!" Und Pater Fridolin nickte mir zu.
Als wir im Tannenhof ankamen, winkte Pater Bernhardin sofort den Jungen. Sie sollten im Gottesdienst Ministranten sein. Dann nahm Pater Fridolin Mechthild zur Seite: „Ich denke mir, du könntest heute das Weihrauchfass bedienen", sagte er. Mechthild blieb der Mund offen stehen. „Ich?", fragte sie. – „Ja, du. Oder willst du nicht?" Sie wurde ganz rot. „Komm, ich zeige dir alles!" Pater Fridolin führte sie in die Sakristei. Mechthild warf mir noch einen Blick zu. Sie dachte bestimmt an ihren Wunderkerzen-Wunsch. Ob sie alles richtig machen würde? Ich wusste natürlich, dass sie in der Ministrantengruppe schon viel gelernt hat. Aber sie hatte das Weihrauchfass noch nie geschwungen. Der Gottesdienst war sehr feierlich. Ich konnte leider nicht in Ruhe singen und beten, weil ich immerzu an Mechthilds Aufgabe dachte. Aber sie tat so, als hätte sie das alles

schon tausendmal getan. Manchmal winkte ihr Pater Fridolin heimlich zu, wenn sie nicht gleich wusste, was drankam. So gelang alles. Ich saß in der Bank neben der Frau mit dem Rollstuhl. An meiner anderen Seite saß der Opa mit der glänzenden Glatze. Er schmunzelte mir zu. Mir gefiel mein Platz sehr gut. Es kam mir vor, als wäre ich zu Hause in unserer Kirche. Am Schluss sangen wir: „Das alte Jahr vergangen ist." Dieses Lied passt nur einmal im Jahr. Nach dem Gottesdienst kam Mechthild an und fragte: „Was sagst du nun?!" Ich lobte sie natürlich. Auch die Jungen sagten zu ihr: „Zum Glück hast du uns nicht blamiert!" Darauf antwortete sie nichts, sondern sah die beiden nur von oben herab an.

Im Vorraum standen die Großväter und Großmütter. Wir gaben jedem die Hand und wünschten ein gutes neues Jahr. Sie sagten uns dann auch gute Wünsche. Auf einmal stellte sich der Opa mit der glänzenden Glatze in die Mitte und rief mit seiner tiefen Stimme: „Ich habe etwas zu sagen. Und ihr solltet es euch alle gut merken – es gilt für das ganze neue Jahr." Alle waren still, weil sie hören wollten, was der Opa zu sagen hatte. Er machte den Mund auf und sagte laut: „A!" Alle waren verwundert. Was sollte das heißen? Aber da machte er den Mund schon wieder auf und sagte: „E!" Und nach einer Weile: „B!" Mechthild kicherte und Frau Vogt schüttelte verwundert den Kopf. Dann rief der Opa noch: „M!" Alle schauten sich um. Vielleicht wollte schon einer fragen, ob das ein Witz sein sollte. Aber der Opa wiederholte die Buchstaben noch einmal: „A – E – B – M! Und das heißt: Im kommenden Jahr **A**LLES **E**TWAS **B**ESSER **M**ACHEN! Und das, liebe große oder kleine Leute, wollen wir uns alle vornehmen!" Er zog sein großes kariertes Taschentuch aus der Tasche und wischte sich über die Glatze. Nun klatschten endlich alle Beifall. Pater Fridolin ging auf den Opa zu und gab ihm die Hand: „Das war ja eine richtige Predigt!", sagte er. „Ich werde mir das auch vornehmen: A – E – B – M!" – „Ich auch! Ich auch!", riefen andere. Uwe sagte: „Wenn ich jetzt einen Computer und einen Drucker hätte, würde ich die vier Buchstaben mit ganz großen Typen für alle ausdrucken." – „Du könntest sie dir auch einfach merken", schlug ihm Steffen vor. Mir hatte dieser Opa schon beim Ausflug gefallen. Nun gefiel er mir noch besser. Sein Rat war gut. Man konnte sich ihn leicht merken. „A – E – B – M!", rief Mechthild und knuffte mich in die Rippen. „Wir erzählen das zu Hause weiter – aber erst sollen sie alle raten, was die Buchstaben bedeuten!"

Das verspätete Krippenspiel

Es war ein Glück, dass wir zum Mittagessen in den Tannenhof eingeladen wurden. Wir hätten gar keine Zeit gehabt, uns auf das Krippenspiel vorzubereiten. Wir saßen wieder zwischen den Großvätern und Großmüttern und ließen es uns schmecken. „Ich esse furchtbar gern Rouladen", erklärte Steffen. Er hatte seine Portion schon auf dem Teller und sein Gesicht glänzte. Frau Elisabeth hatte seine Worte gehört: „Da haben wir ja den Küchenzettel gut ausgesucht", lachte sie. „Können Sie mir nicht das Rezept von den Klößchen aufschreiben, die in der Suppe lagen?", bat ich. Ich wollte es in mein Kinderkochbuch legen und später meine Mutter damit überraschen. Zum Nachtisch gab es besonders guten Pudding. „Neujahrspudding!", sagte Frau Vogt. Nach dem Tischgebet stand sie auf: „Wie ich schon angekündigt hatte,

haben die Kinder noch eine zweite Überraschung für uns." Die erste Überraschung war ja der Schneemann gewesen. Er stand immer noch kerzengerade im Hof. „Wir sind heute Nachmittag zu einem kleinen Krippenspiel eingeladen. Es findet in der Kapelle statt."
Der Speisesaal leerte sich ziemlich schnell. Frau Elisabeth winkte uns: „Die Mitspieler treffen sich im Bastelkeller!" Eine Frau fragte beim Hinausgehen Mechthild: „Fürchtest du dich, wenn du vor uns allen etwas vorspielen sollst?" – „Ach nein", zuckte Mechthild die Schultern, „je mehr Leute zuschauen, desto besser ist es!" Sie hat wirklich nie Lampenfieber, wenn wir zu Hause oder in der Gemeinde etwas vorspielen. Ich bin vorher immer aufgeregt. Sie sagt dann zu mir: „Wird schon schiefgehen, große Schwester!", und zieht eine Grimasse. Dann muss ich lachen und vergesse die Aufregung. Wir versammelten uns im Bastelkeller. Pater Fridolin und Pater Bernhardin waren auch da. Frau Elisabeth hatte schon Sachen herausgelegt, die als Kostüme passten. Auch eine Krippe mit einem Kind gab es. Es war eine Puppe. Ich glaube, Frau Elisabeth hat eine Unmenge Vorräte. Mechthild und Steffen sahen bald wirklich aus wie Josef und Maria. „Komm, mein lieber Josef", tänzelte Mechthild auf Steffen zu. „Sei nicht so albern!", brummte er; aber er stellte sich sofort neben sie. Die beiden passten wirklich gut zusammen, wenn Mechthild auch ein bisschen größer war. Uwe, Pater Fridolin und Pater Bernhardin wurden wie Hirten angezogen. „Wenn Sie nur nicht so lange Beine hätten!" Frau Elisabeth betrachtete Pater Fridolin: „So ein langes Hirtengewand gibt es nicht!", seufzte sie. Dann schaute sie zu Pater Bernhardin: „Bei Ihnen habe ich das gleiche Problem!" Aber dann fand sie doch zwei geeignete Umhänge. Uwe hatte seinen Hirtenstab schon längst in der Hand. So war alles vorbereitet.

Frau Vogt zündete in der Kapelle die Kerzen am Christbaum und noch ein paar andere Kerzen an. Weil sie Orgel spielen kann, hatte ich ihr genau erklärt, an welcher Stelle in unserem Krippenspiel Lieder gesungen werden sollen. Nun setzte sie sich an die Orgel. Ich setzte mich in die Ecke neben dem Altar und hielt die Zettel mit dem Text in der Hand. Meine Aufgabe würde es sein, den anderen vorzusagen, wenn sie nicht mehr weiter wussten. Das betraf vor allem Steffen und Mechthild. Die drei Hirten hatten nicht viel zu sprechen. Wie immer hatte ich mächtiges Lampenfieber. Aber als dann das erste Lied gesungen wurde und Maria und Josef hereinkamen, hatte ich keine Angst mehr. Die beiden machten es wirklich gut. Alles lief ab wie geplant. Manchmal gab es eine kleine Stockung. Dann flüsterte ich schnell die nächsten Worte, und es ging weiter. Wenn wir es nicht mit unserem Diakon so oft geübt hätten, wäre es vielleicht schief gegangen. Als die Hirten hereinkamen, um das neugeborene Kind anzubeten, wisperten die Besucher. Einige lachten leise. Ich glaube, es sah ein bisschen komisch aus, dass ein Hirt klein und die zwei anderen sehr groß waren. Aber als die Hirten dann an der Krippe knieten, wurde es ganz still. Pater Fridolin sagte ein paar Sätze, die nicht in meinem Text standen. Aber das war nicht schlimm. Sie passten genau dazu. Am Schluss des Spiels sollte sich Josef neben die Krippe stellen. So war es geplant. Aber er hatte es vergessen und blieb an der Seite stehen. Da stand Mechthild als Maria auf und nahm ihn an der Hand: „Komm jetzt her, Josef!", sagte sie. Er kam, und sie stellte sich ruhig wieder an ihren Platz. Am Schluss sah alles aus wie bei einer echten Weihnachtskrippe: Die Mutter Maria und das Kind, der heilige Josef und die drei Hirten waren da. Alle Leute sangen: „Stille Nacht, heilige Nacht". Und dann war alles zu Ende.

Wir verließen die Kapelle. Die Erwachsenen kamen uns nach. „Ihr habt es gut gemacht", sagten sie. „Es war eine schöne Feier." Da waren wir natürlich stolz. Ich glaube, sie haben die Fehler gar nicht bemerkt. Der Opa mit der Glatze kam auf mich zu: „Vorsagen will auch gelernt sein, was?", lächelte er mich an. „Du warst als Vorsagerin wirklich gut." Ich habe mich gefreut, dass er mich gelobt hat. Sonst werden ja immer nur die Schauspieler gelobt. Wir gingen in den Bastelkeller, und alle zogen sich um. Steffen stellte sich vor Pater Bernhardin auf und sagte: „Es ist schade, dass die heiligen drei Könige in diesem Jahr noch nicht gekommen sind. Sie wären als schwarzer König prima geeignet!" Ich fand das auch. „Nun will ich euch noch etwas sagen, meine Lieben", meldete sich Pater Fridolin, „wir alle haben uns über euer verspätetes Krippenspiel sehr gefreut. Es ist ja nie zu spät, anderen eine Freude zu machen." Er stand auf: „Wer ist bereit, wieder in die Hütte Rosa zurückzugehen?", fragte er. Wir waren alle bereit. Mir fiel plötzlich ein, dass wir am nächsten Tag wieder nach Hause fahren würden. „Morgen fahren wir ab!", sagte ich und wurde ein bisschen traurig. Mechthild sah es mir an und rief: „Heute sind wir jedenfalls noch hier!" Und das stimmte zum Glück.

„Das Mädchen hat keine Ahnung!"

Wir wanderten nach Hause. Unterwegs redeten und redeten wir. Wir hatten ja wirklich viel erlebt. Mechthild und Steffen liefen dauernd ein Stück vor und kamen dann wieder zurück, weil sie uns noch etwas sagen wollten. Als Mechthild wieder ein Stück vorausgelaufen war, blieb sie plötzlich wie angenagelt stehen. „Was hat sie

denn?", fragte Steffen. Da kam Mechthild schon zu uns gerannt. „An Hütte Rosa stehen Leute", sagte sie, „und ich kenne sie nicht." – „Da wollen wir sie uns einmal anschauen", meinte Pater Fridolin und machte größere Schritte. Als wir an Hütte Rosa ankamen, standen wirklich Leute vor der Tür. Es waren ein Mann, eine Frau und ein Kind, das so groß war wie ich. Der Mann ging uns entgegen: „Da haben wir aber Glück, dass jemand kommt", sagte er. „Wir sind gewandert, und meine Frau hat sich im Gebüsch die Schuhsohle abgerissen." – „Ja," sagte die Frau, „ich weiß auch nicht, wie das kam. Aber wir haben nichts, womit wir die Sohle behelfsmäßig befestigen könnten." Sie schlenkerte den Fuß hin und her. „Warum habe ich nur keine festeren Schuhe angezogen!" Wir standen um sie herum. Pater Fridolin sagte: „Wir werden eine Lösung finden. Die Hauptsache ist, dass niemand verletzt worden ist." Das Mädchen stand neben seinen Eltern und sagte gar nichts. Pater Fridolin schloss die Tür auf: „Nun wollen wir erst einmal hineingehen. Dann sehen wir weiter. Sind Sie schon lange unterwegs?" – „Stundenlang!", sagte das fremde Mädchen und setzte sich auf einen Stuhl. „Ich fürchte, wir hatten uns ein bisschen verlaufen", erklärte der Mann. „Als wir die Hütte sahen, waren wir froh." – „Machst du uns einen Tee, Rita?", fragte Pater Fridolin. „Klar", sagte ich und stellte Wasser auf.
Die Eltern und Pater Fridolin beschäftigten sich mit dem Schuh. Wir Kinder mischten uns auch mit ein. Alle redeten durcheinander. Da sagte Pater Fridolin: „Die Erwachsenen versuchen jetzt, den Schuh zu reparieren. Ihr Kinder unterhaltet euch ein bisschen. Ihr könnt euch ja miteinander bekannt machen." Er ging mit dem Mann und dem Schuh aus dem Haus. „Hinter der Hütte habe ich neulich einen Werkzeugkasten und allerlei anderes Material gesehen", sagte er dabei. Die Frau blieb in der Ecke sitzen. Sie

hatte ja nur einen Schuh an. Weil ich Tee machen wollte, nahm ich alle mit in unsere Miniküche. Wir hatten wenig Platz, aber dem Mädchen gefiel alles sehr gut. Der Tee war schnell fertig. Mechthild und Steffen brachten die Tassen an unseren Esstisch. Der Frau gab ich eine besonders große Tasse. Sie beachtete uns nicht weiter, sondern schaute aus dem Fenster nach den Männern und ihrem Schuh.

Wir erzählten uns alles Mögliche: wie wir heißen, wo wir wohnen und in welche Klasse wir gehen. „Ich heiße Claudia", sagte das Mädchen. – „Wenn du in unserer Stadt wohntest, gingen wir vielleicht in die gleiche Klasse", meinte Mechthild zu ihr. Ich merkte, dass ihr dieses Mädchen gut gefiel. „Bist du sportlich?", fragte sie. „Ich trainiere Judo", sagte Claudia, „aber noch nicht lange." Mechthild und Steffen rückten gleich ein bisschen näher an sie heran. Claudia schaute sich im Raum um: „Ihr habt es schön hier", sagte sie. „Ist der Mann euer Vater?" Mechthild quietschte vor Vergnügen. „Nein", rief sie, „das ist doch Pater Fridolin." Weil der den Overall anhatte, konnte sie nicht erkennen, dass Pater Fridolin kein gewöhnlicher Vater war. Aber sie fragte sofort: „Was bedeutet ‚Pater'? Ich kenne so ein Wort überhaupt nicht." – „Es bedeutet, dass Pater Fridolin ein Mönch ist", erklärte Uwe. Claudia riss die Augen auf: „Ein Mönch? Ich dachte, Mönche hätte es in alten Zeiten oder im Märchen gegeben!" Sie schaute zu ihrer Mutter hin und rief: „Mutti, hast du das gehört? Hier gibt es einen Mönch!" Ich glaube, die Mutter wusste nicht, was sie dazu sagen sollte. Sie schaute wieder aus dem Fenster. Ich erklärte schnell: „Unser Pater Fridolin ist ein echter Mönch. Er hat uns hierher eingeladen. Wie kennen ihn schon lange."

„Hier ist's wirklich schön", stellte Claudia fest. „Ihr habt sogar einen Kamin hier und eine echte Kuckucksuhr." Sie

schaute sich um. „Gehört euch auch die hübsche Puppenstube auf dem Regal?" – „Welche Puppenstube?", fragte Mechthild verdutzt. Wir merkten nicht sofort, dass sie unsere Weihnachtskrippe meinte. Uwe murmelte: „Dieses Mädchen hat keine Ahnung." – „Habt ihr zu Hause keine Weihnachtskrippe?", fragte Mechthild. Sie schüttelte den Kopf. „Wir haben einen Weihnachtsbaum", erzählte sie, „und elektrische Beleuchtung hinter den Fenstern. Lauter Sterne." – „Na, das ist doch wenigstens etwas!", sagte Mechthild. Ich fragte Claudia: „Gehst du manchmal in die Kirche?" – Sie schüttelte wieder den Kopf. „Warum sollte ich? Was soll ich da?" Nun war mir alles klar. Claudia war wahrscheinlich keine Christin. „Bist du getauft?", fragte Mechthild. Ich fand diese Frage ein bisschen neugierig, aber Claudia lachte: „Ihr habt ja komische Fragen! Wieso sollte ich getauft sein?" – „Wir sind alle getauft!", rief Steffen. „Wer getauft ist, ist ein Christ." Claudia schaute zu ihrer Mutter hin und fragte: „Mutti, bin ich ein Christ?" – „Nein", sagte ihre Mutter, „wir haben dich nicht taufen lassen. Wir glauben nicht an Gott." – „Schade", sagte ich,

„aber es gibt ihn trotzdem." Und dann fragte ich Claudia: „Soll ich dir mal erzählen, was unsere Figuren bedeuten?" Sie war sofort einverstanden. Ich erzählte von Maria und Josef und dem Kind in der Krippe und von den Hirten. Mechthild und Steffen erzählten dann von unserem Krippenspiel. Das interessierte Claudia. Sie fragte alles Mögliche. Sie sagte dann: „In meiner Klasse gibt es auch zwei Kinder, die in die Kirche gehen. Sie sind nett." – „Ein Glück", mischte sich Uwe ein, „aber es gibt auch welche, die gehen in die Kirche und sind trotzdem gemein." Da hat er recht. Das gibt es wirklich.

Gerade als Claudia auf das Kreuz in der Zimmerecke zeigte und fragte: „Warum steht das hier?", kamen Claudias Vater und Pater Fridolin ins Zimmer. Pater Fridolin hatte den Schuh in der Hand. „Hier ist der Verletzte!", rief er und schwenkte den Schuh im Kreis herum. „Ich glaube, damit kommen Sie bis in den Ort." Der Schuh sah lustig aus. Die Sohle war geklebt und mit dicken Bändern umwickelt. „Sie waren uns eine große Hilfe", sagte der Mann zu Pater Fridolin. Die Frau zog den Schuh an. Er passte, wenn er auch ein bisschen dick aussah. „Vielen herzlichen Dank!", sagte sie und ging ein paar Schritte durchs Zimmer. „Und nun geht's schnell nach Hause", drängelte sie. „Unsere Wirtsleute werden uns schon sehr vermissen." Der Mann durfte keinen Tee mehr trinken, obwohl noch welcher übrig war. Alle drei zogen sich an und verabschiedeten sich. „Vielleicht treffen wir uns mal irgendwo wieder!", rief ich ihnen nach.

Wir erzählten Pater Fridolin, was wir mit Claudia erlebt hatten. „Sie ist nicht getauft!", rief Steffen. „Sie glaubt nicht an Gott!", sagte Mechthild. „Von Mönchen und Weihnachtskrippen versteht sie nichts. Das Mädchen hat wirklich keine Ahnung!", wunderte sich Uwe. Ich sagte: „Sie hat zuletzt noch gefragt, warum das Kreuz in unserer Hütte hängt. Wir hatten leider keine Zeit mehr, es ihr zu erklären." – „Was hättet ihr denn gesagt?", fragte Pater Fridolin. Und bis zum Abendessen sprachen wir darüber, was man bei solchen Fragen antworten kann. Pater Fridolin wusste es am besten.

Wir fahren nach Jerusalem – und wer fährt mit?

Mechthild und Steffen waren an diesem Abend mit dem Abwasch dran. Weil der Vorhang zur Miniküche offen stand, hörten wir sie klappern und schwatzen. „Schade, dass wir morgen schon wieder abfahren müssen", sagte Mechthild. „Wegfahren ist blöd." Auf einmal fing Steffen laut an zu singen: „Wir fahren nach Jerusalem, und wer will mit? Die Katze mit dem langen Schwanz, die will mit." Wir kennen das Lied von Steffens Geburtstagsfeier. Es ist eigentlich ein Spiel. Steffen fing noch einmal von vorn an. Nun sang Mechthild mit. Die beiden sangen so laut, dass Pater Fridolin aus seinem Zimmer kam. „Was ist denn das für ein sonderbares Lied?", fragte er. Wir erklärten ihm, wie es gespielt wird: „Alle Fäuste müssen einzeln auf den Tisch gelegt werden. Wer anfangen darf, tippt mit seiner Faust der Reihe nach alle anderen Fäuste an. Dabei singen alle das Lied. Wer beim letzten Wort angetippt wird, stellt seine Faust auf die Faust vom ersten Spieler. Das gelingt gut, wenn der erste Spieler seinen Daumen hochstellt. Dann kann man sich nämlich daran festhalten. So geht es immer im Kreis herum, und der Katzenschwanz aus Fäusten wird immer länger. Und zu-

letzt wird der Katzenschwanz gedreht, bis man nicht mehr kann. Spielen wir's mal?", schlug ich vor. Das taten wir wirklich, nachdem Mechthild und Steffen mit ihrer Arbeit fertig waren. Wir saßen um den Tisch herum, und es ging los. Pater Fridolins große Fäuste versanken immer wieder in unseren Fäusten. Dadurch gab es viel zu lachen. Wir spielten es gleich dreimal. Dann hatten wir keine Kraft mehr. Lachen strengt an. „Warum geht die Reise ausgerechnet nach Jerusalem?", fragte Uwe. Er fragt immer Sachen, die uns nie einfallen würden. „Vielleicht, weil viele Leute gern nach Jerusalem fahren", sagte ich, und Steffen rief dazwischen: „Weil das eine berühmte Stadt ist!" Pater Fridolin setzte sich gemütlich zurecht. Das macht

er immer, wenn er etwas erzählen will. Aber diesmal sagte er nur: „Im Sommer werde ich nach Jerusalem fahren." – „Echt?", riefen wir. „Ganz echt", nickte er, „im Juni geht es – so Gott will – los, und ich freue mich sehr auf diese Reise. Ihr wisst doch sicher, was vor vielen Jahren in Jerusalem geschehen ist?" Uwe sagte sofort: „In Jerusalem hat Jesus gelebt." Nun fiel es mir auch ein: „Er ist dort gekreuzigt worden und dann von den Toten auferstanden. Und das feiern wir zu Ostern." Pater Fridolin nickte: „Ich werde in Jerusalem umhergehen können, wo Jesus umhergegangen ist. Vielleicht setze ich meine Füße dann auf einen Stein, auf den auch Jesus seine Füße gesetzt hat." – „Echt?" Steffen riss die Augen auf. „Ich hab' gedacht, das wäre alles gar nicht in einem richtigen Land passiert!" – „Es ist ‚richtig passiert'", Pater Fridolin nickte Steffen zu. „Das Land heißt Israel, und dort ist die Stadt Jerusalem zu finden." – „Aber geboren ist Jesus in Betlehem", wusste Uwe. „Vielleicht fahre ich mit meiner Mutter auch einmal dorthin." Pater Fridolin erzählte uns dann allerlei von der Stadt Jerusalem. Er sagte auch, dass viele Menschen eine Reise dorthin machen, weil sie das Land kennen lernen wollen, in dem Jesus gelebt hat. „Und wo werden Sie in Jerusalem schlafen?", fragte Mechthild neugierig. „In Jerusalem gibt es auch Franziskaner. Bei denen werde ich gut aufgehoben sein", war die Antwort. Ich rief: „Das wird bestimmt im neuen Jahr Ihr schönstes Erlebnis!" – „Ja", sagte der Pater, „und ich werde bestimmt an euch denken, wenn ich dort bin." – „Versprochen?" – „Versprochen!" Was Pater Fridolin verspricht, hält er bestimmt.
Wir sprachen auch über das neue Jahr. Es hatte ja schon angefangen. „Hoffentlich bringt es uns nichts Schlimmes", sagte ich. Ich dachte an die kleine Johanna und auch an den Jungen in der Sardinenbüchse. Eigentlich passieren jeden Tag Unglücksfälle oder die Menschen tun was Böses.

„Wir dürfen immer und überall sicher sein, dass Gott uns nicht verlässt", sagte Pater Fridolin. Das war sehr beruhigend. „Ich komme im neuen Schuljahr ins Gymnasium. Da gibt es auf jeden Fall Computer. Ich wünsche mir vor allen Dingen einen guten Englischlehrer. Es kann auch eine Englischlehrerin sein." Uwe ist nicht zu bremsen, wenn es um England oder Computer geht. „Vielleicht gibt es im Gymnasium auch einen Kurs für Astronomie", erzählte er weiter. – Um ihn zu ärgern, sagte Mechthild: „Oder einen Kurs, um das Gedächtnis zu trainieren." Wir alle wissen, dass Uwe immer wieder Sachen irgendwo vergisst. Gerade wollte er beleidigt sein, da redete Mechthild schon weiter: „Wir" – sie tippte Steffen auf die Schulter – „werden nach den Ferien ein Theaterstück einüben für die Kinder, die in die Schule kommen. Wir sind dann die Großen in unserer Schule. Und wenn im Februar die Kinderwoche in unserer Gemeinde angesagt wird, melden wir uns natürlich." Steffen brauchte zu allem nur zu nicken. Dann machte er selbst den Mund auf: „Mein Vati hat mir versprochen, dass er im neuen Jahr mit mir zu einem großen Autorennen fährt. Das fetzt!" – „Ist viel zu laut!", erklärte Mechthild. – „Du musst ja nicht mit!" Steffen wandte sich von ihr ab. „Und wie sehen deine Pläne aus?", fragte mich Pater Fridolin. Ich wusste nicht gleich eine Antwort. Ich dachte nach. Vielleicht komme ich im Sommer auch ins Gymnasium. Das würde mir gefallen. Mir gefallen auch viele andere Dinge. Kochen, lesen, schreiben, singen, musizieren, verreisen, in der Kinderschola mitmachen ... – „Ich freue mich eigentlich auf alles", sagte ich vorsichtig. Ich dachte, die anderen würden mich auslachen. Aber sie lachten nicht. „Ich freue mich auch oft", rief meine Schwester, „aber manche Leute können nur über alles meckern." – „Kinder können das auch", sagte Steffen. Uwe stand auf: „Da kann man nur sagen: A – E –

B – M!", rief er. Und wir antworteten im Chor: „Alles etwas besser machen!" Pater Fridolin rief auch mit.
Ehe wir ins Bett gingen, zündeten wir die Kerze an und stellten uns vor das Kreuz. Pater Fridolin sagte: „Wir wollen Gott danken." Jeder sagte in einem Satz, wofür er Gott danken wollte. Uwe dankte für das gute Essen, Steffen für den Ausflug zum Haselberg und den neuen Freund Klaus. Ich dankte für die Gemeinschaft im Tannenhof. Mechthild rief: „Danke, lieber Gott, für alles – und vor allem für die Weihnachtsgeschenke." Dabei blinzelte sie zu Pater Fridolin hin. Sie dachte natürlich an seine Einladung. Pater Fridolin betete dann noch: „Wir haben Pläne für das neue Jahr. Herr und Gott, wir wollen bitten, dass sie sich so erfüllen, wie es gut für uns ist." Dann beteten wir noch ein Vaterunser für alle Menschen, die wir liebhaben. Mir fielen dabei eine ganze Menge Leute ein. Im Bett sagte ich zu Mechthild: „Hast du eigentlich gemerkt, dass wir uns hier kein einziges Mal gestritten haben?" – „Wir hatten keine Zeit dazu", erklärte sie, „und überhaupt ist Streiten blöd." Dann machten wir das Licht aus – zum letzten Mal in Hütte Rosa.

KAPITEL 16

Es gibt viel zu tun

„Aufstehen!" rief Pater Fridolin. Weil wir uns nicht rührten, sang er laut: „Wachet auf, wachet auf, es krähte der Hahn!" Mechthild sprang mit einem Satz aus dem Bett und zerrte an mir, um mich richtig wach zu machen. Aber das hatte Pater Fridolin schon geschafft. „Heute ist unser letzter Tag", rief meine Schwester, „los, mach dich fertig, sonst verpassen wir was von der kostbaren Zeit!" Wir waren so schnell fertig wie noch nie. Pater Fridolin ging mit seinem Gebetbuch in der Hütte hin und her. Er hatte tatsächlich schon das Frühstück vorbereitet. Steffen kam herein und rieb sich die Augen: „Was ist denn los? Ist was passiert?" – „Es wird vielleicht passieren, dass wir zu spät zum Sonntagsgottesdienst kommen", sagte Pater Fridolin. Mechthild, Uwe und ich setzten uns an den Frühstückstisch. Steffen stand immer noch mitten im Zimmer. „Sonntag war doch gestern!?", murmelte er. Er war noch gar nicht richtig wach. Mechthild stand auf und zog ihn an den Tisch: „Gestern war Feiertag und heute ist ein normaler Sonntag", erklärte sie ihm dabei. Uwe fing gleich Erklärungen an, wieso Neujahr in jedem Jahr auf einen anderen Wochentag fällt. Aber es interessierte uns nicht so sehr. Wir wollten endlich frühstücken, um keine Zeit zu verlieren. „Wie geht's heute weiter?", fragte ich. Pater

Fridolin war zuerst mit seinem Frühstück fertig. Er sagte: „Zuerst feiern wir in aller Ruhe Gottesdienst. Dann bringen wir die Hütte in Ordnung. Wenn auch heute Sonntag ist – wir wollen alles ordentlich hinterlassen. Also: Die Putzkolonne ist gefragt! Anschließend könnt ihr noch ein bisschen draußen herumtoben und euch vielleicht einen schönen frischen Tannenzweig für eure Eltern aussuchen. Und dann packen wir die Sachen in den Christoffel und die Hütte Rosa wird gut abgeschlossen." – „Gibt's vorher noch Mittagessen?" Das fragte Uwe. „Ist eingeplant", nickte der Pater. „Zum Kaffee sind wir im Tannenhof eingeladen. Und dann geht's ab nach Hause!" Mechthild wollte gerade anfangen zu jammern, dass bald der Abschied kam, aber ich sagte leise zu ihr: „Du, mir ist eben was Tolles eingefallen!" Das stimmte wirklich. Aber sie musste warten, bis sie es erfahren konnte. Pater Fridolin sollte es nicht hören.
Pater Fridolin hatte Christoffel schon bereit gemacht. Wir stiegen ins Auto und kamen pünktlich im Tannenhof an. Auch Klaus war da. Er sagte beim Hineingehen: „Morgen fahre ich auch nach Hause. Es taut schon." Mechthild und Steffen waren diesmal Ministranten. Weil ich bisher im Gottesdienst außer beten und singen noch nichts Besonderes getan hatte, kam ich mit der Lesung dran. Das machte mir nichts aus, denn lesen kann ich gut. Pater Bernhardin war mit der Predigt dran. Sie war kurz und interessant. Er nahm die Klingel in die Hand, die im Gottesdienst gebraucht wird. Sie liegt immer neben dem Altar. Dann nahm er in die andere Hand ein Rasselinstrument, das wir in der Hütte Rosa schon kennen gelernt hatten. Dabei sagte er ungefähr so: „Im Gottesdienst schellen die Ministranten. Das bedeutet: Gott ist bei uns. In Afrika benutzen die Ministranten Rasseln. Sie erinnern daran: Gott ist nah. Gott hat uns ein neues Jahr geschenkt. Die schwarzen

und weißen Menschen beten darum, dass es ein gutes Jahr wird." Während er das sagte, klingelte er und bewegte die Rassel. Steffen nahm sofort die zweite Klingel, die neben dem Altar lag, und klingelte laut. Das war gar nicht besprochen. Aber Pater Bernhardin lächelte Steffen zu und sagte: „Wir loben Gott mit allen Tönen!" Dann ging der Gottesdienst weiter.
Als er zu Ende war, hielten wir uns nicht lange auf, sondern fuhren zur Hütte zurück. Nun konnte ich den anderen endlich meinen Einfall erzählen. „Wir wollen Pater Fridolin und allen anderen ein Abschiedsgeschenk machen", schlug ich vor. „Wisst ihr noch, wie wir es zu Pfarrers Geburtstag gemacht haben? Wir haben ein Lied gedichtet!" – „Weiß ich noch!" Mechthild war sofort begeistert. „Los, wir fangen gleich an!" – „Geht nicht", sagte ich, „jetzt müssen wir erst einmal Hütte Rosa putzen. Aber Pater Fridolin nichts von unserem Plan verraten!" – „Klaro!", rief Steffen. Uwe schaute mich nur etwas verächtlich an. Er hätte sowieso nichts verraten. In der Hütte Rosa kehrten und räumten wir. Wir steckten alle Reste in einen großen Müllsack. Dann brachten wir die Miniküche in Ordnung, so gut wir konnten, und packten unsere Sachen ein. „Was machen wir mit unserer Krippe?", fragte ich und räumte die Tannenzweige und die Vase weg. „Wollt ihr sie nicht zum Andenken mit nach Hause nehmen?", schlug Pater Fridolin vor. „Ich habe versprochen, die Hütte so zu hinterlassen, wie wir sie vorgefunden haben." Der Vorschlag wurde sofort angenommen. „Ich stelle meine Mutter Maria zu Hause auf meinen Schreibtisch", nahm ich mir vor. „Das Jesuskind bleibt in meinem Regal", erklärte Mechthild. „Meinen Josef muss ich ganz oben in den Schrank stellen", überlegte Steffen, „sonst ruinieren ihn die Zwillinge." Uwe betrachtete seinen Hirten: „Meine Mutter wird nicht glauben, dass ich das gemacht habe",

stellte er befriedigt fest. Als jeder von uns seine Figur weggenommen hatte, standen die Schafe allein da. „Wir verschenken sie zum Abschied", schlug Mechthild vor, „und ich weiß auch schon, wem."
Weil Pater Fridolin nicht wissen sollte, was wir vorhatten, fragte ich ihn: „Können wir ein bisschen nach draußen gehen?" – „Natürlich", war die Antwort, „und ihr könnt euch bei dieser Gelegenheit gleich bei unserem Freund Klaus verabschieden. Er wird in seiner Hütte sein." Das kam uns sehr gelegen. Wir gingen los. Ich nahm einen Block und mehrere Stifte mit. Klaus freute sich über unseren Besuch. Wir erzählten ihm, was wir vorhatten. „Können Sie dichten?", fragte ich. – „Ein richtiger Dichter bin

ich nicht – aber Reime machen kann ich!" – Es war ein Glück, dass er das konnte. Wir hätten es allein nicht geschafft. Wir überlegten zuerst ein passendes Lied. „Fidirallala, fidirallala, fidirallalalala", sang Mechthild. Das hatten wir beim Geburtstag unseres Pfarrers am Schluss jeder Strophe gesungen. Es gehört eigentlich zum Lied:

Ein Vogel wollte Hochzeit machen. Wir einigten uns, dieses Lied umzudichten. Die Verse fehlten natürlich noch. Wir überlegten und überlegten. Es fielen uns wirklich neue Verse ein. Ich schrieb sie auf. Am Ende hatten wir rote Köpfe, so anstrengend war es gewesen. Sogar Klaus hatte geschwitzt.
Pater Fridolin kam und fragte verwundert: „Habt ihr keinen Hunger?" Ich steckte meinen Block schnell in den Pullover. Der Pater sagte: „Das Essen steht auf dem Tisch. Es gibt Makkaroni und Tomatensoße. Wenn Sie Hunger haben – es ist genug da." Das sagte er zu Klaus. „Juhu!", rief Mechthild. Wir rannten alle zu Hütte Rosa. An der Tür stand noch ein Gast. Es war Frau Elisabeth. Sie hatte zum Abschied unser Essen vorbereitet und sogar den Tisch gedeckt. Sie sagte: „Darf ich heute mit euch essen?" Das durfte sie natürlich. Weil sie dabei war, konnten wir das Tischgebet diesmal sogar dreistimmig singen.

Vom Abschiedslied und der Rasselbandentorte

„Wir sehen uns noch im Tannenhof", sagte Frau Elisabeth. Sie lud auch Klaus zum Kaffeetrinken ein. Das war nett. Unsere Hütte Rosa kam uns auf einmal ziemlich leer vor: Unsere Taschen und Beutel standen schon an der Tür. Es stand nichts mehr auf dem Tisch. Es lag nichts mehr in den Schränken. Pater Fridolin hatte schon die Fensterläden zugemacht. Zuletzt hielt er die Kuckucksuhr an. Dann nahm er die Schlüssel. Es war ein bisschen traurig. Aber ich dachte an unser Überraschungslied und war wieder froh. „Wir wollen wieder sagen: In

Gottes Namen!" Pater Fridolin schloss die Tür zu und steckte den Schlüssel ein. „Das war's!", sagte er. – „Es war wunderbar", rief Mechthild und umarmte ihn. „Vielen, vielen Dank für alles!" Ich überlegte, ob man einen Pater einfach umarmen darf. Es war aber keine Zeit, darüber nachzudenken. Wir schleppten unsere Sachen zum Auto. Es passte alles hinein. Die Zweige für unsere Eltern kamen ganz oben hin. Vom Auto aus konnten wir die Nachbarhütten sehen. „Bei den Fernsehguckern steht jemand am Fenster", stellte Steffen fest. Wir schauten hin und winkten. Da winkte der Nachbar auch. Klaus war nicht zu sehen. Er war sicher schon auf dem Weg zum Tannenhof. Als wir ankamen, stand Klaus wirklich schon dort an der Tür und sprach mit Frau Vogt. „Hereinspaziert", rief sie, „der Abschiedskaffee steht schon auf dem Tisch." – „Sind die Großeltern auch alle dabei?", fragte ich. – „Freilich, sie freuen sich schon auf den gemeinsamen Abschiedskaffee." – „Wenn die wüssten ....", wisperte Mechthild. Ich hatte den Text mit den Versen in der Tasche. Wir kamen im Speisesaal an und wunderten uns. Wir saßen nämlich nicht zwischen den Großeltern. Es war ein Tisch für uns Kinder, für Pater Fridolin, Pater Bernhardin und Klaus gedeckt. An jedem Platz stand der Name und ein lustiges kleines Bild dazu. Auf meiner Platzkarte war ein Kind zu sehen, das flötet. Als alle saßen, sagte Frau Vogt: „Ihr seid heute die Abschiedsgäste. Wir haben uns alle gefreut, dass ihr bei uns wart. Und deshalb bringt jetzt Frau Elisa-

beth die Rasselbandentorte!" Sie brachte sie feierlich herein. Es war eine wunderbare Torte, wie sie bestimmt noch nie jemand bekommen hat. Alle reckten den Hals, um sie zu sehen. Die Torte war außen ganz weiß und am Rand verziert. Das Größte war aber: Auf der Torte waren wir alle zu sehen – Pater Fridolin und die ganze Rasselbande. Und das war alles aus Schokolade. Pater Fridolin war am besten zu erkennen. Steffen erkannte man leicht an den weißen Locken. Sie waren aus Zuckerguß. Wir sagten zuerst gar nichts, weil wir so überrascht waren. Pater Fridolin rief: „Das ist wirklich die schönste Torte, die ich je gesehen habe. Und ich bin gut getroffen!" Alle lachten. „Das hat Frau Elisabeth gemacht!", rief Mechthild. Das stimmte. Wir standen auf und bedankten uns. Dabei wäre beinahe eine Kaffeetasse umgefallen. „Eigentlich zu schade, das zu essen!", meinte ich. Aber Frau Elisabeth nahm das Messer zur Hand: „Dazu ist es gedacht!", sagte sie und schnitt jedem ein Stück ab. Sie schnitt aber um das Bild herum. Es schmeckte großartig. Natürlich bekamen Pater Bernhardin und Klaus auch etwas ab. Trotzdem blieb noch viel übrig. Es war eine fröhliche Kaffeerunde. Die anderen hatten zwar keine Rasselbandentorte, aber der Kuchen schmeckten ihnen auch sehr gut.
Nach dem Kaffeetrinken merkte Pater Fridolin, dass wir nicht mehr ruhig sitzen bleiben konnten. „Was ist denn mit euch los?", fragte er. „Zieht es euch nach Hause?" – „Nein, nein", erklärten wir alle auf einmal. „Es ist nur –" sagte ich und holte Luft, „wir möchten ein Abschiedslied vorsingen." – „Besonders für Sie", platzte Mechthild heraus. „Da bin ich sprachlos", sagte der Pater, „wann habt ihr das denn ausgedacht?" Wir gaben keine Antwort. Es war schließlich eine Überraschung. Dann sagte ich zu Pater Bernhardin: „Dürfen wir bitte ein paar von Ihren

Rasseln haben?" Er stand sofort auf und holte sie. Jeder bekam eine in die Hand. Klaus auch. Wir stellten uns in einer Reihe auf. „Ich bin nur der Helfer!", sagte er. Er wollte natürlich mitsingen. Alle schauten uns an. Ich sagte: „Weil es hier so schön war, haben wir uns zum Abschied ein Lied ausgedacht. Alle sollen mitsingen. Es ist sehr leicht." Wir sangen das Fidirallala vor. Dann kamen die verschiedenen Verse dran, die wir ausgedacht hatten. Ich machte den Anfang: „In Hütte Rosa war es schön, wir müssen leider weitergehn!" Alle sangen sofort das Fidirallala mit. Wir schüttelten im Takt dazu die Rasseln.

Dann kam Mechthild dran: „Der liebe Pater Fridolin, wir haben alle gerne ihn!" Uwe sang: „Die gute Frau Elisabeth, die macht noch alle Kinder fett!" Da konnten wir gar nicht weitermachen, weil alle laut lachten. Dann legte Steffen los: „Im großen Hause Tannenhof ist niemand böse oder doof!" Klaus kam auch an die Reihe: „Auch Pater Bernhardin ist da, er kam direkt aus Afrika!" Den letzten Vers sangen wir, Klaus und wir Kinder, gemeinsam: „Wir wünschen allen, das ist klar, viel Gutes für das neue Jahr!" Eigentlich war unser Lied nun zu Ende. Aber Pater Fridolin stand auf und sang: „Ich hätte es ja nie gedacht, dass ihr uns so viel Freude macht!" Alle klatschten nun im Takt. Das Fidirallala wurde immer lauter. Mechthild und Steffen tanzten im Saal umher. Uwe und ich nahmen jeder zwei von den Rasseln und bewegten sie im Takt. Es war kaum zu glauben, aber der Opa mit der Glatze mischte sich auch ein. Er sang: „Ihr Kinder macht so tolle Sachen, dass alle Alten fröhlich lachen!"

Wieder lachten alle und redeten durcheinander. Pater Fridolin konnte mit seiner Stimme gar nicht gleich durchdringen. Dann schaffte er es doch. „Wir müssen uns jetzt verabschieden", sagte er. „Wir haben miteinander gesungen, gebetet und viel Freude gehabt. Deshalb bedanken wir uns auch bei dem, der uns die Freude geschenkt hat – bei unserem Vater im Himmel. Auf geht's!" Wir sangen: „Lobet und preiset, ihr Völker, den Herrn." Dann verschenkten wir noch unsere Schafe: Das erste bekam Frau Elisabeth und das zweite Frau Vogt. Dann sagte ich: „Wir haben noch ein weißes Schaf und ein schwarzes Schaf. Pater Fridolin und Pater Bernhardin können selbst entscheiden, wie sie verteilt werden." Die beiden lachten. Dann nahm Pater Bernhardin das weiße und Pater Fridolin das schwarze Schaf. „Danke!", sagten sie. Wir gaben den Großvätern und Großmüttern die Hand zum Abschied. Die Frau mit dem Rollstuhl hatte Tränen in den Augen. Mir wurde auch ganz weinerlich zumute. Aber das war vergessen, als Pater Fridolin seine letzte Überraschung verriet.

Wann und wo sehen wir uns wieder und sind froh?

Pater Fridolin stand an der Haustür. Er schaute uns an und sagte: „Wir müssen uns leider von Christoffel verabschieden." – „Wieso?", fragten wir. Ich dachte entsetzt: „Vielleicht ist das Auto kaputt und wir müssen laufen." – Pater Fridolin schmunzelte vor sich hin. „Ihr habt euch noch gar nicht richtig von Pater Bernhardin verabschie-

det." Das stimmte, wir hatten nur kurz: „Auf Wiedersehen!", gesagt. „Jaaaa", Pater Fridolin kratzte sich am Kopf, „und weil ihr vielleicht noch eine Weile mit ihm zusammen sein möchtet, hat mir Frau Vogt freundlicherweise das große Auto zur Verfügung gestellt ...." – „Er darf mitfahren, er darf mitfahren!" Mechthild kapiert solche Sachen immer als erste. Pater Bernhardin kam aus dem Haus. „Fahren Sie mit uns? Bis nach Hause? Dann lernen Sie unsere Eltern kennen – Klasse! Die haben bestimmt noch nie einen schwarzen Franziskaner gesehen!" Wir sagten und fragten alles durcheinander. „Auto umladen!", hieß es dann. Wir rannten aus dem Haus. Dort stand jetzt neben Christoffel ein größeres Auto, in dem bestimmt alle miteinander Platz haben würden. Das Umladen ging schnell. „Einsteigen bitte!", rief Pater Fridolin. Es gingen noch einmal Wünsche und Grüße hin und her. „Vergessen Sie bitte die Fotos nicht!", rief Uwe Frau Vogt zu. „Bestimmt nicht!", war die Antwort. Wir stiegen ein. Die Kinder bekamen im Auto die hinteren Plätze. Uwe und ich saßen in der Mitte, Mechthild und Steffen an den Fenstern. Pater Bernhardin und Pater Fridolin winkten noch einmal zurück. Dann schlug die Autotür zu. Die Großeltern hatten sich versammelt und winkten uns. Auch Klaus, Frau Elisabeth und Frau Vogt waren da. Frau Vogt winkte mit einem großen weißen Tuch. „In Gottes Namen!", sagte Pater Fridolin und steckte den Schlüssel ins Zündschloss. Alle winkten, wir natürlich auch. Der Wagen fuhr um die Ecke. Wir konnten den Tannenhof nicht mehr sehen. „Schön war's!", sagte Mechthild. „Spitzenmäßig!", rief Uwe.
Es war schon ein bisschen duster draußen. Das machte uns nichts aus. Wir hatten viel zu reden. „Hoffentlich erschrecken meine Eltern nicht, wenn wir alle kommen!", sagte Steffen. Pater Fridolin beruhigte ihn: „Ist alles geordnet. Ich habe eure Eltern angerufen und gesagt, wann

wir ungefähr ankommen. Sie versammeln sich alle – wie bei der Abfahrt." – „Sie denken aber auch an alles!", sagte ich. Wir dachten auf der Fahrt an alles, was wir erlebt hatten. Jeder erzählte, was ihm am besten gefallen hatte. Steffen sagte: „Mir hat am besten das Basteln gefallen. Ich habe meinen Josef im Campingsack. Und der Schnee war toll!" – „Ich fand am allerbesten die Hütte Rosa und das Rodeln und die Sprungschanze und das Schlittern mit Klaus und ..." Mechthild hörte gar nicht wieder auf zu reden. Ich musste sie stupsen, damit sie endlich still war. „Ich weiß noch mehr", erklärte sie, „und überhaupt hat mir alles, alles und alles gefallen." – „Das Beste war unser Abschlusslied", sagte ich, „und das Erzählen am Kamin." Uwe hatte sich noch nicht gemeldet. „Hat dir der Sternenhimmel am besten gefallen?", fragte ich aus Spaß. „Yes", meldete er sich, „und unsere Silvesterparty war Spitze – und das gute Essen auch." . Pater Fridolin sagte, es hätte

ihm gut gefallen, dass wir oft miteinander gebetet und gesungen haben und es keinen Streit gab. Zuletzt sagte Pater Bernhardin: „Mir hat es gefallen, die Rasselbande kennen zu lernen." Das gefiel uns gut. Wir redeten hin und her. Dann stellten wir gemeinsam fest: Die ganze Ferienwoche war einfach SPITZE!
Dann fiel uns ein: Noch zwei Tage, und die Ferien waren zu Ende. Wir würden wieder in die Schule gehen. „Habt ihr Lust?", fragte Steffen. „Nö, noch nicht", Mechthild legte sich im Auto gemütlich zurecht. „Aber wenn ich übermorgen wieder hin muss, wird es auch ganz lustig." Uwe und ich erzählten Pater Bernhardin, dass wir bald ins fünfte Schuljahr kommen würden. „Ihr habt es gut", sagte er, „für viele Kinder in Afrika gibt es keine Schule." Wir sprachen noch weiter über die Kinder in Afrika. Ich hätte noch stundenlang zuhören können. Die Zeit verging schnell. Wir machten an einer Raststelle eine kleine Pause und aßen die letzten Butterbrote von Frau Elisabeth. „Bald sind wir zu Hause", sagte Pater Fridolin. – „Da gibt's bestimmt Abendbrot", freute sich Uwe. Wir fuhren inzwischen längst nicht mehr an Bergen vorbei. Alles war flach. „Es regnet!" Pater Fridolin stellte die Scheibenwischer an. Mechthild und Steffen drückten sich die Nase an den Fensterscheiben platt: „Hier liegt kein bisschen Schnee!", stellten sie fest. Bald waren wir in unserer Stadt. „Noch um die Ecke, und wir sind da!", rief ich. Ich freute mich auf einmal darauf, nach Hause zu kommen. Zum Glück fand Pater Fridolin in der Nähe von unserem Haus einen Parkplatz. Wir waren da. Noch ehe wir richtig ausgestiegen waren, kamen die Eltern und mein großer Bruder aus dem Haus gestürzt. Alle begrüßten sich. „Wie schön, dass ihr wieder da seid!", sagte meine Mutter. Mechthild umklammerte meinen Vater: „Wir haben soooo viel zu erzählen!", rief sie dabei. Ich glaube, unsere ganze Straße konnte hören, dass wir

wieder angekommen waren. Leider war es dunkel. Unsere Nachbarn konnten den schwarzen Franziskaner nicht sehen. Die hätten sich vielleicht gewundert! Wir gingen alle zusammen in unsere Wohnung. „Wo sind die Zwillinge?", fragte Steffen. Er vermisste sie sofort. „Sie schlafen schon", sagte seine Mutter und sein Vater fragte: „Habt ihr eine gute Fahrt gehabt?" Jeder wollte etwas erzählen. Uwe fragte seine Mutter: „Ist mein Computer noch da?" – „Natürlich, wer sollte ihn denn weggenommen haben?", meinte sie und fragte gleich danach: „Hast du alles wieder mitgebracht?" Sie weiß, dass er meistens etwas vergisst. Aber er hatte alles bei sich. Meine Mutter hatte für alle Abendbrot vorbereitet. Es wurde ziemlich eng in unserem Wohnzimmer, aber das machte ja nichts. Pater Fridolin und Pater Bernhardin erzählten allerlei. „Ihr Kinder könnt später alles genau erzählen!", sagten die Eltern zu uns. Das war uns recht. Wir waren froh, dass alle zusammen hier im Zimmer saßen. Wir dachten gar nicht daran, dass Pater Fridolin und Pater Bernhardin gleich wegfahren würden. Aber sie standen bald auf. „Wir müssen nach Hause fahren!", sagten sie. Da wurden wir traurig. Aber Pater Fridolin sagte: „Es gibt keinen Grund zum Traurigsein!" Und er sang los: „Wann und wo, wann und wo sehen wir uns wieder und sind froh!" Wir kennen das Lied und sangen mit. Auch unsere Eltern sangen. Es wurde ein richtiger Chor. Dann sagte Pater Fridolin: „Wenn wir uns vorläufig auch nicht wiedersehen – wir gehören zusammen. Wir sind alle Kinder Gottes. Vergesst es nicht!" – „Vergessen wir bestimmt nicht!", versprachen wir. Wir gingen mit bis zum Auto. Dort sagte Pater Bernhardin: „Gott segne uns alle!" Dann fuhren sie ab. Die schönen Tage waren endgültig zu Ende. Wir stiegen die Treppe hinauf in die Wohnung. Unterwegs rief Mechthild: „So, und nun müssen wir vor allen Dingen alles erzählen, was wir erlebt haben." Ich dachte: „Pater Fridolin hat gesagt: Wer etwas Schönes erlebt hat, der muss es weitersagen. Und deshalb werde ich unsere Erlebnisse aufschreiben. Ganz bestimmt. Morgen fange ich an."

Inhalt